Kultur unterwegs: Relevanz einer Instanz

Reisebilder, Dingwelten, Perspektiven

Thomas Schleper (Hg.)

Gebr. Mann Verlag · Berlin

Qualität für Menschen

Kultur unterwegs: Relevanz einer Instanz
Reisebilder, Dingwelten, Perspektiven

Thomas Schleper (Hg.)

Gebr. Mann Verlag · Berlin

Zum Cover dieses Buches: Kultur ist Goldes wert – nicht nur bei der Fondazione Prada, Mailand, in ehemaliger Destillerie (vgl. S. 196)
Zur Buchrückseite: Close Reading: Nicht zufällig öffnet der Maler sein Bild mit einem Fensterblick auf den Strand und eine Gruppe von Fischern. Ausschnitt aus dem Fischstillleben von Abraham van Beyeren (vgl. S. 92)

Das Buch achtet in einzelnen Beiträgen auf eine geschlechtergerechte Sprache und verwendet dazu den Genderstern, sodass durch diese Form alle Menschen, Frauen und Männer und nunmehr auch diejenigen, die sich nicht dem Geschlecht Mann oder Frau zuordnen können oder möchten, angesprochen sind. Der Stern bezeichnet eine Vielzahl an Geschlechtsidentitäten, die Menschen für sich in Anspruch nehmen können. Einige Beiträge verzichten auf den Stern.

Herausgeber: Thomas Schleper
Redaktion: Klaus-Dieter Kleefeld unter Mitarbeit von Seher Nadine Anilgan, Stephanie Buchholz, Maria Geuchen, Christine Kottig und Michael Krieger

Grafische Gestaltung, Satz: Alexander Burgold, Berlin
Lektorat: Merle Ziegler

arthistoricum.net
FACHINFORMATIONSDIENST KUNST · FOTOGRAFIE · DESIGN
Die Online-Version dieser Publikation ist auf https://www.arthistoricum.net dauerhaft frei verfügbar (Open Access).
URN: urn:ubn:de:bsz:16-ahn-ostbook-953-9
DOI: https://doi.org/10.11588/arthistoricum.953

Bibliografische Information der Deutschen Nationalbibliothek
Die Deutsche Nationalbibliothek verzeichnet diese Publikation in der Deutschen Nationalbibliografie; detaillierte bibliografische Daten sind im Internet über http://dnb.dnb.de abrufbar.

www.gebrmannverlag.de

Papier: 135 g/m^2 Profisilk
Schrift: Kepler, Akkurat
Druck und Bindung: Elbe Druckerei Wittenberg GmbH · Wittenberg

Klimaneutraler Druck dank CO_2-Kompensation:
Wir unterstützen Klimaschutz mit Energieeffizienz in NRW.
Klimaneutral
Druckprodukt
ClimatePartner.com/15682-2110-1011
Papier aus nachhaltiger Forstwirtschaft

ISBN 978-3-7861-2880-9 (Print)
ISBN 978-3-98501-066-0 (PDF)

Inhalt

Dingwelten

Perspektiven

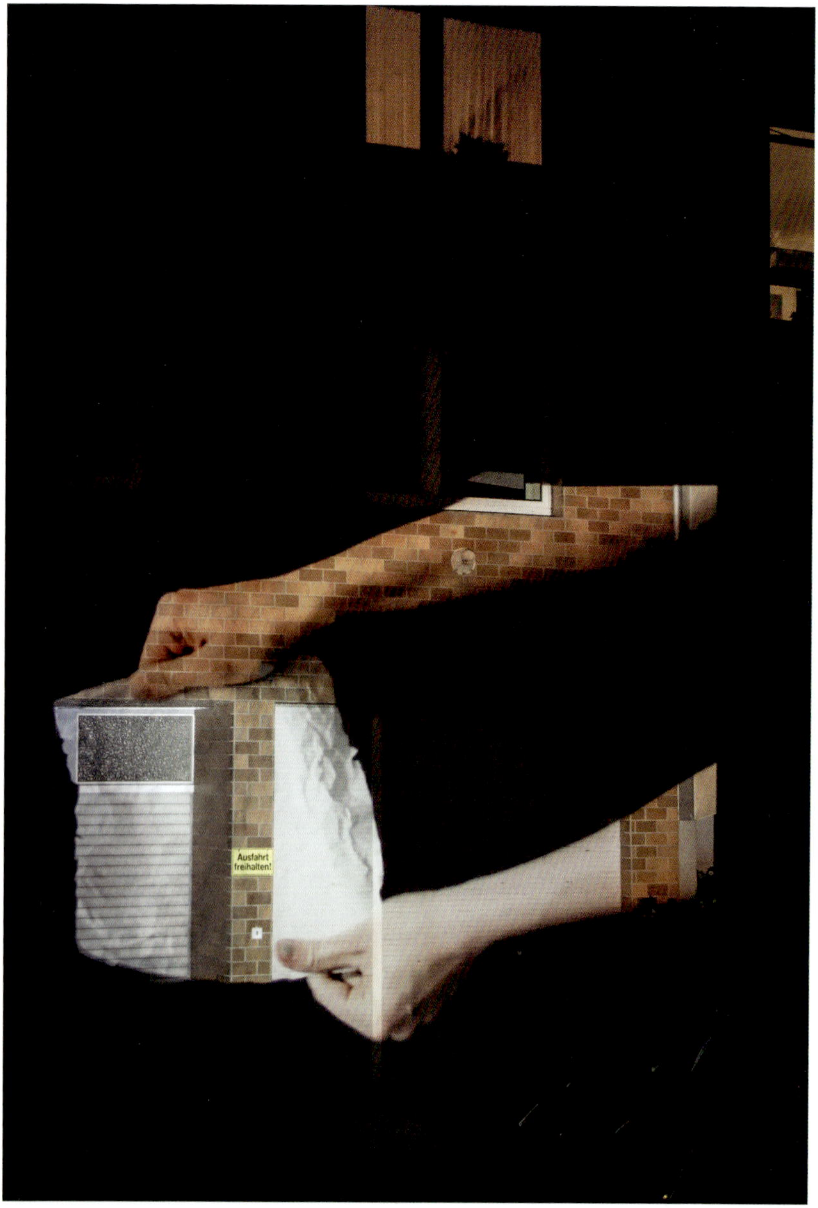

Auch während der Pandemie:
Kultur sucht Resonanz,
hier mit #artfromthewindow von Johanna Reich, 2020

Thomas Schleper

Einleitung
Relevanz einer Instanz, Erdung der Zukunft und ein starker Magen

Unmittelbarer Schreibanlass für die Autor*innen dieses Bandes war das absehbare Ende der Dienstzeit der Dezernentin für Kultur und Landschaftliche Kulturpflege des Landschaftsverbandes Rheinland (LVR), Milena Karabaic. Unter ihrer Ägide wurde eine Reihe von ambitionierten Konzepten und Projekten auf den Weg gebracht, die an anderer Stelle gewürdigt werden. Wenn für die Autor*innen im Folgenden die Kultur im Allgemeinen zum Thema wird, ihre Bedeutung, ihr Stellenwert in einer zu großem Wandel auffordernden Zeit, geschieht dies in einem Geiste, den sie entscheidend mitgeprägt hat und an dessen Ausformulierung auf den folgenden Seiten sie selbst beteiligt ist.

1. Elefant und Porzellan

Ein zentraler Bezugspunkt war dabei die Erfahrung einer kulturpolitischen Problemlage, auf die die hier versammelten Autor*innen reagieren, fast alle in leitenden Positionen für Kultur und Kulturvermittlung Verantwortung tragend. Dass Kulturschaffende das Krisenmanagement in Pandemiezeiten vielfach als „bedrückend defizitär"[1] erlebt haben, wenn auch die „Freien" deutlich anders als die „Etablierten", darf man womöglich nicht als peinliches Missgeschick abtun, das für Zeiten vor und nach Corona keine Bedeutung besäße. Vielmehr hat die Pandemie vieles nur aufgedeckt und wie unter einem Vergrößerungsglas präsentiert. So wäre zu diskutieren, ob es nicht auch an einer allzu selbstsicheren Eigenwahrnehmung gelegen hat, dass Kultur, die mit Jacob Burckhardt (1818–1897) nach Staat und

Religion noch zu den „drei geschichtlichen Potenzen"[1] zu zählen war, nun derart in den Hintergrund gedrängt werden konnte. Und es gilt, nach der ersten Empörung womöglich fehlendes oder besser fehlgeleitetes Selbstbewusstsein einer einst mächtigeren Instanz im Umgang mit Wirtschaft und Politik selbstkritisch zu befragen. Im Lichte solcher Diskussionen, aber ohne stets direkt darauf Bezug zu nehmen, entstanden die folgenden, zu drei Sequenzen geordneten Beiträge. Sie spiegeln explizit eine Nachdenklichkeit in Bezug auf das eigene Arbeiten und Wirken, und dies in einer großen fachlichen Bandbreite: Was treibt Kultur an, was ist für sie wichtig, welche Facetten gilt es zu bedienen, welche Ziele zu verfolgen, welche Konsequenzen zu ziehen? Damit implizit aber auch, und das ist eben noch immer der weiße Elefant im Raum: Was ist überholt und muss endlich aufgegeben, vielleicht sogar aussortiert werden, ohne zu viel Porzellan zu zerschlagen? Am Schluss des Bandes dazu mehr.

2. Kultur in drei Sequenzen

Die *Reisebilder*, erste Sequenz der eingereichten Texte, geben Beobachtungen und Kommentare wieder, die innerhalb oder außerhalb der Dienstzeit und in mehr oder weniger lockerer Beziehung zu den beruflich anstehenden Aufgaben getätigt wurden. Wenn die Reise um die Welt paradoxerweise der kürzeste Weg zu sich selbst ist,[2] dürften die Bilder, Berichte und Analysen verschiedener Kulturstätten zwar von einer gewissen Sehnsucht nach Distanz gekennzeichnet sein: vom kultur-kulinarischen Ausflug in das barock-katholische Rom, Zielort deutscher Sehnsüchte (Mark Steinert), über einen Abstecher ins prestige-ehrgeizige und mit Weltkulturen glänzend aufwartende Abu Dhabi (Milena Karabaic) und die Begegnung mit einer gefährdeten Aufklärung über den Zweiten Weltkrieg in Gdańsk (Danzig) (Milena Karabaic/Thomas Schleper) bis hin zur Besteigung eines ehemaligen Wasserturms im dänischen Tønder, wo sich Erfahrungen mit anspruchsvollem Design geradezu allzu menschlich einprägen dürfen (Thomas Schleper). Zugleich bleiben bei diesen Reisen in die Ferne Gedanken über die eigene Arbeit mit entsprechenden Fragestellungen und Suchbewegungen leitend. Die Unternehmungen liegen teilweise schon Jahre zurück, was wiederum zu Vergleichen und, wieder im Paradox, zum Innehalten einlädt: Derart bildet Reisen.

Das Suchen und Kennenlernen wandert im zweiten Teil der Betrachtungen von den fremden Orten und Entdeckungen zu den *Dingwelten* auf den von den Autor*innen teilweise selbst bespielten Bühnen. Eine Bildungsreise zweier britischer Damen ins Rheinland zur Zeit der Romantik lässt am Vorabend einer niederrheinischen, zugleich länderübergreifenden Neugründung über die Bestimmung des Museums reflektieren (Veit Veltzke). Die Via Culturalis beschreibt eine Kölner Kulturmeile, ihre städtebaulichen Flanken, touristischen Konditionen und archäologischen Sensationen, um, vom Dom aus, auf ein gleichfalls im Entstehen begriffenes Haus zur jüdischen Geschichte hinauszulaufen (Thomas Otten). Die beschriebenen Bühnen reichen von den Reizen einer historischen (Kultur-)Landschaft über die metropolitane Szenerie weiter zum unter freiem Himmel musealisierten Haus- und Dingensemble, deren bewahrenswerte Vergangenheit immer jünger wird (Josef Mangold). Zur jüngeren Geschichte zählt der Strukturwandel, der im Industrieland Nordrhein-Westfalen eine Fülle von Industriedenkmälern und -museen hervorbrachte, die eine reich differenzierte Praxis des Ausstellens unter örtlich differenten Bedingungen bescherte (Walter Hauser). Ein Klumpen Kohle provoziert schließlich eine strukturwandelkundige Studie über das Verhältnis des einst existenzsichernden Roh- und Betriebsstoffs zu prekären Alltagsumständen und zum rabiat-dynamischen Kapitalismus. Die Spuren werden bis ins populäre Lied- und Kinos füllende Filmgut verfolgt (Dagmar Hänel).

Orte und Landschaften, Räume und Szenerien beschreiben zugleich Reisen durch die Zeit: Vergangenes, Gegenwärtiges und bereits in Arbeit befindliche Projekte. *Perspektiven* nun bündeln den dritten Teil der versammelten Essays, der weiter in die Zukunft weist. Er spricht Grundsätzliches an, thematisiert Methodisch-Exemplarisches, denkt strategisch-programmatisch. So wird unter kulturgeografischer Perspektive zunächst der politische Begriff von Kulturlandschaft, die sich eben nicht bloß als kulturelle Infrastruktur versteht, verhandelt (Klaus-Dieter Kleefeld); das Versuchsmodell für eine nachhaltige Präsentation von Kunstwerken, das eine vertiefte und sich vertiefende Aufmerksamkeit adressiert, wird als nachhaltiges Contra zur flüchtigen Praxis der Blockbuster-Ausstellungen dargestellt und begründet (Thorsten Valk/Alexandra Käss/Jan-David Mentzel); Sorgen um den neuerlichen Umgang mit der Denkmalpflege, die sich eben nicht als Entwicklungsbremse versteht, werden explizit (Martin Bredenbeck); verfolgt wird eine über die Jahrhunderte gleichbleibende Hochachtung der Kunst beziehungsweise der Künste und gefragt, wohin denn heute ihre „geheimnisvollen Schwingungen“[3] tragen (Thomas Schleper). Es kommen zuletzt Kultur und Bildung als ‚Eigentum‘ und humanes ‚Kapital‘ in den Diskurs. Es werden Aktiva und Passiva kultureller Bildungsarbeit betrachtet, wenn ökonomische Zielvorgaben und daran angepasste Sprach- und Diskursformen die Regie übernommen zu haben scheinen (Milena Karabaic).

3. Raum vor Zeit

Wo aber könnten denn die erwähnten, vielleicht nur verkannten, aber jedenfalls nicht deutlich genug proklamierten Potenzen und Potenziale von Kunst und Kultur liegen? Um mit dem schon mehrmals erwähnten Schweizer Universalgelehrten aus dem 19. Jahrhundert zu fragen und dem geneigten Lesepublikum des 21. Jahrhunderts eine Anregung auf den Weg zu geben.

Was mit Sicherheit anders ist als zu Burckhardts Zeiten, ist das Sprechen über Kultur in Bezug auf das jetzt ‚Dringliche‘ und bald Erwartbare. Dieses Sprechen und Schreiben war – auch wenn schon von „Weltkultur“[4] die Rede ist – seinerzeit noch eher nationalstaatlich und auf einzelne Völker ausgerichtet, jedenfalls fast ganz ohne Blick auf planetar-ökologische Verfallsdaten beziehungsweise kritische Grade und Marken hin zu unumkehrbar kataklystischen Kipppunkten. In Opposition zur Geschichtsphilosophie eines Hegel sowie von Marx und Engels lehnte Burckhardt zwar den Gedanken eines im Grunde unaufhaltsamen historischen Fortschritts ab, dafür glaubte er an die Unendlichkeit des sich „*Wiederholenden*, *Konstanten*, *Typischen* als ein in uns Anklingendes und Verständliches“.[5] Diese beruhigende Versicherung zeitloser Stabilität dürfte heute kaum mehr verfangen. So betont der französische Wissenschaftsphilosoph

Bruno Latour neuerlich eine beispiellos „neue Situation“, eine einzigartige Temporalität des Heute und annonciert die ‚Verräumlichung der Zukunft‘:[6] Wegen der bereits eingetroffenen Verspätung, der jedenfalls fortgeschrittenen Zeit, in der noch das Schlimmste vermieden werden kann, müsse man endlich Boden unter die Füße bekommen, mit handfesten Taten „landen“ (Latour: *atterrir*), statt länger nur abzuwarten, bestenfalls zu projektieren, schlimmstenfalls zu träumen. Was kann Kultur, wäre nun zu fragen, zu dieser Art erdverbundenen ‚De-Utopisierung‘ beziehungsweise ‚Re-Topisierung‘ beitragen? Dazu einige mutmaßende Anmerkungen.

4. Katalog der Relevanzen

Zunächst einmal fällt die Diversität der Themen, die Fülle der Zugänge und die Vielfalt der hier im Band versammelnden Disziplinen auf. Und dies, obwohl sich die Beiträge in all ihrer Breite nur einem recht überschaubaren Ausschnitt des ‚weißen‘ europäischen Kulturkreises verdanken und widmen.[7] Dennoch geben sie schon eine erste Antwort auf die Frage nach der möglichen Relevanz von Kultur. Sie liegt mit Sicherheit in der Mannigfaltigkeit ihrer Methoden, Ansätze und Blicke auf die Welt, gewonnen im Austausch auf Reisen, im vielfältigen Umgang mit sehr diversen historischen Objekten und deren Kontextualisierung oder auch beim strategischen Projektieren.

Kultur kann dabei genutzt werden als möglichst vielsprachige und multisensorische Plattform für eine Diplomatie der Auseinandersetzung um den besten Weg in die Zukunft, aber auch für möglichen politischen, zuweilen lauten Streit, im Grunde Motor der deliberativen Demokratie und ihrer partizipativen Ausgestaltung. Das zielt auf ihren Forumscharakter, ihre Sachgebiete, Zugänge und Einstellungen, öffentlich einladende und zusammenführende, also weitestgehend inkludierende Gastgeberrolle,[8] um nicht Gastfreundschaft zu sagen.[9] Burckhardt spricht von der belebenden „höheren Geselligkeit“[10] als Schaffensbedingung und Ergebnis von Kultur.

So rückt der handlungsentlastete und auch deshalb noch immer utopiefähige Laborcharakter von Kultur und ihren Einrichtungen in den Blick. Selbst mit Latour: Die Anerkennung des Ernstes der Lage und entsprechender ‚Topisierung' der Zukunft bedarf gleichwohl noch eines utopischen Überschusses, nämlich den der Hoffnung (Latour: *ne pas perdre espoir*).[11] Für beides besteht nach allem, was bislang über die komplexe Schwerfälligkeit der etablierten Systeme – die institutionalisierte Kultur gehört wohl dazu – sowie die jetzt schon fälligen Kosten anstehender Transformationen zu vernehmen ist, auch weiterhin Anlass und großer Bedarf nach Reisen in Möglichkeitsräume.

Kommen wir endlich zu einem Thema, das die gegenwärtigen Debatten zu Recht beherrscht und in denen auch Kulturarbeit und -politik sich bewähren müssen. Der Nachhaltigkeit, die gemäß Agenda der UNESCO das Themendreieck des Ökologischen, Ökonomischen und Sozialen umspannt,[12] fehlt noch die explizite Proklamation der vierten Dimension,[13] die der Kultur und Bildung eben, die sich nicht in Konkurrenz zu den genannten Stichworten stellt, wohl aber die Basis und auch das Dach dazu bildet. Die Frage zu stellen, wie wir leben wollen, heißt mit Latour konkret auch: Wo, an welchem Ort, in welchen Häusern und Räumen, in welcher Stadt oder Landschaft wollen wir leben (Latour: *où atterrir*)?[14]

Hierbei kommen Ethik und Ästhetik erdfarben und -tönend zusammen, geht es doch zugleich um eine Stellung und um ein Verhalten zur Welt, zur Heimat Erde, um letztlich ontologische, epistemische und psychisch-physische Grundverhältnisse. Denn Kultur ist nicht nur nachhaltig, insofern sie bei ihren Angeboten sowie in Förderrichtlinien das genannte Dreieck thematisch berücksichtigt oder soziale Teilhabe ermöglicht, beim Bauen wie beim Reisen ökologisch verantwortlich handelt und sich bemüht, die Situation von Kulturschaffenden ökonomisch abzusichern.[15] Schon das grundlegende Bekenntnis zur planetaren Nachhaltigkeit geht auf elementare ‚Weltverhältnisse' beziehungsweise wertende Welthaltungen zurück, die stets kulturell gegründet und überformt sind wie die daraus zu ziehenden Konsequenzen und die Einübung in entsprechendes Verhalten.

Das kann kulturell auch wieder hinterfragt, relativiert oder verschärft werden: Kultur und Bildung legen in Sachen Nachhaltigkeit sensorische, emotionale und ideelle Fundamente, von ihr hängen wandelnde Aufmerksamkeitsgrade und die Verteilung von Wertschätzung ab, die Richtung der einzusetzenden Energie, je nach Menschen- und Weltbild. Bildung und Kultur verantworten das emotionale und mentale Equipment einer Gesellschaft, bilden den Referenzrahmen wie Resonanzraum für Grundorientierungen und Verhaltensdispositionen, wirken darauf ein, bieten sinngebende Narrative und halten sie im Gespräch.

So steht nun wohl die zerstörerische Hybris[16] des absolutmodernen Subjekts und sein ästhetisch-epistemisches Regime, sein „Expansionsparadigma“ in Rede, mitsamt seinem zeitlos autonomen Kunst- und Kulturbegriff. Er hatte sich schon fast ganz von der auf Abstand gehaltenen Welt verabschiedet, um, so die auch unfreiwillige Selbstanzeige, bei unhaltbaren Nachhaltigkeitswidersprüchen zu landen.[17] Nachhaltigkeit als Relevanzkriterium ist vielfach eine erst noch umzusetzende Agenda „in der Kultur und durch die Kultur“.[18]

In diesem Kontext kommen auch die *Toblacher Thesen* von 1996 und das *Tutzinger Manifest* von 2001 ins Spiel. Wenn sie ‚Schönheit‘, verstanden als „Lebens-Mittel“, direkt mit den Bemühungen um Nachhaltigkeit und mit „Zukunftsfähigkeit“ in Verbindung bringen,[19] dann bietet Kulturarbeit nicht nur gastliche Foren und lebendige Laboratorien für Verhandlungen über Dimensionen und Praktiken des Ökologischen, Ökonomischen und Sozialen, sondern hält eine eigene Kategorie bereit, mit der Burckhardt noch wie selbstverständlich operierte[20] und die im Projekt eines *New European Bauhaus* eine überraschende Renaissance erfährt.[21]

5. Weiter mit Fressen und Moral

Mit diesem hier vorschlagshalber und probeweise angeführten Stichworten zu einem Kriterienkatalog, dem zu folgen den vielfach (noch) nicht zu Recht beanspruchten Vorbildcharakter von Kultur begründen könnte, lässt sich aufzeigen, wie die Aufmerksamkeit für Diversität mit Fragen des Universellen zusammengeht, anstatt ihnen zu widersprechen: Der Universalismus ist ein vielstimmiger, ein ‚Pluriversalismus‘.[22]

Die dargelegten Reisen, die Dingwelten und die perspektivischen Ideen lassen diesen Konnex erst erahnen und deuten an: Kultur kann nicht stehenbleiben, ist selbst immer auf Reisen zu sich selbst: zu Selbstwahrnehmung, -befragung und auch Revision. Gedächtnis, Geistesgegenwart und die Sorge um die Zukunft des Planeten rufen alle singulären Talente auf zur Tugend der Solidarität mit uns allen, zur konkreten Abstraktion einer überlebensbegabten Menschheit, die auch noch das Nichtmenschliche als Lebensgrundlage und fundamentale Rahmensetzung stärker als bislang zu inkludieren hätte.[23] Das meint eine „Kultur des Allgemeinen“.[24]

Im Unterwegsseins und in einer selbstkritischen Beweglichkeit bewiese sich schließlich die Agilität des Kulturellen. Die derart zu vollziehende Befragung von außen wie innen und in Permanenz schließt nachhaltiges Selbstbewusstsein von Kultur und all ihrer Akteur*innen gerade mit ein, sofern sie gesellschaftlichen Diskursen weder hinterherläuft noch sich ihnen unterordnet, sondern diese selbst prägen kann. Kultur darf und muss sich dazu lautstark artikulieren, stärker jedenfalls, als man es bislang vernommen hat. Auch wenn dies gelegentlich schiefgehen kann.[25] Denn wo sonst, wenn nicht im Rahmen eines kulturellen Selbstverständnisses, lässt sich verhandeln, was die Gesellschaft mit der technologischen Ertüchtigung, den wachsenden Datenschätzen und der beabsichtigten Effizienzsteigerung anstellen könnte und möchte?[26] Doch wenn zur Agilität wie erwähnt die Fähigkeit der Kritik gehört, bedarf es wohl mehr als dessen, was Burckhardt eine „unaufhörlich modifizierend[e] und zersetzend[e]“[27] Einwirkung auf die übrigen Potenzen nennt.

Zwar wird bereits vor der Aufführung von Bertolt Brechts *Dreigroschenoper* von 1928 sinngemäß proklamiert, erst komme „das Fressen“ und dann „die Moral“.[28] Doch hat nicht gerade die Pandemie gezeigt, wie existenziell neben dem Erhalt von Arbeitsplätzen und der Gewährung von Grundsicherung die Rolle von Kultur ist, nicht nur als Gradmesser für Zivilität bei Verteilungsfragen und der gerechten Zuweisung von Schutz und Bildungschancen,[29] sondern, siehe *Toblacher Thesen*, ebenso als Sehnsucht nach purer Lebensfreude? Trotz des Zusatzpensums, das die Pandemie vielerorts bescherte: Die Freude am Denken und Schreiben über Kultur als einer zentralen und weiter zu stärkenden Instanz, die auch diese Gelegenheitspublikation möglich gemacht hat, möge auf die Leser*innen überspringen sowie Stimmung und Stimmen stärken für die Kultur und ihre einzigartige Kreativität. Denn so kritische wie visionäre Kulturarbeit bietet die Chance, „zwischen Wissen und Handeln zu vermitteln"[30] und katalysatorisch zu grundlegenden wie lebensfrohen Veränderungen beizutragen, zum fälligen *game change*. Sicherlich keine Kleinigkeit, um mit Latour auf Brecht anzuspielen: Es braucht einen starken Magen, sich dafür zu entscheiden: „un sacré estomac".[31]

6. Zum Schluss und nicht zuletzt

Großer Dank gesagt sei allen Autor*innen, die im letzten halben Jahr neben ihren beruflichen Belastungen noch Zeit und hoffentlich Muße fanden, sich an dem Büchlein, nicht ohne Reverenz gegenüber der scheidenden Dezernentin, zu beteiligen. Dem Redaktionsteam gilt insbesondere für Geduld und Gründlichkeit alle Anerkennung und großes Lob.

Anmerkungen

1 Jacob Burckhardt: *Weltgeschichtliche Betrachtungen*, Köln 1954, S. 25–63. Burckhardt vertritt dabei einen vergleichsweise weiten Kulturbegriff. Dieter Rossmeissl: *Kultur ins Grundgesetz? Eine halbe Gegenrede*, in: *Kulturpolitische Mitteilungen* 173, II/2021, S. 69 f.

2 Vgl. Hermann Alexander Graf Keyserling: *Reisetagebuch eines Philosophen* [Erstausgabe 1919], Berlin 1990. Wörtlich: „Der kürzeste Weg zu sich selbst führt um die Welt herum."

3 Burckhardt: *Weltgeschichtliche Betrachtungen*, 1954, S. 49.

4 Ebda., S. 54.

5 Ebda., S. 9.

6 Vgl. Bruno Latour: *Une drôle de guerre sans front*, in: *philosophie magazine*, Sondernummer 46, *Philosophie du réchauffement climatique. Éthique, politique, métaphysique: tout changer*, 2020, S. 16–19, hier S. 17. Entsprechend liefen die gerichtlichen Urteile, die im Mai 2021 gegen Regierungen und Konzerne gefällt wurden, um die Freiheiten jüngerer und zukünftiger Generationen zu schützen, auf fällige Festschreibungen im Heute hinaus, auf eine sich sozusagen temporal zurückziehende Zukunft. Die Prophetie muss sich bereits um die Gegenwart kümmern. Es sind, so Latour weiter, die Kinder in ihrer ganz handfest irdischen Sorge die Vernünftigen, und die Erwachsenen albern in ihrem wolkigen Leichtsinn eines ‚Weiter so'. Eine prophetisch Vernünftige für ihn heißt Greta Thunberg. Ein Generationskonflikt mit planetarischer Reichweite tut sich auf.

7 Auch die Verantwortlichen des neuen Museums in Abu Dhabi orientieren sich streng europäisch: mit der Namensgebung, mit der Wahl des Architekten, mit ihrem Ehrgeiz nach Prestige.

8 Nicht zuletzt um dem aufkommenden „Konfusionismus", dem Mangel an Orientierungswissen, zu begegnen. So Felix Heidenreich über den in Frankreich seitens des Politikwissenschaftlers Philippe Corcuff diskutierten *confusionisme*: *Kann man links und rechts jetzt etwa doch verwechseln?*, in: *Die Zeit*, 02.06.2021, S. 48.

9 Zur auch machtdurchwirkten Gastfreundschaft vgl. Beatrice von Bismarck: *Gastfreundschaft. Die Ambivalenzen der Großzügigkeit*, in: Dies.: *Das Kuratorische*, Leipzig 2021, S. 185–223. Ich schließe mich der Argumentation der Kant'schen Überlieferung an, eher als einem einzelnen sei es möglich, „daß ein ‚Publikum' sich selbst aufkläre [...]; ja es ist, wenn man ihm nur Freiheit läßt, beinahe unausbleiblich". Zitiert nach Jürgen Habermas: *Strukturwandel der Öffentlichkeit. Untersuchungen zu einer Kategorie der bürgerlichen Gesellschaft*, Berlin 1982, S. 129.

10 Buckhardt: *Weltgeschichtliche Betrachtungen*, 1954, S. 51 f.

11 Latour: *Une drôle de guerre*, 2020, S. 17.

12 Vgl. https://www.unesco.de/bildung/bildung-fuer-nachhaltige-entwicklung/unesco-programm-bne-2030; https://www.unesco.de/ueber-uns/ueber-die-unesco/globale-nachhaltigkeitsagenda (besucht 03.06.2021).

13 Vgl. *Tutzinger Manifest* von 2001/2002, „Kultur als 4. Säule der Nachhaltigkeit". Dazu Henning Mohr/Ulrike Blumenreich/Uta Atzpodien: *Zeit für Zukunft. Inspiration für Nachhaltigkeit im Kulturbereich*, in: *Zeit für Zukunft. Inspirationen für eine klimagerechte Kulturpolitik*, Sonderheft der *Kulturpolitischen Mitteilungen*, 2021, S. 8–13, hier S. 13.

14 Bruno Latour: *Down to Earth. Politics in the New Climate Regime* [im Original: *Où atterrir? Comment s'orienter en politique*], Cambridge 2018. Zur gleichlautenden Ausstellung vgl. Lucia Seiß: *Nachhaltig ausstellen – Die Ausstellung „Down to Earth" im Berliner Gropius-Bau*, in: *rheinform, Informationen für die rheinischen Museen*, 01/2021, S. 24–27.

15 Vgl. die Diskussionen zu den Entwürfen des vom NRW-Ministerium für Kultur und Wissenschaft veröffentlichten *Kulturgesetzbuch des Landes NRW*, § 11 zur Nachhaltigkeit.

16 Internationale convivialiste: *Second manifeste convivialiste. Pour un monde post-néolibéral*, Arles 2020, S. 36, 90 ff.

17 Vgl. Hanno Rauterberg: *Verschwendung ist so schön. Vielen Künstlern ist der Klimawandel herzlich egal, immer größere Werke verschlingen immer mehr Ressourcen. Braucht es eine neue Kunst der Mäßigung?*, in: *Die Zeit*, 10.06.2021, S. 51. Vgl. zur „Welt als Aggressionspunkt" Hartmut Rosa: *Unverfügbarkeit*, Berlin 2020, S. 11–20.

18 Ralf Weiß: *Neustart Kultur im Zeichen der Nachhaltigkeit! Aufbruch in eine andere Moderne*, in: *Zeit für Zukunft* [Sonderheft der Kulturpolitischen Gesellschaft], 2020, S. 18–21, hier S. 20. Zur verkannten Relevanz kultureller Weltbilder im Kontext der demokratisch verfassten Wissensgesellschaft vgl. Alexander Bogner: *Die Epistemisierung des Politischen. Wie die Macht des Wissens die Demokratie gefährdet*, Stuttgart 2021.

19 https://kupoge.de/ifk/tutzinger-manifest/pdf/toblach-d.pdf (besucht 12.06.2021).

20 Vgl. die von Reinhard Jaspert herausgegebene Zusammenstellung *Jacob Burckhard. Griechische Kultur* mit 122 Abbildungen, Berlin 1950, S. 114 ff. Burckhardt bringt übrigens Schönheit mit der ‚nachhaltigen' Tugend der Sophrosyne, dem Maßhalten, in Verbindung. Vgl. Jacob Burckhardt: *Griechische Kulturgeschichte* [aus dem Nachlass], 4 Bde., München 1977, hier Bd. 3, S. 57: Sophrosyne als „Verbindung von Freiheit und Maßhalten".

21 https://webcast.ec.europa.eu/Conversations on the New European Bauhaus – Streaming Service of the European Commission (europa.eu); https://europa.eu/new-european-bauhaus/events/conference-conversations-new-european-bauhaus (besucht 25.04.2021).

22 Vgl. Internationale convivialiste: *Second manifeste convivialiste,* 2020, S. 23.

23 Vgl. Corine Pelluchon: *Les nourritures. Philosophie du corps politique,* Paris 2015 [deutsch: *Wovon wir leben. Eine Philosophie der Ernährung und der Umwelt,* Darmstadt 2020].

24 Weiß: *Neustart Kultur,* 2021, S. 19.

25 Vgl. Matthias Alexander: *Mit Kitsch gegen den Klimawandel. Der Grimm-Platz soll zur romantisierten Halbwildnis werden: Ähnlich werden Städter auch andernorts ihren Ängsten Gestalt geben,* in: *Frankfurter Allgemeine Zeitung (FAZ),* 05.06.2021, S. 11. – Vgl. auch die Aktion *#allesdichtmachen, #niewiederaufmachen und #lockdownfürimmer*: 50 deutschsprachige Schauspieler*innen kommentierten Ende April 2021 in satirischen oder ironisch gemeinten Videos die Corona-Politik der Bundesregierung sowie die Medienberichterstattung. Die Aktion sorgte für mediales Aufsehen und eine kontroverse Debatte, https://de.wikipedia.org/wiki/Allesdichtmachen (besucht 10.06.2021). – Einen Versuch, die anstehende und von Bundesmilliarden unterstützte Transformation des Braunkohlereviers westlich von Köln nicht nur in wirtschaftlichen, technologischen, ausbildungsspezifischen und landschaftsgeografischen sowie freizeit-touristischen Projekten aufgehen zu lassen, sondern ‚kulturell' stärker zu begleiten, stellen die Beiträge der Architektenkammer NRW und die Initiative des LVR-Dezernats Kultur und Landschaftliche Kulturpflege dar, um mit neuen Ideen der Aufbruchsstimmung des *New European Bauhaus,* Anwendungsfall Rheinisches Braunkohlerevier, zu folgen. Der Erfolg ist keineswegs gesichert. Vgl. Milena Karabaic/Thomas Schleper: *Plan F³. Future for Frimmersdorf – Frimmersdorf for Future. Projektskizze zu einem Leuchtturm im Braunkohlenrevier* (Manuskript, Juli/August 2021). – Ein Beispiel für eine mutig propagierte Intervention stellt das von den beiden Landschaftsverbänden Rheinland und Westfalen-Lippe zum 75. Geburtstag des Industrielandes NRW auf den Weg gebrachte Projekt einer „Neuen Charta der Industriekultur" dar: kunst industrie kultur, www.futur21.de (besucht 23.08.2021).

26 Vgl. Niklas Maak: *Schule machen. In Berlin will die Ausstellung „Bildungsschock" zeigen, was man heute von der Utopie der Sechziger- und Siebzigerjahre lernen kann,* in: *FAZ,* 06.06.2021, S. 36.

27 Burckhardt: *Weltgeschichtliche Betrachtungen,* 1954, S. 46. Selbst wenn es nach Walter Benjamin kein Dokument der Kultur gibt, das nicht zugleich eines der Barbarei wäre, könnte dies nur im Lichte einer humaneren (Gegen-)Kultur kritisiert und überwunden werden.

28 Der Satz stammt aus der *Ballade über die Frage: Wovon lebt der Mensch?* Er hat Vorgänger wie das Sprichwort „Einem hungrigen Magen ist schlecht predigen."

29 Zur Funktion des Deutschen Ethikrates in der Pandemie vgl. https://www.ethikrat.org/pressekonferenzen/veroeffentlichung-der-stellungnahme-immunitaetsbescheinigungen-in-der-covid-19-pandemie/ (besucht 07.06.2021).

30 Günter Winands: *Ermutigung zu einer ökologisch orientierten Kulturpolitik und -praxis,* in: *Zeit für Zukunft* [Sonderheft der Kulturpolitischen Gesellschaft], 2021, S. 4. Der Beitrag beginnt mit dem bekannten Goethezitat: „Der Worte sind genug gewechselt, lasst mich auch endlich Taten sehn."

31 Latour: *Une drôle de guerre,* 2020, S. 19.

Reisebilder

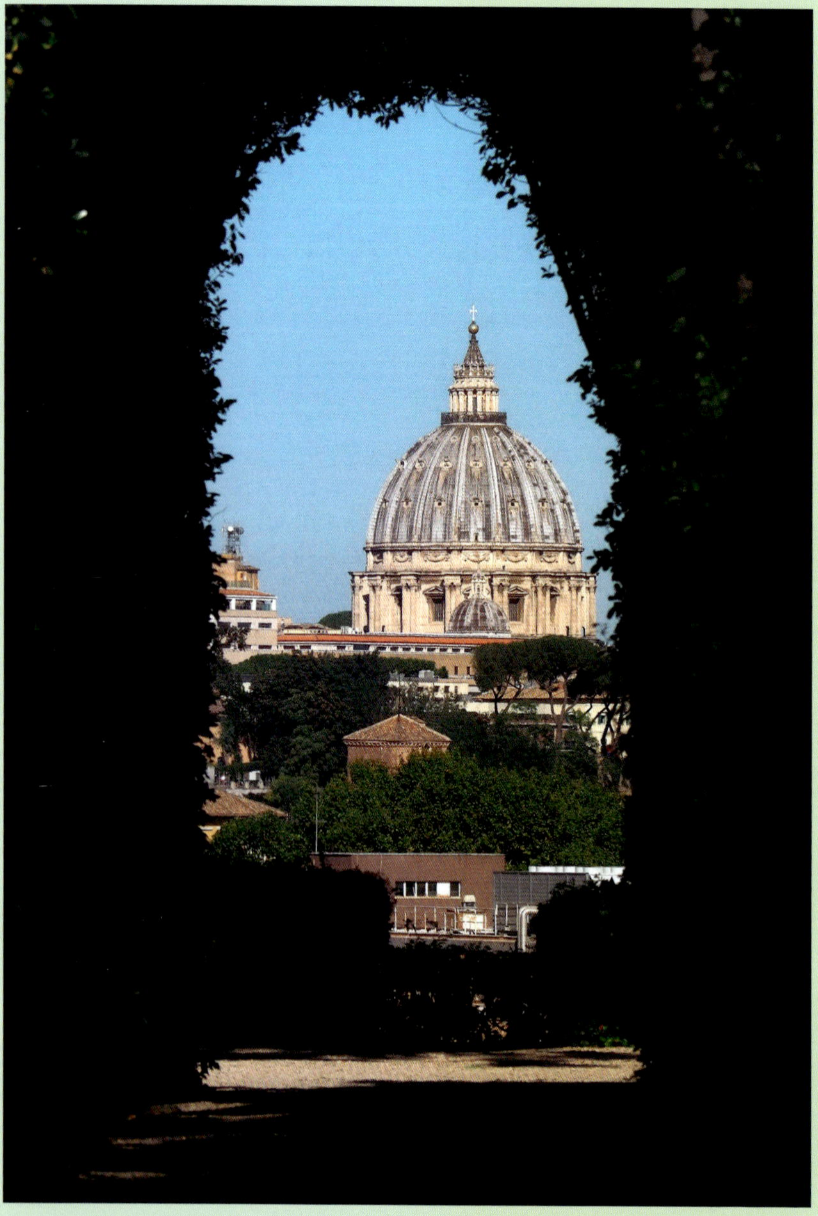

Ein umkränztes Ziel:
Kuppel des Petersdoms, gesehen durch das Schlüsselloch an der Piazza dei Cavalieri di Malta, Rom.
Architekt: Michelangelo Buonarroti, 1557

Mark Steinert

Rheinisch-römische Verbindungen
Die Vereinigten Adelsarchive im Rheinland und die Archivberatung des Landschaftsverbandes Rheinland auf Spurensuche in Rom

Seit vielen Jahren ist es ein wichtiges Anliegen der Archivberatung des Landschaftsverbandes Rheinland (LVR), die rheinischen Adelsarchive zu unterstützen. Der Erhalt ihrer umfangreichen Überlieferung, die sich bis heute in Privatbesitz befindet, ist für die Archivlandschaft, für die Geschichte und die Kultur der Region sowie für ihre Städte und Gemeinden von kaum zu überschätzender Bedeutung. In dem Bewusstsein, dass die oft zitierte Sentenz „Eigentum verpflichtet" durchaus auch für Güter von rein immateriellem Wert gilt, haben sich 1982 rheinische Adelsfamilien in dem Verein „Vereinigte Adelsarchive im Rheinland" (VAR) zusammengeschossen mit dem Ziel, ihr Erbe mit einer oft Jahrhunderte zurückreichenden schriftlichen Überlieferung in den Archiven ihrer Burgen und Schlösser zu erhalten, zu erschließen sowie Wissenschaft und Forschung zugänglich zu machen.

Regelmäßig organisiert der Verein auch Exkursionen in europäische Städte und Regionen, zu denen rheinische Adelsfamilien eine besondere Beziehung haben. Im Februar 2018 begannen die Planungen für eine Exkursion nach Rom. Nun gibt es jenseits der historischen Grenzen des Heiligen Römischen Reiches Deutscher Nation wohl sicher kaum einen Ort, an dem man besser auf deutschen Spuren wandeln kann als die Ewige Stadt. Zahlreiche Reisende weilten hier seit dem 17. Jahrhundert – von Andreas Gryphius über Johann Wolfgang von Goethe, Johann Joachim Winckelmann und Paul Heyse bis zu Ferdinand Gregorovius, dem für seine Verdienste um die Erforschung der Geschichte der Stadt 1876 sogar deren Ehrenbürgerwürde verliehen wurde. Das besondere Interesse unserer Exkursion richtete sich jedoch weniger auf diese prominenten Besucher als auf die engen politisch-religiösen Verflechtungen, die den deutschen Adel im Allgemeinen und den rheinischen im Besonderen mit Rom verbanden und bis heute verbinden. Nicht zu unterschätzen ist dabei die tiefe Verwurzelung des rheinischen Adels in der römisch-katholischen Kirche. Besonders augenfällig sind diese traditionellen Verbindungen an ‚deutschen' Orten Roms wie der Kirche Santa Maria dell'Anima. Doch noch weit tiefere Einblicke als steinerne Zeugnisse können die Unterlagen in den Archiven der Ewigen Stadt in die rheinisch-römischen Beziehungen gewähren: Neben dem Archivio Apostolico Vaticano sind vor allem die Ordensarchive wahre Fundgruben. Damit bestanden beste Voraussetzungen für die Zusammenstellung eines Programms, das den Interessen aller Exkursionsteilnehmer entsprach, sei es aufgrund historisch-familiärer Anknüpfungspunkte, sei es unter kirchlichen Aspekten. Als Türöffner erwiesen sich bei den Reiseplanungen zusätzlich bis heute bestehende verwandtschaftliche Bande nach Rom.

Dann kam der Herbst 2019. Allgemeiner Anreisetermin war der 3. Oktober, während ich selbst schon ein paar Tage früher vor Ort war. Das Programm begann am nächsten Morgen. Treffpunkt: Piazza dei Cavalieri di Malta auf dem Aventin. Vielen Romreisenden ist dieser Ort bekannt wegen des berühmten Schlüssellochs eines Portals, durch das man einen spektakulären Blick in eine Allee aus Lorbeerbüschen hat, deren Abschluss, genau in der Mitte, die Kuppel des Petersdoms bildet. An diesem Tag ging es aber weniger um das Schlüsselloch als um den hinter dem Tor befindlichen Hauptsitz des Malteserordens – mit vollständigem Namen „Souveräner Ritter- und Hospitalorden vom Heiligen Johannes zu Jerusalem von Rhodos und von Malta". Diese offizielle Bezeichnung weist ausdrücklich auf die bis heute bestehende staatliche Souveränität des Malteserordens hin, und so ist dessen Hauptsitz – neben der Vatikanstadt, der Città del Vaticano – das zweite von Italien unabhängige staatliche Gebilde auf römischem Boden. Der Vorplatz des „Malteserstaates" und die Kirche des Priorats, Santa Maria in Aventino oder Santa Maria del

Priorato, sind die einzigen architektonischen Schöpfungen des großen Vedutisten Giovanni Battista Piranesi, dessen Stadtansichten wie die keines anderen Künstlers bis heute unser Bild des barocken Roms prägen. Auf der Piazza mit ihren reliefgeschmückten, teilweise von Obelisken flankierten Stelen und dem breiten Torbau mit dem berühmten Schlüsselloch wähnt man sich, wie auch vor der Fassade und im Inneren der Kirche, in eines der *Capricci* oder in eine der Stadtlandschaften des Meisters versetzt.[1] Allgegenwärtig sind das Malteserkreuz und antike wie christliche Symbole. Um die Kirche und die Magistratsvilla erstreckt sich ein Garten, dessen Mittelpunkt eine gewaltige Zeder bildet. Er endet am steilen Nordabhang des Aventin, von wo sich ein weiter Blick über Tiber und Trastevere zum Gianicolo und auf die Kuppel von St. Peter bietet – zur Abwechslung einmal von der anderen Seite des Schlüssellochs.

Der Besuch auf dem Aventin war aber nicht nur der Schönheit dieses Ortes geschuldet, sondern auch und vor allem den bis heute engen Verbindungen rheinischer Adelsfamilien zum Malteserorden. Einer seiner wichtigsten Amtsträger ist seit 1989 Albrecht Freiherr von Boeselager, von 1989 bis 2014 Großhospitalier und seit 2014 Großkanzler des Ordens. Beredtes Zeugnis von den engen Beziehungen zwischen den Maltesern und dem Rheinland in vergangenen Jahrhunderten legten die ausgewählten Archivalien ab, die uns am Nachmittag beim Besuch des Archivs im Palazzo Malta, dem Magistralpalast des Ordens an der Via dei Condotti, präsentiert werden sollten, in denen manche Mitreisende die Namen ihrer Familien finden konnten.

Vom Platz der Malteserritter brachen wir auf zu einem Gang durch die Altstadt: über die frühchristliche Basilika Santa Sabina auf dem Aventin hinunter zur Piazza della Bocca della Verità mit ihren zwei Tempeln aus republikanischer Zeit und der Kirche Santa Maria in Cosmedin mit dem vielbesuchten „Mund der Wahrheit", der dem Platz seinen Namen gab. Wir passierten das Theater des Marcellus, warfen einen Blick in die Kirche Santa Maria in Campitelli und kamen schließlich an den Largo Arenula mit dem Caffè Camerino – und damit auch zu der von den meisten bereits heiß ersehnten Mittagspause. Ein Besuch in diesem Café bedeutet nun aber mehr als nur irgendeinen Kaffee oder Cappuccino zu trinken und einen Imbiss zu nehmen, denn hier, in dieser recht unscheinbaren Kaffeebar gibt es den vielleicht besten Kaffee in ganz Rom – sei es in der Zubereitung als gewöhnlicher *caffè*, als *cappuccino* oder aber als *caffè completo* – ein Espresso mit einer feinen Kakaocreme, veredelt mit Schlagsahne und mit Kakaopulver bestäubt.

Auf die eine oder andere Weise gestärkt, setzte die Gruppe ihren Weg Richtung Vatikan fort: über den Campo de' Fiori und die Piazza Farnese, durch die schnurgerade, für Papst Julius II. angelegte Via Giulia zum Tiber und jenseits des Flusses weiter durch den Borgo Pio zum Eingang des Vatikans an der Porta Sant'Anna. Nach Erledigung der Formalitäten wurden wir im Belvederehof des Apostolischen Palastes von einem Führer und dem Kollegen Dr. Jörg Voigt vom Landesarchiv Niedersachsen in Empfang genommen. – Ein niedersächsischer Archivar im Archiv des Vatikans? – Hier bedarf es einer kurzen Erklärung: Seit 1965 wird regelmäßig ein niedersächsischer Archivar an das Deutsche Historische Institut in Rom (DHI) abgeordnet, um die Arbeit an einem bereits 1888 begonnenen Forschungsprojekt fortzuführen, dem Repertorium Germanicum (RG).[2] In diesem Verzeichnis werden alle kurialen Quellen des Zeitraums von 1378 bis 1517 mit deutschen Betreffen erfasst, „Personen, Kirchen und Orte des Deutschen Reiches, seiner Diözesen und Territorien" – eine Mammutaufgabe, wenn man bedenkt, dass die Bearbeitung von jeweils zwei aufeinander folgenden Pontifikatsjahren etwa drei Jahre dauert.[3]

Im Rahmen der Führung bekamen wir einen Einblick in die Bereiche des Archivs, die Reisenden sonst verschlossen sind. Da ist zunächst der gewaltige, 1980 eingeweihte Magazinbau, der als Bunker, so auch die offizielle Bezeichnung,[4] in den Vatikanischen Hügel unter dem Cortile della Pigna der Vatikanischen Museen getrieben wurde und für die Aufnahme von 43.000 laufenden Metern Archivgut ausgelegt ist. Höhepunkte waren jedoch die im Auftrag von Papst Paul V. gestalteten Archivräume und der Turm der Winde. Die Flucht von drei Sälen, in denen der Papst zwischen 1610 und 1614 das Archiv einrichten ließ, ist prachtvoll im Stil seiner Zeit ausgestattet. Schränke aus Pappel- und Walnussholz entlang der Wände waren zur Aufnahme der Archivalien bestimmt. Gemälde mit historischen Szenen schmücken die oberen Wandabschnitte, mythische und allegorische Darstellungen die Decken. Von den historischen Archivräumen gelangt man zu dem – zu keiner Zeit für Archivzwecke genutzten – Turm der Winde, Torre dei Venti. Zwischen 1578 und 1580 für die Astronomen Gregors XIII. als Himmelsobservatorium errichtet, die dort ihre Studien für die Gregorianische Kalenderreform betrieben,[5] trug er in 73 Metern Höhe einen Anemographen zur Windmessung.[6] Den repräsentativsten Raum des Turmes, die Sala della Meridiana, benannt nach einem in den Boden eingefügten Meridian (1580), stellte Alexander VII. 1655 der zum katholischen Glauben konvertierten Königin Christina von Schweden vor ihrem offiziellen Einzug in Rom vorübergehend als Wohnung zur Verfügung.[7]

Nach dem Besuch im Vatikan ging es weiter, vorbei an Petersplatz und Engelsburg, zum letzten offiziellen Programmpunkt des ersten Tages in den Palazzo Malta mit dem Malteser-Archiv. Der späte Nachmittag und der Abend standen dann zur freien Verfügung. Ein Teil der Gruppe machte sich noch auf zu einem Stadtrundgang auf deutschen Spuren: zum Antico Caffè Greco sowie zu den Kirchen Sant'Andrea delle Fratte und Santa Maria dell'Anima. Vom Palazzo Malta sind es in der Via dei Condotti nur wenige Schritte zum Caffè Greco, das im 18. und 19. Jahrhundert ein beliebter Treffpunkt vor allem deutscher Künstler war. Zu seinen bekanntesten Gästen aus Deutschland gehörten Johann Wolfgang von Goethe, Felix Mendelssohn Bartholdy und Richard Wagner.[8] Und nach den langen Fußmärschen dieses Tages zog es auch einige der Mitreisenden in das Café, dessen Wände zahllose Ansichten Roms und der römischen Campagna schmücken – Bilder, mit denen so mancher Künstler beim Wirt seine Schulden bezahlte. Die Barockkirche Sant'Andrea delle Fratte liegt ganz in der Nähe der Spanischen Treppe. Ihre bedeutendsten Kunstwerke sind zwei Engelsskulpturen von Gian Lorenzo Bernini, die eigentlich für die Engelsbrücke bestimmt waren. Weniger bekannt ist, dass hier nicht nur die Schweizer Malerin Angelika Kauffmann († 1807), sondern auch der Bildhauer Rudolf Schadow († 1822) sowie der Dichter und Maler Johannes Friedrich Müller († 1825), genannt „Maler Müller", beigesetzt wurden.

Nächste und letzte Station war dann die deutsche Nationalkirche Santa Maria dell'Anima in unmittelbarer Nähe der Piazza Navona. Im 14. Jahrhundert gründete an dieser Stelle ein Kaufmannsehepaar aus dem holländischen Dordrecht ein Hospiz für Reisende „deutscher Nation“[9], wobei die Bedeutung der Bezeichnung „deutsch“ – die Herkunft der Stifter zeigt es bereits – hier sehr weit auszulegen ist. Die Kirche wurde 1499 als dritter Bau an dieser Stelle begonnen.[10] Ungewöhnlich für Rom ist der an deutschen Vorbildern orientierte Bautyp der Hallenkirche, ein Prestigeprojekt der Deutschrömer am Vorabend der Reformation. Man könnte in dieser Kirche viel Zeit darauf verwenden, Spuren des rheinischen Adels zu finden und würde sicher auch diese oder jene Verwandtschaftsbeziehung feststellen können. Kaum zu übersehen ist jedoch das wohl wichtigste Grabdenkmal mit rheinischem Bezug im Chor, direkt gegenüber dem Hadrians VI. aus Utrecht, des letzten „deutschen“ Papstes vor Benedikt XVI. Hier wurde der 1575 im Alter von nur 19 Jahren in Rom an den Blattern verstorbene Erbprinz Karl Friedrich von Jülich-Kleve-Berg beigesetzt. Der Sohn Herzog Wilhelms V. von Jülich-Kleve-Berg und Marias von Österreich, einer Tochter Kaiser Ferdinands I., war in Begleitung seines Erziehers, des Xantener Kanonikers Stephan Winand Pighius, bereits 1571 zu einer langen Bildungsreise aufgebrochen. Aufenthalte des protestantischen Prinzen am kaiserlichen Hof in Wien und schließlich in Rom, wo er am Weihnachtstag 1574 vom Papst die Heilige Kommunion empfing, zeugen von einer beabsichtigten Wiederannäherung des herzoglichen Hauses an die katholische Kirche.[11]

Der nächste Tag begann mit einem Besuch bei *Vatican News*, dem 2017 umbenannten Traditionssender Radio Vatikan. Den verwandtschaftlichen Beziehungen gleich mehrerer Mitreisenden verdankten wir diesen Termin mit einer Führung durch die Aufnahmestudios und der Gelegenheit zu einem langen, aufschlussreichen Hintergrundgespräch mit dem Leiter der deutschsprachigen Abteilung des Senders, Stefan von Kempis. Der in Bonn geborene Journalist arbeitet seit 2001 bei dem Sender und ist der erste Laie überhaupt, der dessen deutsche Abteilung leitet. Er berichtete über die neuesten Entwicklungen bei dem 1931 gegründeten Radiosender, aus dem inzwischen ein Informationsportal mit vielseitigem Angebot geworden ist, das Interessierten auf der ganzen Welt die neuesten Nachrichten aus dem Vatikan, über die Weltkirche und internationale Ereignisse bereitstellt – in altbewährten, über Kurzwelle und das Internet zu empfangenden Radioprogrammen, in Podcasts sowie über Social-Media-Kanäle. Außerdem berichtete Stefan von Kempis ausführlich aus dem journalistischen Alltag am Heiligen Stuhl, von Macht und Einfluss unterschiedlicher Gruppen in Kurie und Umfeld des Papstes und deren Verschiebung bei Papstwechseln.

Am Mittag folgte der zweite Besuch im Vatikan mit einer Führung durch die Ausgrabungen unter dem Petersdom mit einer antiken Nekropole, auf deren Gelände sich auch das Grab befindet, das traditionell als die letzte Ruhestätte der sterblichen Überreste des Apostels Petrus gilt. Die Besichtigung dieser historischen, seit fast 2.000 Jahren von Gläubigen verehrten Stätte ist unabhängig von Religion oder Konfession ein Höhepunkt jeder Romreise. Und das nicht nur wegen des Petrusgrabes, sondern auch wegen der Gräberstraße mit ihren weitgehend intakten rund 20 Mausoleen: An den Fassaden sind noch die Inschriften zu lesen, im Inneren sind sie reich mit Stuck, Mosaiken und Wandmalereien ausgestattet. In konstantinischer Zeit beim Bau der ersten Petersbasilika zugeschüttet, blieben sie bis zu den Ausgrabungen, die zwischen 1939 und 1951[12] unter der Kirche durchgeführt wurden und die vor allem die Auffindung des Petrusgrabes zum Ziel hatten, unter der Erde konserviert.[13] Am Ende der Gräberstraße befindet sich dann das unscheinbare Petrusgrab – eindrucksvoll ist von dort jedoch der Blick in die Confessio der Basilika, denn erst hier macht man sich klar, an welcher Stelle man gerade steht: unter der gewaltigen Vierungskuppel der Basilika, unter dem Hochaltar mit Berninis Baldachin.

Der Rest des Nachmittags stand wieder allen zur freien Verfügung. Abends dann gemeinsames Abendessen – im *La Fornace*, Via Angelo Emo, nicht weit von der Nordseite des Vatikans, meinem römischen Stammlokal seit über 20 Jahren. Im Vorfeld: Zweifel, ob man dieses im besten Sinne ursprüngliche und typisch italienische Lokal mit eng gestellten Tischen und stets hohem Geräuschpegel unserer Reisegruppe zumuten könne. Was unbedingt dafür sprach, ist das Essen:

zunächst das Vorspeisenbuffet… dann *risotto alla crema di scampi… spaghetti allo scoglio* mit Muscheln und Meeresfrüchten… *fritto misto di pesce*… und zum Schluss ein Tiramisù…. Teurer kann man es in Rom in vielen Trattorien bekommen, in gediegenerem Ambiente auch, aber besser? – Wohl kaum! Und daran hat sich seit meinem ersten Besuch nichts geändert – der Wirt ist noch immer derselbe, der Sohn inzwischen voll in das Geschäft eingestiegen, die Kellner sind alt geworden, aber noch freundlich wie eh und je, und die Begrüßung für alte Bekannte herzlich. Ein erster Test im kleinen Kreis gleich am ersten Abend mit dem Kollegen Weber und seiner Tochter: „Hier können wir hingehen", also Reservierung für 22 Personen für Samstag, 19 Uhr. Ein zweiter Test am Freitag, diesmal zu fünft – mit dem gleichen Ergebnis. Und dann der letzte Abend: Es zeigte sich, die Wahl war genau richtig, die Atmosphäre begeisterte, das Essen schmeckte und der Wein ebenfalls, auch dann noch, als wir mit dem Essen längst fertig waren.

Dann kam der Sonntag, der Tag der Abreise. Morgens trafen wir uns aber erst noch einmal im Vatikan, diesmal zur Heiligen Messe in der Kirche des Campo Santo Teutonico, einer durch historische Glücksfälle bis heute bestehenden deutschen Einrichtung auf italienischem Staatsgebiet, die nur vom Vatikan aus zugänglich ist. Auf eine 797 erstmals erwähnte Schola Francorum zurückgehend, ist der Campo Santo die älteste deutsche Stiftung in Rom.[14] Eine Bruderschaft wurde Mitte des 15. Jahrhunderts gegründet, 1579 zur Erzbruderschaft erhoben und besteht bis heute. Die Kirche, dem Erbauer der Sixtinischen Kapelle des Vatikans, Pietro de' Dolci zugeschrieben, ist nach radikaler Entfernung ihrer Ausstattung in der zweiten Hälfte des 20. Jahrhunderts, die nur vor dem Hochaltar und wenigen Grabmälern Halt machte, nüchtern und schlicht; unwillkürlich denkt man an Kriegsschäden. Kernstück der Institution ist der eigentliche Campo Santo, der Friedhof. Anton de Waal, langjähriger Rektor der Einrichtung, zählt ihn „zu den lieblichsten und anmutigsten Stätten Roms".[15] Zahlreiche Künstler, Politiker und geistliche Würdenträger, die sich unter etwa demselben Begriff als Deutsche zusammenfassen lassen wie in Santa Maria dell'Anima, wurden hier bestattet. Darunter sind der Maler Joseph Anton Koch und mit den zwei langjährigen Rektoren des Campo Santo, Anton de Waal aus Emmerich (amt. 1873–1917) und Erwin Gatz aus Aachen (amt. 1975–2010), auch zwei Rheinländer.

Bis zur Abreise blieben noch ein paar Stunden. Einige nutzten sie für einen Besuch von Forum Romanum und Palatin – jedenfalls traf ich dort noch mehrere Mitreisende.

Anmerkungen

1 Vgl. hierzu Norbert Miller: *Archäologie des Traums*, München 1994, S. 301 ff.

2 Sven Mahmens: *Archivare und das Repertorium Germanicum*, in: *NLA Magazin*, 1, Hannover 2016, S. 36–38, hier S. 36.

3 Ebda., S. 37.

4 Siehe www.archivioapostolicovaticano.va/content/aav/it/l-archivio/ambienti.html (besucht 14.05.2021).

5 Ebda.

6 Giovanni Morello: *La Galleria delle Carte Geografiche e la Torre dei Venti*, in: Pietrangeli, Carlo (Hg.): *Il Palazzo Apostolico Vaticano*, 2. Auflage, Florenz 1996, S. 187–195, hier S. 189.

7 Ebda., S. 190.

8 Jörg Ernesti: *Deutsche Spuren in Rom*, Freiburg/Basel/Wien 2020, S. 133.

9 Gisbert Knopp und Wilfried Hansmann: *S. Maria dell'Anima*, Mönchengladbach 1979, S. 11.

10 Ebda., S. 13 f.

11 Ebda., S. 38.

12 Michele Basso: *Führer durch die Vatikanische Nekropole*, Vatikanstadt 1986, S. 10.

13 Zu den Grabungen siehe Engelbert Kirschbaum: *Die Gräber der Apostelfürsten*, 3. Auflage, Frankfurt a. M. 1974.

14 Erwin Gatz: *Roma Christiana*, 2. Auflage, Regensburg 2003, S. 81.

15 Anton de Waal: *Rompilger*, 12. Auflage, Freiburg 1925, S. 128.

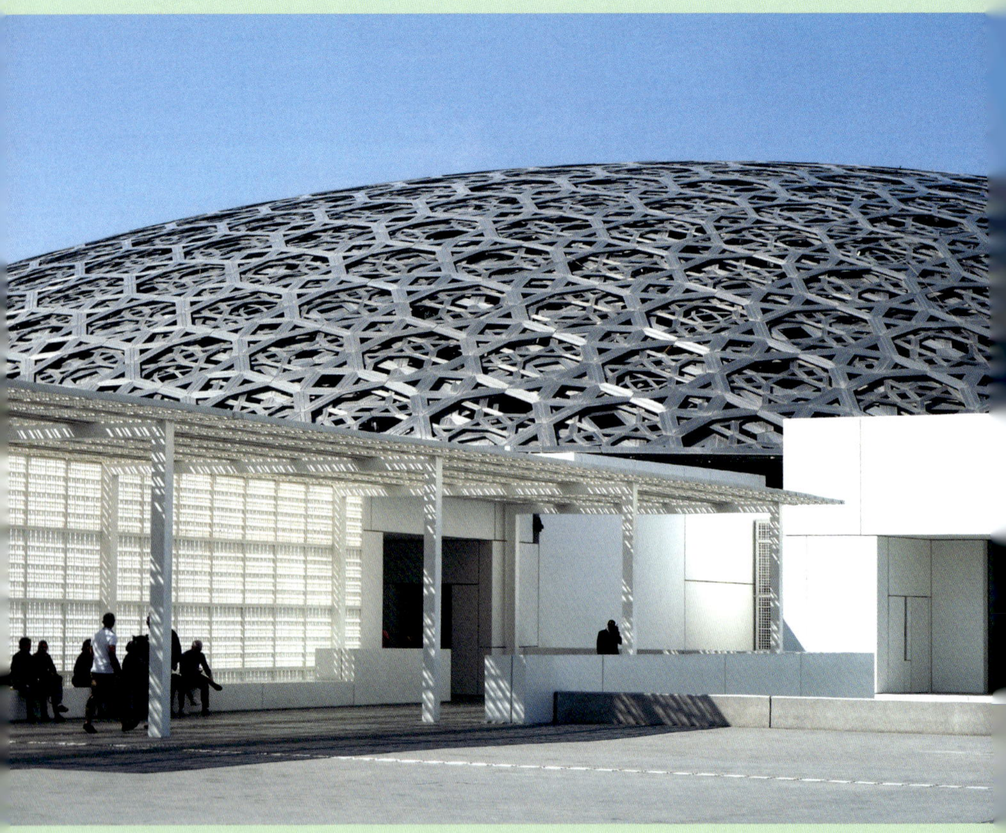

Schattenspendender Eingangsbereich zum strahlenden Angebot universeller Menschheitsgeschichte: der Louvre Abu Dhabi, Eröffnung 2017. Architekt: Jean Nouvel

Milena Karabaic

Königswege – Aufklärung im ‚Morgenland'? Der Louvre Abu Dhabi*

Nach zehn Jahren Planung und Umsetzung wurde im November 2017 der Louvre Abu Dhabi als manifestes Ergebnis einer bemerkenswerten bilateralen Zusammenarbeit für das Publikum geöffnet: ein spektakulärer Bau von dem französischen Architekten Jean Nouvel an einem erstaunlichen Ort, am Ufer von Saadiyat Island, einer der vorgelagerten Inseln Abu Dhabis, der Hauptstadt der Vereinigten Arabischen Emirate (UAE).

1. Alleinstellung im Doppel

Auf allerhöchster politischer Ebene zwischen den UAE und Frankreich im März 2007 formal in Kraft gesetzt, speist sich diese Kooperation aus zwei wesentlichen Komponenten. Zum einen fließt ihr Reputation aus der uneingeschränkten Stellung, um nicht zu sagen dem unstrittigen Alleinstellungsmerkmal Frankreichs zu als dem Geburtsland, der Geburtsstätte des Museums als Institution. Datieren lässt sich dieses Ereignis auf 1793, es ist das offizielle Gründungsjahr des Musée du Louvre in Paris. Die Museumsgründung war ein konkretes Ergebnis der Aufklärung in Europa, während die zu bestaunenden Objekte größtenteils noch aus der sonnenköniglichen Sammlung von Ludwig XIV. stammten. Diesem Akt der Demokratisierung antwortet andererseits das dezidierte Interesse einer konstitutionellen Monarchie, die auf feudalpaternalistischen Strukturen basiert, als erster Staat der arabischen Golfregion ein Museum mit universellem Anspruch zu etablieren. Diese Ambition verdankt sich sicherlich der absolut rasanten, gut 60 Jahre andauernden Wirtschaftsentwicklung und damit einhergehender finanzieller Potenz, welche die Ölvorkommen dieser Region beschert haben. Zugleich erwuchs offensichtlich das strategische Ziel, nicht nur ökonomisch, sondern auch kulturell eine bedeutende Rolle in der globalisierten Welt einzunehmen – und diese Rolle mit imageförderndem Alleinstellungsmerkmal auszuüben. Damit markiert die Regierung der UAE den Meilenstein einer nachhaltigen und tourismusorientierten Zukunftsvision, die weit mehr umfassen soll als das bereits angelaufene ökologische Projekt, mit Masdar City eine vollständig CO_2-neutrale Stadt zu schaffen. Vielmehr setzt sie auf die „Kraft der Kultur, alle Bereiche der Gesellschaft zu stimulieren: die ökonomischen, bildungsbezogenen wie kreativen".[1] Konsequenterweise stehen schon weitere kulturelle Großprojekte auf dem Programm, ganz im Sinne des Selbstverständnisses als Metropolregion, nämlich das Zayed National Museum und das Guggenheim Museum, um nur zwei prominente Projekte herauszugreifen, für die ebenso prominente Architekturbüros verpflichtet worden sind wie für den Louvre Abu Dhabi. Beide Baukomplexe werden in unmittelbarer Nachbarschaft auf der Insel Saadiyat errichtet werden, dem künftigen Saadiyat Cultural District, der mit Bildungseinrichtungen und weiteren Kulturangeboten zum ausgemachten kulturellen Leuchtturm auf der globalen Kulturlandschaftskarte avancieren wird. Dass dabei die Erweiterung der städtebaulichen und touristischen Infrastruktur auf der bereits heute hervorragend ausgestatteten Insel – sie hat einen attraktiven, neun Kilometer langen Sandstrand – gleich mitgedacht und planerisch auf den Weg gebracht wird, versteht sich bei den Dimensionen und Zielsetzungen der Vorhaben von selbst.

Die beiden Partner Frankreich und die UAE haben sich gemeinsam auf einen ersten Weg gemacht, mit dem Louvre Abu Dhabi ein ‚fundamental innovatives Museum' zu entwickeln mit dem formulierten Ziel, die universelle(n) Geschichte(n) der Menschheit zu präsentieren: Geschichten, die die Menschen verbinden, Fragen, die zeit- und ortsübergreifend alle Menschen gleichermaßen bewegt haben und bewegen – deren Antworten jedoch bekanntlich durchaus unterschiedlich ausfallen. Zur Umsetzung dieser Leitideen stand zu Beginn noch keine eigene Sammlung zur Verfügung. Diese galt es, im Verlauf der weiteren Konzeptentwicklung zu erwerben. Darüber hinaus konnte vereinbarungsgemäß auf Leihgaben aus den Sammlungen des

Louvre sowie 13 weiterer namhafter französischer Museen zurückgegriffen werden.

Alles in allem, museologisch wie kuratorisch gesehen, eine herausfordernde, ja brisante Aufgabe, nimmt man die internationale, zugleich überschaubare Liga einschlägiger, wenn auch in ihrer Grundausrichtung unterschiedlicher Häuser sowie die erklärten und anerkannten ICOM-Standards Inklusion, Vermittlung und Partizipation in den Blick.

2. Die blendende Hülle – *‚rain of light‘ on ‚white cubes‘*

Wenn bei der konkreten Museumsarchitektur am Persischen Golf nun metaphorisch gesprochen das Licht der europäischen Aufklärung als ‚Lichtregen‘ auf eine verschachtelte, fast venezianisch anmutende Halbinsel-Stadt mit Bootsanleger fällt, so verdient diese Beobachtung zweifelsfrei, dass man ihr Aufmerksamkeit schenkt. Nüchtern betrachtet handelt es sich auch bei diesem Museumsneubau zunächst um einen Funktionsbau, der allen Funktionalitäten und Abläufen des komplexen Organismus Museum und seinen – um im Bilde zu bleiben – lebenswichtigen Organen gerecht werden muss. Dass die dazugehörige Architektur mit ihrer entschiedenen Formensprache maßgeblich dazu beiträgt, den Ort beziehungsweise die Lage im Raum als ästhetische Qualität und konzeptionelle Aussage zu übersetzen und festzuschreiben, versteht sich von selbst. Mit dem Louvre Abu Dhabi ist in einer Bucht der Saadiyat Island ein ebenerdiger Baukomplex entstanden, der nicht nur ganz spezifische lokale, traditionelle Bauformen und -strukturen aufnimmt und diese in cooler, kubischer Modernität und blendend weißer Materialität umsetzt, sondern dabei auch in kongenialer Weise den bisweilen extremen klimatischen Bedingungen mit einer solitären architektonischen Lösung begegnet: Eine flach gewölbte, mehrschichtige, durch nahezu 8.000 sternförmig-geometrische Öffnungen lichtdurchlässige Stahlkuppel überspannt die einzelnen kubischen Cluster und Gänge des Gesamtkomplexes. Ohne sichtbare Stützen scheint sie mit 180 Metern Durchmesser direkt über den Baukörpern zu schweben. Sie erreicht ikonische Qualität und hat sich bereits nach kürzester Zeit als Markenzeichen des Museums etabliert. Dieses elementare Schutzschild sorgt zum einen für Sonnenschutz und die gebotene Klimatisierung, indem es ein stets kühlendes Lüftchen wehen lässt. Zum anderen erzeugt es einen veränderlichen, tageslichtabhängigen gebündelten Lichteinfall und dadurch vielfältige Lichtstimmungen und überaus fotogene Effekte – ein wahrer Lichtregen. Zudem akzentuiert die elegante flache Kuppelschale, weit auskragend und mit großer Geste, die durchkomponierte Lage im Wasser, welches die variierenden Lichtpunkte des Lichtregens reflektiert und mit ihnen in einen flirrenden Dialog tritt.

3. Die Dauerausstellung – Menschsein in zwölf Kapiteln

Über 4.000 Jahre Menschheitsgeschichte(n) auf einer Gesamtfläche von fast 10.000 ebenerdigen und damit barrierefreien Quadratmetern: Die Erzählreise, das interdisziplinäre Narrativ der Dauerausstellung, ist sowohl chronologisch als auch thematisch strukturiert und entwickelt sich in einer Abfolge von zwölf Themenräumen. Diese bilden wiederum vier Cluster mit jeweils drei Kapiteln, im rhythmischen Wechsel mit großzügigen Zwischen-Räumen, zum Verweilen auf Sitzgelegenheiten und mit Informations- beziehungsweise Orientierungspulten bestückt. Zudem erlauben diese Orte Durchblicke auf Innen- wie Außenräume – das bekannte Prinzip von *contraction and release* als verräumlichte Vermittlungsunterstützung und wohltuende Aufenthaltsqualität. Die zweisprachige Betextung auf Arabisch und Englisch gibt hinreichende, übergreifende Informationen: Jeder Themenraum eröffnet mit einem kompakten Einführungstext, flankiert von einem illustrierenden Bildmedium. Objekttexte, erweitert um ergänzende und vertiefende Kurztexte, bilden die zweite Textebene. Vergleichsweise sparsam eingesetzte Vertiefungsmedien beziehungsweise interaktive Medienstationen, die für jeden Raum mit einem konkreten Objekt- und Themenbezug auch inklusiv mit Brailleschrift und Tastmodellen ausgestattet sind, kommen als individuell zu nutzende Angebote hinzu.

Der erste Raum, das sogenannte *Vestibül*, gibt den konzeptionellen Prolog. Gleich zu Beginn löst dieser völlig in Weiß gehaltene

Raum die Koordinaten der gewohnten kartografischen Orientierung auf. Über Boden und Wände legt sich ein mit historisierender Grafik gestaltetes ‚Messtischblatt', lässt abstrakte, imaginäre Küstenlinien entstehen, an denen zum Beispiel Pisa neben einer chinesischen Stadt, Niedersachsen in unmittelbarer Nachbarschaft zu Genf, Philadelphia, Benin City und Bayern als ‚Regionalschiene' verortet sind. Auf diesen neu konfigurierten Kontinenten und Regionen, entlang vermeintlicher Längen- und Breitengrade, kaleidoskopisch gebrochen, erwachsen wie übergroße Kristalle mehrere Vitrinen als – im wahrsten Wortsinn – reale, dreidimensionale wie gedankliche Kristallisationspunkte: In jeder Vitrine befinden sich jeweils drei Objekte aus unterschiedlichen Kulturen und Zeithorizonten. Zum Beispiel die Elfenbeinmadonna mit dem Kind aus dem 14. Jahrhundert aus Paris, daneben Isis aus Ägypten mit dem Horusknaben, 800–400 vor Christus aus Bronze, mit der Fruchtbarkeitsstatue aus Holz, 19. Jahrhundert aus dem Territorium der späteren Demokratischen Republik Kongo, auf einer Ebene arrangiert – die Exponate stehen in einem stummen, dennoch beredten Trialog, geben ihre Antworten ohne erläuternden Text. Denn sie führen allein durch ihre Zusammenstellung und Präsenz die sie Betrachtenden unweigerlich zu existenziellen und essenziellen Fragen: Woher kommen wir? Wohin gehen wir? Was sind unsere Errungenschaften, Kulturtechniken, die wir im Verlauf der Menschheitsgeschichte hervorgebracht haben? Das durchgehende konzeptionelle Prinzip des Nebeneinanderstellens gleichrangiger Kunstwerke verschiedener Kulturen wird in der weiteren chronologischen Erzählfolge allerdings nicht mehr diachron, sondern synchron im jeweiligen themenspezifischen historischen Zusammenhang eingesetzt. Das systemische Vorgehen des gleichsam entgrenzenden Vergleichs führt zu einer konsequenten Entpolitisierung der Objekte. Bestimmte Dimensionen der Exponate im Sinne einer Gesamtkontextualisierung bleiben dadurch zwar unterbelichtet beziehungsweise ausgeblendet, machen sie aber gerade dadurch tragfähig für das angestrebte Gesamtkonzept. Denn leitbildgerecht geht es in erster Linie um die Aufarbeitung des universell Verbindenden. Die Debatte oder Kontroverse um mögliche oder tatsächliche Differenz, das Trennende ist offenkundig zunächst zweitrangig. Inwieweit diese an anderer Stelle mit den dafür zur Verfügung stehenden musealen Formaten, zum Beispiel der Museumspädagogik oder in dem eigens geschaffenen Kindermuseum des Hauses, mit Respekt und auf Augenhöhe stattfindet, erschließt sich auf den ersten Blick nicht.[2]

In direkter Korrespondenz zu dem Prolog, wenn auch eingebettet in die Abfolge des chronologischen Narrativs, steht ein weiterer, besonders herausgehobener Bereich, der Raum der *Cosmografie*, im Grundrissplan für die Besucher*innen als „intersection" ausgewiesen. Dort befindet sich mit der originalen Kartengrundlage des Jean de Léry aus dem Jahr 1580[3] der konkrete Objektbezug, die Blaupause für die Inszenierung des Prologs. Die ersten zeitgenössischen Vermessungen der Welt zu Beginn des 16. Jahrhunderts markieren den Beginn der Globalisierung, den Austausch von Waren und Ideen auf weltumspannendem Level. Private, zumeist herrschaftliche Wunderkammern, gefüllt mit exotischen Gegenständen, gefertigt aus ebenso exotischen Materialien, bilden seitdem den Sammlungsursprung vieler späterer Museen in Europa – vielleicht ein dezenter Fingerzeig auf die aktuelle Sammlungstätigkeit beziehungsweise den Sammlungsaufbau des Louvre Abu Dhabi. Ein weiterer, umso deutlicherer Aspekt liegt jedoch in dem Thema der Globalisierung selbst. Denn auch darin verstärkt sich das eindeutige, kuratorische Statement, demonstriert sich der vollzogene Perspektivwechsel, weg von europäischen, kunsthistorischen Epochen, dem bisherigen, traditionellen Museumskosmos, hin zu einem weltumspannenden Selbstverständnis als einem unumkehrbaren, logischen Prozess und notwendigen Entwicklungsschritt mit Blick auf die künftigen Erb*innen von Kultur. Die Dynamik der Globalisierung erfordert ein anderes Narrativ der Weltgeschichte – und somit auch ein neues Museum.[4]

Entlang der Chronologie finden sich unter den zwölf ausgewählten Dachthemen 600 Artefakte weltweiter Kulturen ein. Von prähistorischen Siedlungsplätzen, den ersten großen Königreichen, Zivilisationen und Imperien zeugen in der ersten Thementrilogie eine Vielzahl archäologischer Funde sowie zeitgleiche Alltags- und Kultgegenstände aus Europa, dem Mittleren Osten, Afrika, China und Indien. So entstehen beziehungsreiche Paarungen mit spannenden, interkulturellen Bezügen, so bei einer etwa 4.000 Jahre alten, unbekleideten weiblichen Figurine aus Ägypten und einer nahezu gleich alten, auffallend und kompakt gekleideten *Baktrischen Prinzessin*. Ebenso korrespondieren die Marmorstatue eines römischen Mannes aus dem 2. Jahrhundert in einer stoffreichen, faltenwerfenden Toga, dem *Orator*, und neben ihm die Schieferstatue des *Bodhisattva* aus Pakistan, Gandhara, mit nicht minder raffiniert drapiertem Gewand.

Die Übersicht der Weltreligionen im zweiten Themencluster, welches den Zeitrahmen vom frühen Mittelalter bis ins 14. Jahrhundert umfasst, wird in den Zusammenhang der historischen Handelsrouten gestellt. Sich kreuzende, verknüpfte Routen zu Land und zu Wasser in ihrer mobilitätgenerierenden Eigenschaft bilden die infrastrukturelle Voraussetzung, quasi die analoge ‚Datenbahn', für die Ausbreitung und den Austausch von Material und Informationen und nicht zuletzt für die interkulturelle Begegnung. Diesen Kulturtransfer zwischen China, Zentralasien und dem mittleren Osten als einem frühen geografischen Schwerpunkt dieser Handelsaktivitäten dokumentieren zahlreiche dekorative Gebrauchsgegenstände aus unterschiedlichsten Materialien, gefertigt mit höchster handwerklicher Kunstfertigkeit. In der zeitlichen Abfolge bildet der Mittelmeerraum die geografische Plattform, den europäischen Umschlagplatz des kommerziellen wie kulturellen ‚content' – bekanntermaßen allerdings markierte die iberische Halbinsel zu dieser Zeit auch die Grenze zwischen der islamischen und christlichen Welt, genauer gesagt des christlich-jüdischen Abendlandes. Auf diese Tatsache wird jedoch kein direkter Bezug genommen.[5] Alle zwischen dem ersten und dem Beginn des 15. Jahrhunderts bekannten Religionen und Glaubensrichtungen bilden den universellen Götterhimmel in diesem Themenraum ab: Afrikanische Idole verkörpern den Animismus, Buddha-Darstellungen zeigen in vielen Variationen die Verehrung für den Religionsstifter, Shiva tanzt für den Hinduismus, und auch Shintoismus, Dao und Konfuzianismus werden repräsentiert. Die Schriftreligionen sind darüber hinaus mit eindrucksvollen Beispielen ihrer Quellen und Zeugnisse in einem eigenen Kabinett zusammengeführt, darunter auch eine Pentateuch-Handschrift aus dem Jemen, datiert auf 1498.

Im Anschluss an den Raum der *Cosmografie* beginnt mit Raum Nummer 7 das 15. Jahrhundert. Aus unterschiedlichen Blickwinkeln entsteht die neue Perspektive auf die Welt, für europäische Kunst die Dreidimensionalität in der Darstellung und die Wiedergeburt der Antike, für die islamische Kunst die Entwicklung eines internationalen Stils mit geometrischen und floralen Formen. Das dritte Themencluster kommt jedoch nicht umhin, die geopolitischen Verhältnisse zu beleuchten, geht es doch um Herrschaftssysteme, Machtstrukturen, Gebiets- und Machtansprüche, Vormachtstellungen und nicht zuletzt um das ‚Wettrüsten' auch in Bezug auf Repräsentation derselben, das heißt auch um brutale, zum Teil langandauernde kriegerische Auseinandersetzungen und Revolutionen – auch eine Gemeinsamkeit weltweit, nicht nur bis ins 18. Jahrhundert. Außer im übergreifenden Einführungstext findet die Französische Revolution jedoch bezeichnenderweise ausschließlich in der Wechselausstellung statt, die sich der Institutionengeschichte des Louvre in Paris widmet.[6]

4. Divergenzen

Dieser kritische Zeithorizont wird zunächst mit Exponaten der künstlerischen Visionen von Ordnung, Harmonie und Geometrie in der europäischen und islamischen Welt dargestellt, mit ornamental gestalteten Fliesen, Kacheln und Keramik, einem oktogonalen Brunnen aus Damaskus mit farbigen Inkrustationen, der wirkungsvoll in einem Innenhof platziert ist, sowie mit italienischen Keramiken und Großplastiken. Beispiele höfischer Prachtentfaltung und herrschaftlicher Selbstdarstellung mittels Reiterstandbildern leiten über zur Kriegs-Kunst: Einander gegenüber positioniert, auf Abstand gehalten durch Vitrinen, begegnen sich die materialkomplexe Zeremonialrüstung eines japanischen Samurai und sein ebenso hochgerüstetes, durchgeschmiedetes europäisches Ritter-Pendant. Von hieb- und stichfesten, dabei rein zeremonialen Zwecken zeugen weitere kunstvoll gestaltete Schneidwaren sowie Lang- und Kurzwaffen. Schneidwaren auf Stillleben und mythologischen Szenen stellen einen anderen Nutzungszusammenhang her; nur *Der barmherzige Samariter*[7] von Jacob Jordaens kommt ohne Waffe aus. Auch im angrenzenden

Kabinett der mittel- und südamerikanischen Kulturen treten Kampf und Kolonialisierung zugunsten der Demonstration ihrer künstlerischen Ausdrucks- und Bedeutungsqualitäten zurück.

Die gravierenden gesellschaftlichen Veränderungen als Ergebnisse der Revolutionen auf dem alten und neuen nordamerikanischen Kontinent finden sich unter dem Themendach *Die neue Lebensart* im letzten Raum des Themenclusters wieder. Das aufstrebende Bürgertum in Europa und in den USA gibt selbstbewusst neue wirtschaftliche Impulse, die ersten arbeitsteiligen Manufakturen entstehen. Bürgerliche Privatheit und Individualität gekoppelt an Pioniergeist, Fortschrittsglauben und eine vielversprechende gerechte Zukunft erfahren unübersehbare Setzung durch die Präsentation einer überlebensgroßen Gipsausgabe des Kampfes zweier vielleicht nicht gerade geläufiger antiker Sportler, Creugas und Demoxenos. Ersterer wurde posthum zum Sieger gekürt, nachdem ihn sein Gegner mit einem heimtückischen, nicht den Regeln des *fair play* gehorchenden Treffer ins Jenseits befördert hatte.[8] Ein gewisser Bekanntheitsgrad dürfte dagegen dem Porträt von George Washington[9] unterstellt werden, vermittelt sich mit dem ersten Präsidenten der Vereinigten Staaten von Amerika doch eine erste konkrete staatspolitische Umsetzung der Aufklärung.

5. Moderne mit und ohne Europa

Die Schlusssequenz auf dem Weg durch die universelle(n) Geschichte(n) des Menschseins mündet in einen Dreiklang zur Moderne und in das erste Fragezeichen: *Eine moderne Welt?* Welchen Einfluss üben der unaufhaltsam fortschreitende Prozess der Industrialisierung sowie der Beschleunigung und Mobilitätssteigerung, die ungefragte Inbesitznahme und Ausbeutung fremder Territorien, der Kolonialismus, auf die künstlerischen Strömungen hauptsächlich in Europa aus?

Das neue Medium der Fotografie bekommt mit ersten frühen Prints gebührenden Raum als technischer Auftakt in die Kunst des 19. Jahrhunderts, gefolgt vom neuen Genre der Industriemalerei und den Anfängen von Industriedesign. Nicht nur der Mitte des

19. Jahrhunderts einsetzende Japonismus führt zu einer neuen Bildauffassung und, wie die Fotografie, zu einer neuen Sicht- und Sehweise. Die Versammlung französischer Meister mit ihren Werken bebildert dieses breit gefächerte Panorama: Eduard Manet, Gustave Caillebotte, Paul Gauguin, Auguste Rodin, um nur einige von ihnen zu nennen. Neben japanischen Holzschnitten stehen erneut, wie im Prolog, afrikanische und pazifische Skulpturen. Sie verweisen zugleich auf das frühe 20. Jahrhundert mit der Pariser Avantgarde und die klassische Moderne mit ihren differenzierten Ausprägungen.

Ohne vertiefend auf die Urkatastrophen des vergangenen Jahrhunderts, den Ersten und den Zweiten Weltkrieg, die Shoah und ihre Folgen einzugehen, entfaltet sich im vorletzten Kapitel die *Herausfordernde Moderne*: ganz chronologisch mit Beispielen dekorativer Künste des Jugendstils und des Art Déco wie Gebrauchsgegenständen und einem komplett durchgestylten Interieur auf der einen und dem Angebot aller Stilrichtungen, einem Marktplatz der Möglichkeiten gleich, auf der anderen Seite. Abstrakte Kunst, Expressionismus, Surrealismus, Nachkriegskunst und Postmoderne sind in Malerei und Plastik vertreten durch große Namen wie zum Beispiel Paul Klee, Piet Mondrian, Josef Albers, František Kupka, Alexander Calder, René Magritte, Jean Tinguely oder Jackson Pollock, ergänzt durch einige wenige Arbeiten außereuropäischer Künstler*innen.

Im letzten Ausstellungsraum ist man auf der heutigen globalen Bühne nicht nur des künstlerischen Weltgeschehens angekommen. Hauptdarsteller auf dieser Plattform ist allerdings nicht Europa oder der Westen, denn der ökonomische Aufstieg der außereuropäischen Volkswirtschaften und Staaten führte in den letzten Jahrzehnten zu einem radikalen Szenenwechsel. Das Internet und mit ihm die nahezu grenzenlose Verfügbarkeit von Information und Kommunikation schaffen Präsenz für neue Akteur*innen und ihre pluralen Vorstellungen von Moderne – und dem Menschsein in dieser. Damit schließt sich in gewisser Weise ein Kreis zum Prolog. Denn auch hier kreisen die existenziellen Fragen der multikontinentalen künstlerischen Interventionen um Identität, Selbstvergewisserung und kollektives Gedächtnis und nicht zuletzt um Nachhaltigkeit für unseren Planeten. Das großformatige, angemessen monumentale *Begräbnis* *der Mona Lisa* des chinesischen Künstlers Yan Pei-Ming trägt die klare Botschaft, diesen „Mythos zu begraben, um den Akt der Malerei zu revitalisieren“, während Ai Weiweis zentrales Kunstwerk im letzten Ausstellungsraum Wladimir Tatlins konstruktivistische Turmstruktur von 1920 zitiert, diese in orientalisierender Prachtentfaltung mit abertausenden Kristallen behängt und zur raumhohen Lichtfontäne mutieren lässt. Neben diesem ganz anderen ‚*enlightenment*‘ bietet die saudi-arabische Künstlerin Maha Malluh eine archaische, bodenständige Form von Gedankennahrung: unterschiedlich große Kochtöpfe zur Zubereitung traditioneller Speisen, als Assemblage bodensichtig an der Wand arrangiert, von unzähliger Nutzung auf Feuerstellen verformt und von Ruß gezeichnet.

6. Schicksal der Aufklärung: Premiummarke?

Zwölf Kapitel der Geschichte(n) der Menschen im Louvre Abu Dhabi mit Sieben-Meilen-Stiefeln durchmessen und sich dabei – der ebenfalls in Abu Dhabi befindlichen Ferrari-World gleich – im Kreis gedreht? Oder doch einen Schritt in die richtige Richtung genommen? Greift der gewählte Ansatz nicht doch zu kurz? Lassen sich ökonomische, politische und religiöse Unterschiede ausblenden – im Lichte der konkreten, aktuellen Geschehnisse und kriegerischen Auseinandersetzungen und des verheerenden Umgangs mit dem kulturellen Erbe unweit dieser universellen Oase des Menschseins?

Bleibt das Museum ein Ort der Erinnerung und der Selbstvergewisserung, ein ganz spezieller Erfahrungs- und Erkenntnisraum, jenseits von Konjunktur, Finanz- und Marktmechanismen? Oder ist nicht auch die Marke, das Label Louvre selbst mindestens ein *must have* im Konsum-Paradies des *universal shopping*, wie in den zahllosen Einkaufsmalls von Abu Dhabi und den Vereinigten Arabischen Emiraten kurz und bündig geworben wird?

Das Modell der Markenerweiterung einzelner Museen, einer gezielten und durchaus ertragreichen Vervielfältigung im interkulturellen, globalen Einsatz, hat jedenfalls schon Schule gemacht, wie eingangs am Beispiel des künftigen Guggenheim Museums in Abu Dhabi bereits erwähnt. Verfügt doch gerade dieses Haus über einschlägige Erfahrungen mit seiner Dependance in Europa, und der nach diesem erfolgreichen Guggenheim-Ableger benannte *Bilbao-Effekt* lässt bis heute jedes noch so nüchterne, an Zahlen orientierte Marketing-Herz höherschlagen. Mittlerweile gibt es zahlreiche Varianten des harmonisierten Austauschs kultureller Dienstleistungen:[10] Das Victoria and Albert Museum in London kooperiert seit einigen Jahren, allerdings zeitlich begrenzt, mit einem neuen Kulturzentrum im chinesischen Shenzhen, der Design Society, und sucht gemeinsam mit dem Partner in Hinblick auf Wirkung, Werte und Möglichkeiten von Produktdesign und digitalisierter Designwelt nach neuen „Vermittlungskonzepten und Ertragsquellen im sich wandelnden Umfeld“[11], aus der Tradition einer damaligen erklärten ‚geschmacklichen Bildungsstätte‘ heraus, womit der Marke allgemeiner Kern, der Markenkern von Museum als einer gesellschaftlich relevanten und produktiven Einrichtung, unmissverständlich auf den Punkt gebracht ist: der nach wie vor gültige Bildungsauftrag.

Wissen und Bildung generieren Orientierung und Teilhabe mit dem Ziel der Befähigung zu aktiver Mitwirkung an gesellschaftlich-kulturellen Prozessen auf der Grundlage einer aufklärerisch-demokratischen Tradition. Dass demgegenüber auch völlig andere Zielsetzungen mit der Kraft der Kultur verfolgt werden, wie zum Beispiel Imagebildung, Standort- und Tourismusentwicklung sowie Wertschöpfungsstrategien, und dabei äußerst zielorientiert und effektiv von anderen Interessenvertreter*innen auf das vorhandene Instrumentarium des Museums, bisweilen reduziert auf die Funktion von ‚Musterlager‘ oder emotionsgeladener Requisite, zugegriffen wird, belegen schon die Weltausstellungen seit Mitte des 19. Jahrhunderts.[12]

Dass Aufklärung bekanntermaßen Reichweite braucht, spricht im Grundsatz für einen globalen Auftritt. Allerdings ist dieser Auftritt nicht loszulösen von der ureigenen DNA, dem Anspruch von Aufklärung in ihrem angewandten, weitesten Sinn zu Demokratie- und Menschenrechtsbildung beizutragen. Die zivilisatorische Einheit des Menschengeschlechts in einer architektonischen Hülle größter Modernität und Ästhetik als Beispiel eines Universalmuseums in direkter Linie und unter Bezug auf das älteste Museum des Abendlandes im Morgenland zu präsentieren, verpflichtet. Die bisherige

Entwicklung der Institution Museum und das beständige Arbeiten an seiner Zukunftsfähigkeit haben den ursprünglichen, königlichen Kraftraum längst hinter sich gelassen.

Anmerkungen

* Aktualisierte Fassung einer Erstveröffentlichung nach einem Besuch im Frühjahr 2018 in: LVR-Dezernat Kultur und Landschaftliche Kulturpflege (Hg.), Positionen und Informationen, April 2018.

1 H. E. Mohamed Khalifa Al Mubarak/Jean-Luc Martinez: *Vorwort*, in: *Louvre Abu Dhabi. Masterpieces of the Collection*, Paris 2018 (Übersetzung ins Deutsche durch die Verf.). Einen elektronischen Überblick zu Ausrichtung, wichtigsten Exponaten, Sonderausstellungsprogramm, Vermittlungsangeboten sowie Preis- und Infrastruktur gibt das *Travel Trade Manual* in Form eines Informationssticks, kostenfrei verteilt am Stand der UAE auf der Internationalen Tourismus-Börse (ITB) 2018 in Berlin. Das Preisniveau orientiert sich am internationalen Durchschnitt mit einem „Einzelpreis Erwachsene" für alle Museumsbereiche in Höhe von umgerechnet derzeit 14 Euro. Kinder unter 13 Jahren haben freien Eintritt.

2 Museumspädagogische Angebote, Themenführungen oder das Programm des Kindermuseums konnten im Rahmen dieses ersten Rundgangs nicht in Hinblick auf ein mögliches komplementäres Vermittlungsziel betrachtet werden. Die Zielsetzung des Kindermuseums wird zunächst sehr allgemein mit „Inspiration for Young Minds" beschrieben. Sie beinhaltet die zielgruppengemäße Vermittlung der Sammlung ebenso wie das Erlernen von künstlerischen Techniken und die Förderung kreativer Prozesse speziell für Kinder und Jugendliche aus unterschiedlichen Kulturkreisen.

3 Jean de Léry: *History of a voyage made in the land of Brazil, called America*, Genf 1580.

4 Jean-François Chamier: *Louvre Abu Dhabi*, in: *Magazin Museum.de*, 4, 2017, S. 102–118, hier S. 108 f.

5 Der einführende Text im Katalog benennt zumindest die drei großen monotheistischen Religionen. *Louvre Abu Dhabi. Masterpieces of the Collection*, Paris 2018, S. 39.

6 Die Ausstellung *From one Louvre to another* eröffnete Anfang 2018 den Reigen der bereits geplanten mittelfristigen Sonderausstellungen. Sie zeigte mit aufwendigen Medien die historische Entwicklung des Louvre, der Institution Museum von einer exklusiven Sammlung eines Herrschers, also einer höfischen Kunstsammlung, hin zu einem inklusiven, außerschulischen Lernort, ganz im Sinne einer emotionalen Brandstory.

7 *Der barmherzige Samariter*, Jacob Jordaens, 1615–1616, Öl/Leinwand, 185,5 × 173 cm, Louvre Abu Dhabi, Abu Dhabi.

8 *Kampf zwischen Creugas und Damoxenos*, Antonio Canova, zwischen 1797 und 1801, Gips, 212 × 121,5 × 63,5 cm (Creugas), 202,5 × 131,5 × 74,4 cm (Damoxenos), Louvre Abu Dhabi, Abu Dhabi.

9 *George Washington, erster Präsident der Vereinigten Staaten*, Gilbert Stuart, 1822, Öl/Leinwand, 112,1 × 87,6 cm, Louvre Abu Dhabi, Abu Dhabi.

10 In den Abkommen Transatlantisches Freihandelsabkommen (TTIP) und Umfassendes Wirtschafts- und Handelsabkommen EU-Kanada (CETA) firmieren Kultur und Medien in den

Vertragsschriften unter der Überschrift beziehungsweise Kategorie „Harmonisierung von Dienstleistungen".

11 Gina Thomas: *Immer der Ameisenstraße nach*, in: *Frankfurter Allgemeine Zeitung*, 27.02.2018, S. 11.

12 Bodo-Michael Baumunk: *Völkerfest und Musterlager. Wechselwirkungen zwischen Weltausstellungen und Museum im 19. und 20. Jahrhundert*, in: ICOM Deutschland (Hg.): *Von der Weltausstellung zum Science Lab. Handel – Industrie – Museum* (Beiträge zur Museologie, Band 6), Berlin 2017, S. 31–40.

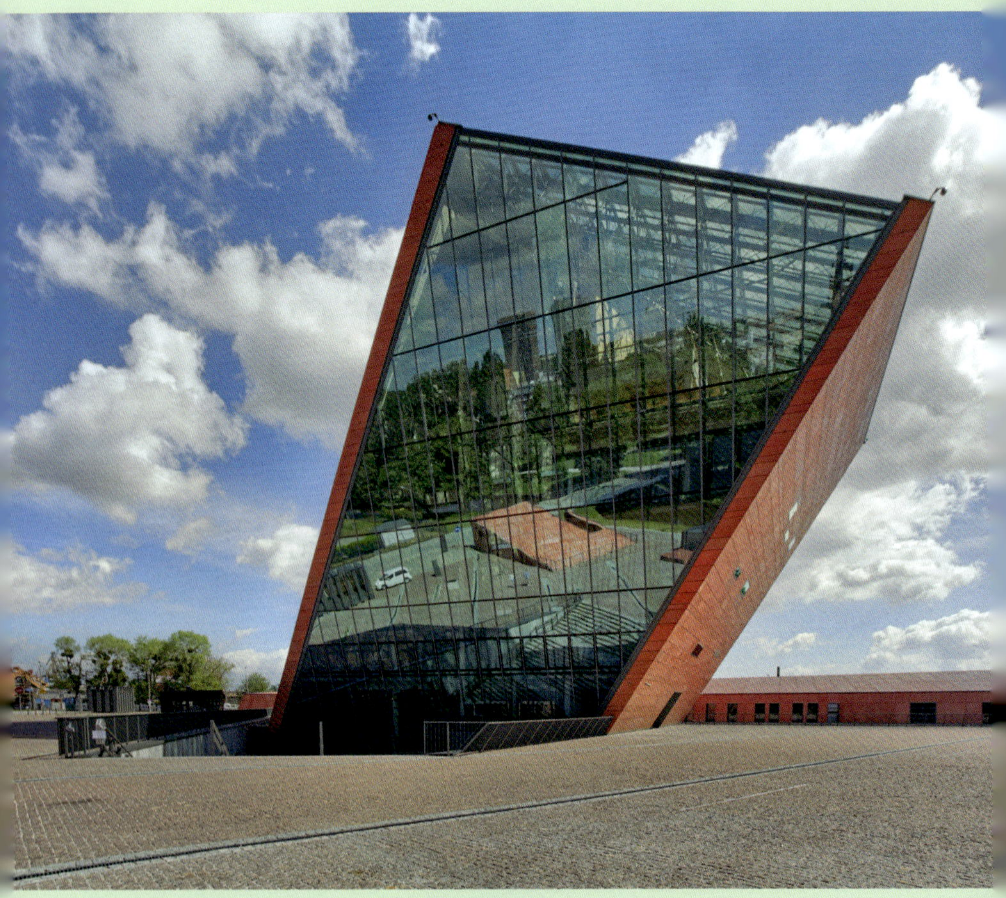

Als wär' ein Ziegel vom Himmel gefallen:
Museum des Zweiten Weltkriegs in Gdańsk (Danzig), Eröffnung 2018.
Architekten: Kwadrat Studio Architektoniczne

Milena Karabaic, Thomas Schleper

Das Museum des Zweiten Weltkriegs in Gdańsk:
Stein des Anstoßes mit europäischer Reichweite*

Wer der stark frequentierten Danziger Langgasse (Ulica Długa) entlang der Mottlau gen Norden folgt, vorbei noch am Wahrzeichen des Krantors aus dem 15. Jahrhundert und der jüngst eröffneten, schwanenhalsschlanken Klappbrücke, der wird bald linker Hand von einer skulpturalen Architektur überrascht. Ein monumentaler Ziegelstein scheint aus großer Höhe gefallen und sich, beim Aufprall gesplittert, in einem Winkel von fast 60 Grad in die Erde gebohrt zu haben.

Das von Kwadrat Architekten aus Gdynia entworfene, unter dem Juryvorsitz von Daniel Libeskind prämierte und am 23. März 2017 offiziell eröffnete Museumsgebäude bietet all seine Ecken und Kanten auf, um sich als Kontrast zur wohltemperierten Atmosphäre der vorbildlich restaurierten und touristisch belebten Altstadt von Gdańsk zur Geltung zu bringen.

Mag der schiefe, 40 Meter aufsteigende Keil auch die ziegelrote Farbe der hanseatischen Kirchenbauten angenommen haben: Was wir nun vor uns haben, ist in mehrfacher Hinsicht ein Stein des Anstoßes. Viel Publikum, darunter zahlreiche Familien, finden sich hier besonders am eintrittsfreien Dienstag ein und werden in wohl einer der größten Dauerausstellungen unter der Erde, das heißt auf 5.000 Quadratmetern in acht aufeinander folgenden Räumen mit dem Grauen und Schrecken des Zweiten Weltkriegs konfrontiert: 14 Meter in den Boden eingelassen, auf dem 1939 von der nahen Westerplatte „die größte Katastrophe in der Geschichte"– so der

Einleitungstext – begann, entfaltet das Museum ein Narrativ, das den Tätern und vor allem den Opfern gewidmet ist. Es schlägt damit ein Kapitel auf, das in der westlichen Geschichtsschreibung und in Museen dieser Sparte bislang eher unterrepräsentiert blieb, und zwar mit Blick auf die Kriegsverbrechen im besetzten Polen und Mittelosteuropa.

1. Polen, Europa und die Welt

Bei den drei zentralen Erzählsträngen „Der Weg zum Krieg", „Der Terror des Krieges" und „Die langen Schatten des Krieges", so die Betextung der Ausstellung in Polnisch und Englisch, kommt alles andere als eine Heldengeschichte des polnischen Widerstandes heraus, was der derzeitigen polnischen Regierungspartei PiS, sprich „Recht und Gerechtigkeit", als höchst ungerecht, wenn nicht anstößig gilt. Hat man doch bereits mehrere Versuche unternommen, ein heroisches Geschichtsbild zu fordern und dabei auch nicht davor zurückgeschreckt, unliebsame Kritiker*innen zu drangsalieren. Das traf nicht zuletzt den Direktor des Museums, den Historiker Paweł Machcewicz, und sein kämpferisches, über 60-köpfiges Team. Eilig hatte er bereits im Januar 2017 Journalist*innen aus aller Welt zu einer Voreröffnung geladen. Seine schon angeordnete Entlassung wurde zwar gerichtlich aufgehoben und im März 2017 konnte tatsächlich die offizielle Eröffnung begangen werden. Doch die Befürchtung einer seitens der nationalkonservativen Regierung betriebenen Vereinigung seines Museums mit der Gedenkstätte auf der Westerplatte und der beabsichtigten Folge einer neuen Gesamtdirektion sollte sich bewahrheiten.[1]

Einzigartig ist das Museum, weil es nichts Vergleichbares dieser Größe und dieser Themenstellung gibt; einzigartig die konzentrierte Konstellation von Ort, Architektur und Narrativ; einzigartig der Mut des Aufbauteams, sich dem Ansinnen der scheinbar skrupellos agierenden Regierung zu widersetzen, was Respekt abverlangt. Respekt auch in europäischer Perspektive. Zwar steht in diesem Museum die Geschichte Polens deutlich genug im Fokus, aber es wird dazu der „gesamte Zweite Weltkrieg" erzählt, wie Machcewicz mit besonderer

Betonung hervorhebt:[2] beginnend mit dem Ersten Weltkrieg, fortfahrend mit den Diktaturen, totalitären und faschistischen Regimen, was sogar das fernöstlich kaiserliche Japan nicht ausnimmt. Schließlich der Krieg mit seinen unvorstellbaren Taten und Opfern und dann der Schatten desselben, der auf die Nachkriegszeit fällt, um in globaler Perspektive ganz aktuell in eine friedlose Gegenwart allgegenwärtigen Terrors zu münden. Der mehrsprachige Audio-Guide endet mit der verzweifelten Frage, die auch in Kontexten des vielfach ausgestellten Zentenariums des Ersten Weltkrieges kursierte. Hier aber klingt sie vielleicht noch fordernder in ihrer weltbürgerlichen Dringlichkeit: Ob denn die Menschheit niemals aus der Geschichte wird lernen können?

Auffallend, wie wenig Text, wie eindringlich die Bild- und Tondokumente zum Einsatz kommen. Zwei Straßenszenen wirken nachdrücklich: eine, die vom Beginn der 1920er Jahre und von Hoffnungen auf ein besseres Leben erzählt,[3] und eine andere Straße, die diese am Ende in Schutt und Asche gelegt zeigt. Beredt sind die insgesamt 2.000 Exponate, zur Hälfte Leihgaben beziehungsweise Geschenke aus der Bevölkerung. Ergreifend ein Herrentaschentuch: Darauf hatte ein polnischer Politiker seine Abschiedsworte vor der Erschießung „durch deutsche Behörden" gebannt. Sein Bruder wurde in Katyn ermordet, sein Enkel aber gehört zum Aufbauteam des Museums.

2. Bürger*innen und Staaten

Über dieses bemerkenswerte Haus hat man in Deutschland schon mehr erfahren können[4] als etwa über das „Haus der Europäischen Geschichte", das in Brüssel zwar unter anderen Voraussetzungen und mit differierender Zielsetzung, doch gleichfalls jüngst und mit nicht weniger Anspruch eröffnet wurde.[5] Der spektakuläre Bau an der Mottlau, aber auch der spektakuläre Umgang der polnischen Regierung mit dessen Inhalten haben zusammen weltweit für Schlagzeilen gesorgt. Verantwortlich dafür ist auch ein Gründungskonzept, dem zweierlei zu gelingen scheint. Zum einen, nahe der auf fröhlichen Jahrmarkt und heiteren Sommerurlaub getrimmten Altstadt Spuren ihrer schrecklichen Vergangenheit zu bewahren, um so Betroffenheit, vielleicht

Empörung, zumindest Nachdenklichkeit zu erzeugen inmitten der allzu arglosen Dankbarkeit einer späteren Geburt.

Zum anderen haben wir es in Gdańsk mit einem politischen Narrativ zu tun, das gerade aus polnischer Perspektive die Bürger*innen eines Staates anspricht und zugleich die historischen Fundamente einer gemeinsamen, transnationalen Geschichte von Staaten ausdrucksstark freizulegen versteht. Diese gedoppelte Sichtweise verbindet die „Erinnerung des Ostens mit der des Westens", wie Gerhard Gnauck in der FAZ schreibt. Letztere Zielsetzung verbindet auch die Anliegen der Museen in Gdańsk und Brüssel, wenngleich das (Anti-) Kriegsmuseum betont weltbürgerlich ausgreift.

Doch erst beide Aspekte zusammengenommen, der touristisch-kundenorientierte wie der politische, der Bürger*innen einer staatlichen wie auch transnationalen Gemeinschaft anspricht, mögen vielleicht zur Grundierung eines mentalitätsgestaltenden Politikmodus beitragen, dessen es wohl bedarf, um nicht nur die Freizeitindustrie, sondern auch Öffentlichkeit und Demokratie in übernationale Bahnen zu führen.

In einem Essay zur Verfassung Europas hat Jürgen Habermas, einmal mehr „großer Europäer" genannt,[6] in diesem Sinne von der „realistischen Utopie" einer Verschmelzung zweier „gleichberechtigter verfassungsgebender Subjekte" gesprochen, nämlich der Bürger*innen einerseits, der Staatsvölker andererseits.[7] Die Bürger-Subjekte sind freilich nicht ohne den „emanzipatorischen Kern des europäischen Vermächtnisses" zu denken, die allgemeinen Menschenrechte nämlich, die die konkreten materiellen menschlichen Rechte des ‚sprechenden Körpers' in seiner Verletzlichkeit und Bedürftigkeit umfassen. So formuliert es Slavoj Žižek, der aus Slowenien stammende Kolumnist, Philosoph und Lacan-Schüler.[8] Was nun aber Habermas wie auch sein philosophischer Widerstreiter Žižek den funktionselitären Politiker*innen kaum noch zutrauen, nämlich die Wahrung des großen europäischen Erbes, mag vielleicht dem wachsenden Feld des Tourismus im Verein mit den aufgeklärten Kulturaktiven samt Bildungsauftrag zuzutrauen sein. Darauf zu hoffen gibt die Entstehungsgeschichte dieses Museums an der Ostsee jedenfalls Nahrung: das „Fleisch" konkreter Menschen mit den „Abstrakta" ihrer Staatsgebilde zusammenzubringen. Um diesen Erfolg wegen der mittlerweile in Gdańsk geschaffenen Tatsachen zu bangen und weiter dafür hier und anderswo zu streiten, vermag vielleicht die weltweit positive Resonanz auf das Gründungskonzept und die verbreitete Empörung über den Umgang mit ihm und seinem Verfasser zu stützen.

3. Tränen der Heliaden

Es war ein Politiker hohen Ranges, nämlich der ehemalige Ministerpräsident Polens, Donald Tusk, vormaliger EU-Ratspräsident von nationalkonservativen Ungnaden, der circa 100 Millionen Euro für das Museum zur Verfügung stellte. Tusk, selbst Historiker, habe sich, so Machcewicz, nicht eingemischt, aber gewünscht, dass das neue Museum eine „Zierde der Stadt Danzig“ und „kein Schreckgespenst“ werden möge.[9] Nun zieren die Stadt bereits die schmalbrüstig aufschießenden gotischen Giebelhäuser samt kunstvollen Wasserspeiern ihrer verwinkelten Dachlandschaften. Das alles dürfte schon einen großen Ziegelstein des Anstoßes aushalten, selbst einen ‚schreckgespenstigen‘.

Zumal wenn uns das Museum am Ende zurück in die friedvollen und vielsprachigen Flaniermeilen einer geschichtsträchtigen Ostsee-Stadt mit guten Restaurants feiner wie deftiger Küche entlässt – und zwar als Europäer*innen, die sich von wohl gefassten Kostbarkeiten gänzlich unanstößigen Bernsteins nicht nur auf der Langgasse umgeben wissen. Nun mag sich der an der Ostsee verbreitete Bernstein letztlich der Trauer verdanken, den Tränen der Sonnentöchter, der Heliaden, wie der Mythos weiß. Muss nun auch der große ‚Splitterziegel‘ von Danzig dem tränenfeuchten Mythos dienen, statt vom Stein der Weisen zu stammen? Das Kriegsmuseum in Gdańsk ist ein polnisches Haus, das über die Kriegsgeschichte Europas und der Welt aufklären will: doch zukünftig wohl mit weniger Leid, weniger, so PiS-Parteichef Jarisław Kacyński, „Pädagogik der Scham“,[10] dafür mit mehr nationalem Heldentum: Es ist Bestandteil der *Liberation Route Europe* – ein internationaler Gedenkweg, der wichtige Meilensteine des Zweiten Weltkriegs miteinander verbindet –[11], droht aber an Format zu verlieren: eine ganz andere Art von Aufprall an der Langgasse.

Anmerkungen

* Aktualisierte Fassung einer Erstveröffentlichung nach einem Besuch Anfang Mai 2017 in: LVR-Dezernat Kultur und Landschaftliche Kulturpflege (Hg.), Positionen und Informationen, Juli 2017.

1 Schon die Museumskonzeption des 2008/09 geplante Museums begleitete ein politischer Streit. Die Nachfolgeregierung PiS stellt die auf einer umfassenden Erinnerungskultur basierende Museumskonzeption in Frage. Das Oberste Verwaltungsgericht gab am 5. April 2017 einer Klage des Kulturministeriums gegen das Museum in letzter Instanz statt, sodass die Vereinigung beider Museen am 6. April 2017 stattfand. Tags darauf wurde Machcewicz fristlos gekündigt (https://de.wikipedia.org/wiki/Muzeum_II_Wojny_%C5%9Awiatowej; besucht 28.3.2021). Die national ausgerichtete Kulturpolitik zeigt sich mittlerweile auch auf anderen Gebieten (vgl. dpa/Frankfurter Allgemeine Zeitung [FAZ]: *Kunstfreiheit. ZDF wegen „Unsere Mütter, unsere Väter" verurteilt*, in: *FAZ*, 25.3.2021, S. 13, sowie Reinhard Veser: *Aufstand gegen die PiS-Regierung.* Polens Medien warnen vor der Liquidation der freien Presse durch eine Werbe-Steuer, in: *FAZ*, 11.2.2021, S. 5).

2 Zit. nach Gerhard Gnauck: *Der lange Schatten des Krieges*, in: *FAZ*, 23.3.2017, S. 11.

3 Die dazumal aufstrebende Moderne in Gdynia (Gdingen), nördlich von Danzig gelegene Ostseestadt, wurde in den 1920er und 1930er Jahren zum polnischen „Tor zur Welt" ausgebaut. Noch abseits des zumeist mit Tel Aviv und Brasilia verbunden internationalen Architektur-Tourismus gelegen, atmet sie den Geist des Neuen Bauens und wartet auf ihre Entdeckung. Vgl. die Broschüre Gdynia City Hall (Hg.): *Gdynia and modernism. A monument of history*, Gdynia o. J.

4 Vgl. Mia Raben: *Mit dem Panzer mittendurch. Polen: Das neue Museum des Zweiten Weltkriegs in Danzig soll auf Regierungskurs gebracht werden. Die Macher wehren sich – bisher mit Erfolg. Noch aber ist das letzte Wort nicht gesprochen,* in: *Die Zeit*, 09.02.2017, S. 17; vgl. Gerhard Gnauck: *Der lange Schatten des Krieges*, 2017, S. 11. Vgl. auch Paweł Machcewicz: *Der umkämpfte Krieg. Das Museum des Zweiten Weltkriegs in Danzig. Entstehung und Streit,* Wiesbaden 2018.

5 Hier wird im Schlussakkord der im Mai eröffneten Ausstellung mit vergleichsweise wenig Engagement die Frage historischer Lernfähigkeit eher rhetorisch gestellt und fast gänzlich den Besucher*innen überlassen. Christian Schröder (siehe unten) hat dabei das Gefühl, einer eher „staatstragenden" Manier vermeintlicher Selbstverständlichkeit zu begegnen. Zu weiteren Unterschieden: Deutlich vornehmer wirkt die Fassade des Eastman-Gebäudes, eines eleganten Art déco-Baus von 1935, in dem das „Europa-Museum" untergebracht ist. Fünf Etagen des siebengeschossigen Baus stehen der Dauerausstellung von 4.000 Quadratmetern zur Verfügung. Das Museum befindet sich im Léopold-Viertel, also in unmittelbarer Nachbarschaft zum Europa-Parlament und anderen Institutionen des Staatenbundes. Es hat 55 Millionen Euro gekostet, also etwas mehr als die Hälfte des Museums in Gdańsk. Hans-Gert Pöttering hatte dazu die Initiative ergriffen, als er Europäischer Ratspräsident war. Zur ersten Einschätzung: vgl. Christian Schröder: *Erzählung eines Kontinents*, in: *Der Tagesspiegel*, 08.05.2017. Zur offiziellen Lesart des Hauses vgl. Haus der europäischen Geschichte im Auftrag der Europäischen Union (Hg.): *Haus der Europäischen Geschichte. Kurzführer. Dauerausstellung*, Brüssel 2017.

6 Heinz Bude: *Anerkennung durch Differenz*, in: *FAZ*, 21.08.2017, S. 6.

7 Jürgen Habermas: *Zur Verfassung Europas. Ein Essay*, Berlin 2011, S. 9.
8 Slavoj Žižek: *Was sollen wir mit Erdogan machen?*, in: *FAZ*, 27.08.2017, S. 38.
9 Zit. nach Gerhard Gnauck: *Der lange Schatten des Krieges,* 2017, S. 11.
10 Zit. nach Mia Raben: *Mit dem Panzer mittendurch,* 2017, S. 17.
11 Vgl. www.liberationroute.com (besucht 28.3.2021).

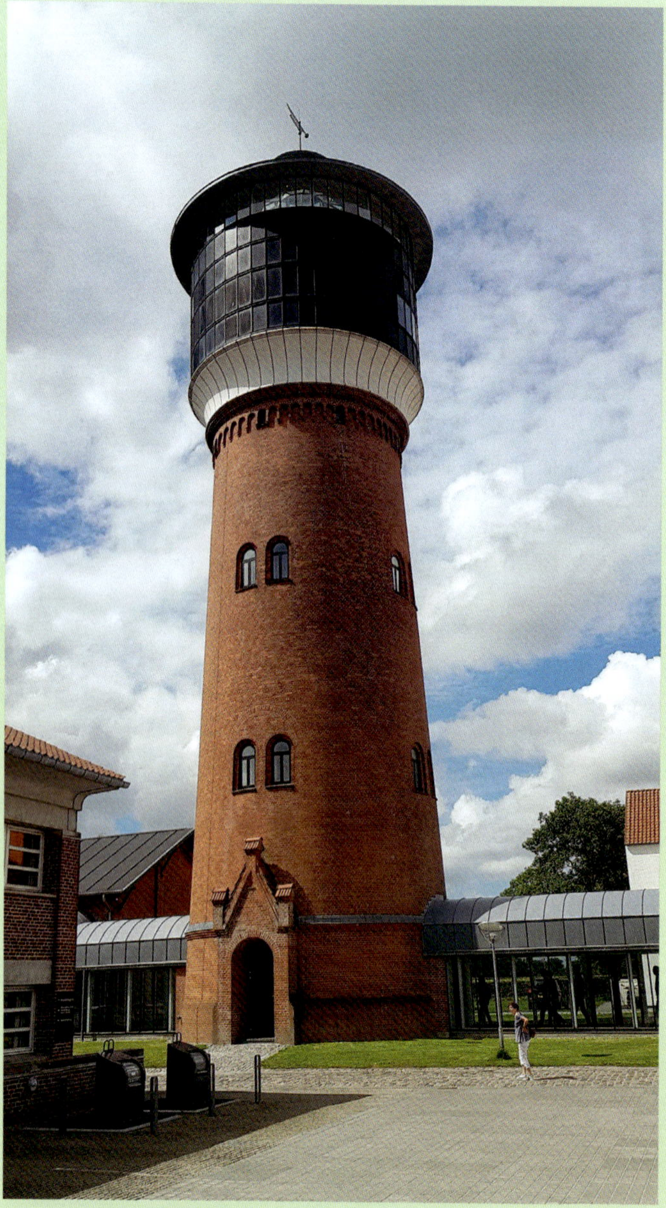

Herausragende Einladung zur gestapelten Rast:
der seit 1999 umgenutzte Wasserturm zu Tønder (Tondern),
Teil der dortigen Museumsgruppe mit einer Ausstellung zum Stuhldesign

Thomas Schleper

Nachsitzen als Vermittlungsform
Zur Präsentation von Stühlen des Möbeldesigners Hans J. Wegner im ehemaligen Wasserturm zu Tønder*

Nachsitzen hat bekanntlich einen schlechten Beigeschmack und wird gleichwohl als Vermittlungsform genutzt: um fehlgeschlagenen oder allzu retardierten Lernprozessen sozusagen im Nachgang auf die Sprünge zu helfen, um Lernunwillige eines Besseren zu belehren oder auch nur um mit abschreckender Wirkung abzustrafen. Aus Erfahrung wissen wir um die Fragwürdigkeit des Ansatzes aus dem Arsenal der schwarzen Pädagogik. Muss dies aber sogleich auf eine Absage an museumsdidaktische Nachsitz-Methoden hinauslaufen? Ein im dänischen Tønder aufragendes Exempel bietet sich dabei zu einer körpernahen Betrachtung an.

1. Hands-on und Sit-in

Wir kennen längst das Stichwort einer interaktiv gestimmten Museumspädagogik: ‚Hands on!' gilt als körper- und tastsinnfreundlicher Schlachtruf gegen die verkopften Präsentationsformen der ‚Vitrinen- und Tapetenmuseen' der ‚begehbaren Lesebücher' und ‚Flachwarenabteilungen'. ‚Sit-ins' kannten wir bislang hingegen als Veranstaltungsform der unruhigen 1960er Jahre. Das Einsitzen konnte eine polizeilich eingeleitete und richterlich verfügte Konsequenz daraus sein, ist also eine mindestens so vorbelastete Vokabel wie bereits erwähntes Nachsitzen oder gar Sitzenbleiben. Und das Aussitzen wird zwar mit schwergewichtigem Stehvermögen und dickfelligen

Nehmerqualitäten assoziiert, sah und sieht sich aber immer wieder kabarettistischen Angriffen und intellektuellen Spitzen ausgesetzt. Im süddänischen Tønder ist zunächst einmal alles anders.

Denn die Qualitäten der Stühle und Sessel von Hans J. Wegner, des von 1914 bis 2007 lebenden und wohl berühmtesten Sohnes der Stadt, darf und soll man sich ersitzen.[1] Dabei kann man zugleich ein landläufig weit nachgeordnetes, geradezu ‚after'-wertiges, eben als Sitzfleisch verachtetes Sinnesorgan schätzen lernen. Denn man sitzt sich in Tønder so durch die Jahre und Jahrzehnte, man sitzt im besten Sinne nach, aus und ein, was eine gewisse Hochstapelei der ehrenhafteren Art zur Voraussetzung hat.

2. Der Turm von Tønder

Man muss wissen, dass die in Rede stehende Sammlung in einem ehemaligen Wasserturm untergebracht ist, der zum stattlichen Komplex Tønder Museum & Sønderjyllands Kunstmuseum gehört.[2] 1902 für das örtliche Wasserwerk in rotem Backstein gemauert und mit einem 200-Kubikmeter-Wasserbehälter ausgestattet, erreicht der Turm eine Höhe von knapp 40 Metern. Er tat als stationärer Wasserträger seinen Dienst, bis er 1980 dank neuer Pumpanlagen stillgelegt wurde. 1994 stellte der Kopenhagener Reedereifonds *A. P. Møller og Hustru Chastine McKinney Møllers Fond til almene Formaal* Mittel zum Umbau des Turmes zur Verfügung. Der Architekt Niels Frithiof Truelsen baute den Turmkopf in enger Anlehnung an das historische Vorbild um. Der mittlerweile zum Postkartenmotiv der Stadt avancierte Bau weist acht Geschosse auf, von denen sieben mit einem Fahrstuhl zu erreichen sind. Über eine Treppe gelangt man hinauf auf das oberste Deck, das einen Konferenzraum mit fantastischem Ausblick trägt – von hier über Tønder und weit über Tønder hinaus.

Der Raum selbst ist mit 25 Ausführungen des aus Kirschbaumholz hergestellten Wegner-Meisterwerks *Der Stuhl* ausgestattet. Sie versammeln sich um einen großen runden Tisch. Der Fußboden ist hier mit *Duchié* genanntem Mahagoniholz ausgelegt, während die Böden der übrigen Decks aus ölbehandeltem Eichenholz sind.[3] Und Holz als Basis ist Programm: Auf den Dielen wird das gesamte, überwiegend in verschiedenen Hölzern ausgeführte Stuhlwerk von Wegner präsentiert. Dem synchronen Überblick von Deck acht entsprechen also, Stufe für Stufe, hinauf oder hinab, diachrone Einblicke in die Geschichte des Stuhl-Designs. Doch die Einsichten erschließen sich hier eben weder rein visuell noch handgreiflich, wie es die Dominanz visueller beziehungsweise neutaktiler Museumskultur nahelegen könnte. Wahrnehmung wird vielmehr eine geradezu körperflächige Operation, und zwar eine auf fürwahr breitester Basis, was auch gerade in unmittelbarer Nachbarschaft zu den übrigen Abteilungen des Museumskomplexes auffällig wird.

3. Aussitzen als Methode

Gesäßzentrierte Rezeptionsformen sind bekanntlich von ausgefallener Exklusivität und Umständlichkeit. Denn während zum Beispiel die optischen Qualitäten eines Stuhlobjektes per Fotografie, Postkarte oder Katalog und bis ins Internet sozusagen spontan kommunizierbar sind, muss man sich im Falle einer gefälligen Sitzprobe schon persönlich herbemühen und seine Körperfülle in die Waagschale werfen beziehungsweise auf die Sitzfläche bringen. Und operiert ein jeder, cum grano salis, mit einer durchaus vergleichbaren optischen Organausstattung, und sei sie auch mit Linsentechnik austariert, so verfügt man doch über ‚vier Buchstaben' von ausgesprochener Individualität. Der Austausch von zumeist subjektiven Sitzerlebnissen hat deshalb stets mit dem Problem der Übertragbarkeit zu kämpfen und bleibt eine hermeneutische Herausforderung, da für so etwas wie ‚Sitzerfahrung' oder ‚Gesäßerkenntnis' nur ein restringierter Code zur Verfügung steht – was natürlich auch die Arbeit des Autors sehr erschwert. Umso höher ist der Ansatz in Tønder zu bewerten, neue Vermittlungswege zu beschreiten, wenngleich diese angesichts der Exponate, um die es geht, Sitzmöbel nämlich, eigentlich sehr naheliegend sind. Immerhin geht es um etwa 35 verschiedene Einladungs- und Beanspruchungsformen verschiedenster Oberschenkel-, Gesäß-, Bauch- und Rückenmuskulatur, von der Wirbelsäule ganz zu schweigen, die es als eine repräsentative Auswahl des Gesamtwerkes aus- und abzusitzen gilt.

Wegner selbst hat den Weg in Richtung einer sitzauthentischen Präsentation gewiesen: „En stol er først færdig, når der sidder nogen i den “[4] („Ein Stuhl ist erst fertig, wenn jemand darin sitzt“). Im Turm von Tønder soll also nicht wie üblich und in den Sektionen nebenan den Betrachter*innen oder vielleicht noch den ‚Begreifer*innen' Gerechtigkeit widerfahren, sondern vor allem den ‚Stuhl-Besetzer*innen', den eigentlichen Vollender*innen des Produkts, den ‚großen Vorsitzenden' also. Eine solche Variante von „offenem (Kunst-)Werk“ (Umberto Eco) beziehungsweise Besucher*innen-„Empowerment“ (seit Marcel Duchamp)[5] hat auch eine philosophische Grundlegung: Wir haben uns mit einer Art agnostischem Platonismus Wegners vertraut zu machen, wie ein solcher auch nur von einem Designer mit gediegen handwerklicher Ausbildung zu vertreten ist: „Stolen eksisterer ikke“ („‚Der' Stuhl existiert nicht“).[6]

Ist doch der ‚gute Stuhl' eine prinzipiell unerreichbare Idee, „eine Aufgabe, die niemals vollständig erledigt werden kann“.[7] Wie sollte sie auch, wenn doch erst der unendliche Reigen der Benutzer*innen über das Finish entscheidet: eben nicht zuletzt mit dem empirischen Hinterteil samt dessen problematischer Hermeneutik. Wie aber lässt sich nun das im Turm gestapelte Œuvre Wegners als eine Explikation der Stuhlidee im Schattenreich der Real-Stuhl-Zeit erfahren? Drei Linien sollen dabei nicht nur gestalt-analytisch unterschieden, sondern gewissermaßen auch per Podex auseinandergehalten werden.

4. Der ‚Codex Podex'

Bis etwa Ende der 1940er Jahre entstand eine Reihe von Stühlen und Sesseln, die mit steilen, hohen Rücklehnen und, wenn vorhanden, mit hohen beziehungsweise oftmals ansteigenden Armstützen und mit tiefen, breiten und zumeist konkav eingewölbten Sitzflächen aufwarteten. In den vielfach mit Gewebe beziehungsweise Flechtwerk aus Seil, Kordel oder Rohr versehenen Horizontalen sitzt es sich vergleichsweise hart, der Rücken spürt, wenn nicht die einfache Fortsetzung der Sitzunterlage (*Folding Chair*, 1948, PP-512; *Hvilestol*, 1951, CH-25), die Rundstäbe der Lehne (*Rocking Chair*, 1944, J16; *Peacock Chair*, 1947, PP-550).

Man fühlt sich mit tief gelagertem Schwerpunkt in eine zumeist per kräftigem Fußgestell zusätzlich stabilisierte Unerschütterlichkeit versetzt und wird an den Seiten von Armlehnen zuweilen verbarrikadiert (*Lounge Chair*, 1947, PP-105). Der 1944 entstandene, zusammenbaubare Kinderstuhl *Peter's Chair,* FS-410, besitzt Grifföffnungen in den vollwandig hochgezogenen Armlehnen und ein darüber angebrachtes breites Querholz als Rücklehne: wie der Faltstuhl von 1949 eine auf sparsame Improvisation hin orientierte Lösung nicht ohne Eleganz.[8] Doch gilt auch für diese Fälle: Eine Schutz- und Trutzbefindlichkeit der kriegerischen und nachkriegerischen 1940er Jahre, eine Art rustikale Praktikabilität, die mitunter auch noch soldatische Tugenden aufzurufen scheint, haben auf Wegners Stühlen Platz gegriffen.

Mit Recht hat *Der Stuhl* (PP-501/503), erstmals 1949 und danach in vielen Varianten produziert, auf dem obersten Deck des ehemaligen Wasserturms gleich in Gruppenstärke Aufstellung gefunden. Er hat in der Variante von 1950 den internationalen Durchbruch für den ehemaligen Tischler aus Tønder bedeutet, ja den des dänischen Möbeldesign überhaupt mitgetragen.[9] So wird er also hier oben präsentiert wie eine Trophäe des Erfolges auf einem Piedestal. Mit ihm beginnt die zweite und wohl produktivste Periode Wegners, der insgesamt etwa 500 Stühle designt haben soll.[10]

Sein unverkennbares Merkmal: Niedriges Rückenteil und Armlehne sind aus einem einzigen Stück Holz hergestellt. Diese Lösung wirkt einerseits spartanisch wegen ihrer rationellen Konstruktion: Die Position von Sitzfläche, Armstütze und Rücklehne wird von vier Rundstäben definiert, die lediglich die verlängerten Stuhlbeine sind. Sie wirkt wegen der grazilen Linienführung aller Komponenten aber zugleich luxuriös. *CBS Television* besorgte sich für die berühmte Fernsehdebatte zwischen den Präsidentschaftskandidaten Richard M. Nixon und John F. Kennedy 1961 zwölf Exemplare des auch *The Round Chair* oder *The Classic Chair* genannten Meisterstückes. Das Foto des sich im Rundstuhl konzentriert vorbereitenden, späteren Präsidenten JFK ist natürlich auch im Ausstellungsraum zu sehen.[11]

Denn Kennedy war die ultimative ‚Besetzung' für diesen Stuhl. Er steht für die Modernität und Mobilität Amerikas, dem er die erfolgreiche Landung von Menschen auf dem Mond noch innerhalb desselben Jahrzehnts prophezeite. Der Stuhl unterstützt die Dynamik des jugendlich wirkenden Bewerbers. Der Import aus Dänemark verdeckt nicht seine sportliche Statur, sondern unterstreicht sie in besonderem Maße. In dem allseits offenen Sitzmöbel kann man sich nicht einfach zurücksetzen oder -lehnen. Die relativ hohe Gesäßlage und der dank einer tiefen Rückenlehne beweglich bleibende Oberkörper des eher Auf- als Einsitzenden erlaubt es dem Präsidenten, sich, im Augenblick noch sitzend, in der nächsten Sekunde nur durch ein leichtes Vorbeugen mühelos in eine stehende Position zu begeben.

Es gibt eine Reihe von engen Verwandten dieser von *PP Møller* produzierten Kreation. Dazu lässt sich auch der *Swivel Chair* (1955, PP-502) rechnen. Er kombiniert die hölzerne Einheit von Rücken- und Armlehne sowie den ledergepolsterten Sitz mit einem Metallrahmen, der mit Rollen versehen ist und unter dem Sitz ein Drehlager aufweist. Der *Armchair* von 1965 (PP-701) wirkt mit seinem spindeldürren Metallgestell wie ein Insekt und erinnert deshalb an Arne Jacobsens *Ameisenstuhl* (1951). Demgegenüber setzt der *Armchair* von 1969 (PP-201) wie eine auf mehr Standsicherheit setzende Replik des Meisterstuhls von 1950. Hat er doch, ausgeführt in Esche, Eiche oder Mahagoni, die Beinpartie mit Querholmen allseits und in verschiedenen Höhen verstärkt.

Familienähnlichkeit ist schließlich noch über eine größere Experimentierfreude und Offenheit der Sitzangebote zu erkennen. Besonders erwähnenswert der *Ox-Chair* (1960, EJ-100), eine gepolsterte, mit Leder überzogene und von Stahlrohren getragene Übersetzung des *Cowhorn Chair* oder *Bull Chair* ins Repräsentative und plakativ Symbolische. Auf diese fürwahr bullige Erscheinung gibt Wegner mit dem dreibeinigen, ein wenig an Charles Eames oder auch an Poul Kjærholm erinnernden *Shell Chair* (1963, CH-07) eine vom ‚Gehörn' befreite, farbkräftige und betont leichtgewichtige, der nach oben gebogenen sowie seitlich sich ausstreckenden Sitzfläche wegen gar flügelleichte Antwort.

Vor allem die zuletzt genannten Beispiele erlauben es, das Sitzen neu zu entdecken; den Hintern zu schieben, Hüfte und Rücken zu drehen und zu winden, sich auch quer zur Tradition einfach seitlich zu fläzen, sich zu wiegen und zu biegen, die Beine lässig zu verteilen, die strenge Vertikale zu verlassen.[12] So wollte es die Revolution der Sitzkultur in den experimentierfreudigen 1960er Jahren, um das verkrustete Establishment zu provozieren,[13] es sozusagen am liebsten samt seinen Stühlen vor die Tür zu setzen. Erst die neu entdeckte Variabilität im Komfort aber, so lautete es aus Wegners Mund wie eine endgültige Absage an die Produktionen der 1940er Jahre, beschere wirkliche Bequemlichkeit.[14]

Festzustellen dabei wäre schließlich auch, dass Wegner nach einer Pause Anfang der 1970er Jahre seine Werke noch einmal zu rekapitulieren scheint. 1975 erhält der *Armstol* (1969, PP201) eine Gurtauflage für die Rückenlehne (*Armchair*, PP63), was ihn noch bodenständiger macht. Geradezu ländlich kommt der unter dem durchgehenden Rücken- und Armlehngurt wieder vollvergitterte *Lounge Chair* von 1978 (PP112) aus Esche oder Buche daher. 1985 entsteht mit dem *Armstol* (PP68) auch eine robustere Fassung des *Bull Chair* (1961, PP518).

Doch der *Rocking Chair* (1984/88[15], PP124) modifiziert eine Vorlage von 1944 (*Rocking Chair*, J16), indem jetzt Sitz und Rückenlehnen mit einem elastischen Seilnetz statt mit Flechtwerk und Holzstäben ausstaffiert sind. Einer ähnlichen Umorientierung zu mehr Bequemlichkeit, die nur dem Wunsch allen Fleisches zu entsprechen scheint, gehorcht auch der *Hoop Chair* (1986, PP130), der dem *Peacock Chair* (1947, PP550) folgt, um sich von ihm aber durch ein Vollrad im Rücken und mit Rollen an den Hinterbeinen abzusetzen. Wie eine Kreuzung des stapelbaren *Heart Chair* (1952, FH-4103) mit dem *Wishbone Chair* beziehungsweise *Y-Stolen* (1950, CH24) erscheint der Stapelstuhl *PP V-Chair* von 1988 (PP-51/3) mit dem ‚V' in der Lehne. Der auf 1989 datierte *Konferenzstuhl* (PP-240) führt die Rückenlehne höher hinauf als sein Vorgänger von 1962 (PP-513) und lässt sie oben deutlich breiter werden – wie bei den beiden *Rocking Chairs* (1944 und 1984/88). Er ist das jüngste Sitzmöbel der Sammlung, das den Besucher*innen in der Sammlung Tønder zur Sitzprobe angeboten wird.

5. Wider die Verächter*innen allen Sitzfleisches

Um noch einmal auf den Clou der Präsentation zurückzukommen: Es gehört zur Logik des ‚Codex Podex', dass sich eine jede und ein jeder schon selbst mit dem Allerwertesten nach Tønder bewegen sollte, um das Vorgebrachte nachzuvollziehen. Dass sich ‚Stuhlgänge' dieser Art schon vom Grundsatz her lohnen, hängt nicht zuletzt mit der neuerlichen kulturhistorischen Aufwertung des bislang vernachlässigten Themas Sitzen zusammen, die wir unter anderem Hajo Eickhoff verdanken.[16] Meinte der Architekt Peter Smithson, dass man mit einem Stuhl „eine Gesellschaft und eine Stadt im Kleinen" formt, so gilt für Eickhoff noch viel prinzipieller: Mit der Mitte des 19. Jahrhunderts abgeschlossenen Einführung des Sitzens auf Stühlen sei überhaupt ein problematischer Menschtyp kreiert worden: Homo sedens. Und das moderne Europa sei maßgeblich auf den Prozess der ‚Sedativierung' zurückzuführen. Denn Sitzen bedeutete, der inneren Ruhelosigkeit streng zu begegnen, um zur Selbstreflexion zu führen, zur Erschließung innerer Räume. Seitdem lassen sich Bildungsgrad und lebenszeitliche Sitzdauer in ein direktes Verhältnis setzen und nur scheinbar paradox formulieren: Die höchst Gebildeten sind die am längsten Sitzengebliebenen.

Nicht zuletzt ist die Philosophie eine Folge des geduldigen Sitzfleisches und des nachsitzenden Grübelns: Wie Wegners Stühle sich mühen, in all ihren Varianten nur einer platonischen Idee des Stuhles zu folgen, so befördern die in der Sitzkultur integrierten Entkörperungsversuche letztlich den Sieg platonisch-christlicher Spiritualisierung. Der Mensch aber kommt nach Eickhoff mit dieser Disziplinierung nicht nur der Rückenleiden wegen nur schlecht zurecht.[17] Denn die Erschließung innerer Räume hat die Zerstörung des äußeren wohl eher beschleunigt und komplizierte Fluchtreflexe ausgelöst. So bleibt nur das „technische Koma", wie Paul Virilio die finale Lage des sitzenden Menschen definiert als die eines körperlich Beschränkten und Körperflüchtigen. Aus dieser schwinge er sich, isoliert auf einem Stuhl und bestens verkabelt mit den Netzen, die die Welt bedeuten, zu einer engelsgleichen Allgegenwärtigkeit auf, zum „rasenden Stillstand" einer interkontinentalen „Telepräsenz", die ihn via Interface und Direktübertragung zunehmend von sich selbst (er)löse.[18]

So mag die museale Nachsitzübung ein wenig geeignet sein, dagegen ganz unchristliche Körpergefühle zu stimulieren. (Ich empfehle, im ehemaligen Wasserturm statt des Lifts die Treppe zu nehmen). Es animiert Lernprozesse, den Stuhl, anstatt ihn ständig vor Augen zu haben, im aufhebenden Sinne Hegels, dialektisch hinter beziehungsweise unter sich zu lassen. „Berøringspunkterne" („Berührungspunkte"), ließe sich mit Wegner resümieren, „machen einen großen Teil der Erfahrung aus".[19]

Anmerkungen

* Der Artikel geht zurück auf einen Besuch des Museums im Sommer 1999.

1 Es bestehen bei diesem Angebot keinerlei kuratorische Bedenken, da es sich „bei allen im Museum ausgestellten Stühlen [...] um Replika" handelt. Brief des Sønderjyllands Kunstmuseum vom 17.11.1999, S. 1.

2 Der Turm ist mit seiner Sammlung Bestandteil des Tønder Museum, das im Torhaus des alten Schlosses untergebracht ist. Es birgt Sammlungen von westschleswigschen Handwerksarbeiten sowie Dänemarks größte Sammlung holländischer Wandfliesen. Das Sønderjyllands Kunstmuseum wurde im Frühjahr 1999 mit einem großen Neubau wiedereröffnet und enthält die größte Kunstsammlung der Region mit dem Schwerpunkt auf nordischer Kunst des 20. Jahrhunderts.

3 Vgl. Faltblatt *Tønder Vandtarn,* Tønder Museum & Sønderjyllands Kunstmuseum, 1996.

4 Zit. nach Jens Bernsen: *Hans J. Wegner*, hg. v. Dansk Design Center, Kopenhagen 1996 (1994), S. 100.

5 Zu dessen Theorie der zwei Pole des kreativen Aktes vgl. Wolfgang Kemp: *Der explizite Betrachter. Zur Rezeption zeitgenössischer Kunst*, Konstanz 2015, S. 19 ff.

6 Zit. nach Bernsen: *Hans J. Wegner,* 1996, S. 58. Wegner ging als 14-Jähriger in die Tischlerlehre bei H. F. Stahlberg in Tønder, arbeitete weitere drei Jahre in dessen Werkstatt, bevor er 1936 ein Studium an der Kopenhagener Kunstgewerbeschule aufnahm. Vgl. https://modernism101.com/products-page/industrial-design/wegner-hans-dansk-design-center-hans-j-wegner-en-stolemager-kobenhavn-dansk-design-center-1989/# (besucht 20.05.2021).

7 Zit. nach Bernsen: *Hans J. Wegner,* 1996, S. 58.

8 Darf man wohl in der flachen Bogenführung des Holzklappstuhls von 1949 den Linienschwung des *Barcelona Chair* (1929, Leder und Stahlgestell) von Ludwig Mies van der Rohe entdecken?

9 Der Architekt Arne Jacobsen, in dessen Büro Wegner in den 1940er Jahren gearbeitet hat, ist mit dem berühmten *Ameisenstuhl* (1951) in Deutschland vielleicht noch bekannter geworden.

10 Vgl. Bernsen: *Hans J. Wegner,* 1996, S. 49.

11 Vgl. ebda., S. 101.

12 So erlaubt es der vergleichsweise konventionelle *Ruhestuhl* (1965, CH44), den Rücken weit zurückzulehnen. Der gepolsterte *Lufthafenstuhl* (1958, FS401) kippt den Winkel, den Hüfte und Rücken zu den Oberschenkeln bilden, spürbar nach hinten, als wolle man sich schon in die Luft begeben.

13 Vgl. Gerda Breuer/Andrea Peters/Kerstin Plüm (Hg.): *Positionen des Designs: die 60er*, Köln 1999.

14 Bernsen: *Hans J. Wegner,* 1996, S. 42.

15 Die Jahresangabe des Museums unterscheidet sich von der im Kopenhagener Katalog.

16 Vgl. Hajo Eickhoff: *Hingesetzt!,* in: Breuer, Gerda/Plüm, Kerstin (Hg.): *Design-Sammlung Stiftung Schriefers. Produktgestaltung im 20. Jahrhundert*, Köln 1997, S. 25–42.

17 Das Hygiene-Museum Dresden mit der Sonderausstellung *Sitzen* (25.04.1997–04.01.1998) bot in der Abteilung ‚Anatomie und Orthopädie' ausgehend von der Zunahme von Rückenleiden Experimente von Sitzhaltungen an und zeigte alternative Geräte zum Sitzen und Haltungen zum Ausprobieren. Dazu *Vernissage. Die Zeitschrift zur Ausstellung*, Nr. 3, 1997, S. 51.

18 Paul Virilio: *Rasender Stillstand. Essay*, München/Wien 1992.

19 Zit. nach Bernsen: *Hans J. Wegner,* 1996, S. 99.

Dingwelten

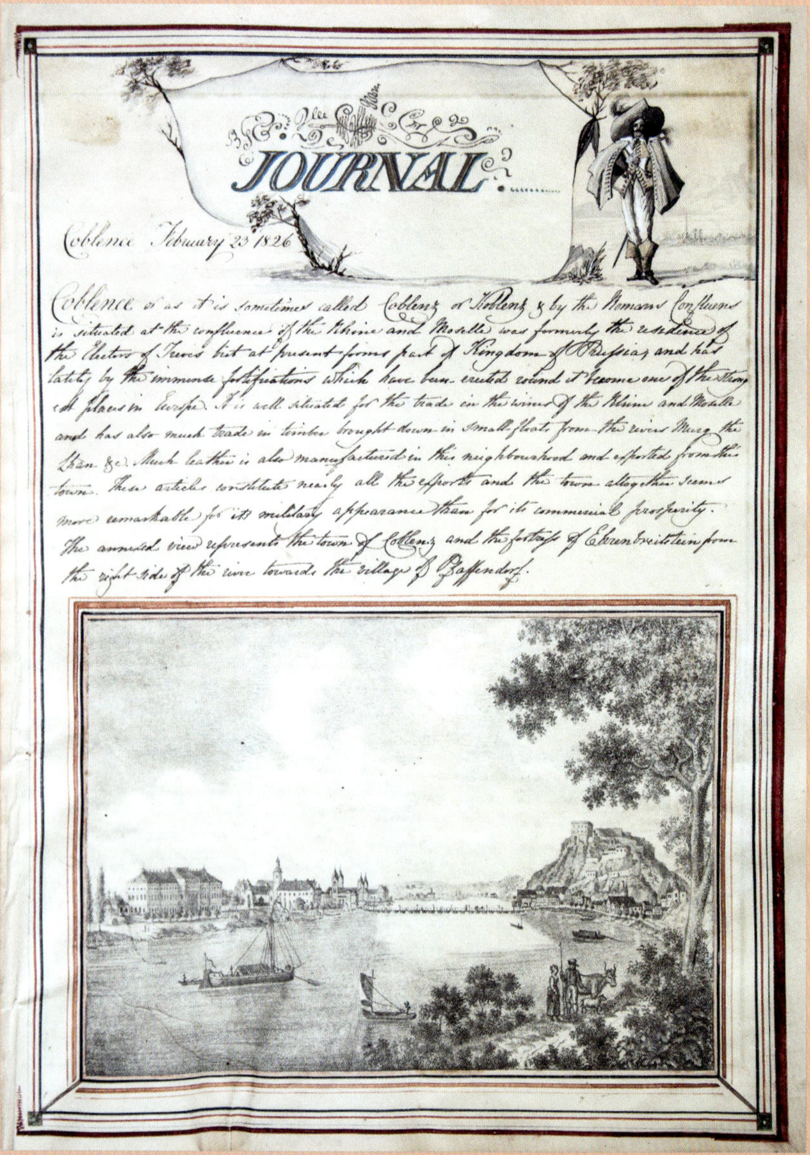

JOURNAL

Coblence February 23 1826

Coblence or as it is sometimes called Coblenz or Koblenz & by the Romans Confluens is situated at the confluence of the Rhine and Moselle was formerly the residence of the Electors of Treves but at present forms part of Kingdom of Prussia, and has lately by the immense fortifications which have been erected round it become one of the strongest places in Europe. It is well situated for the trade in the wines of the Rhine and Moselle and has also much trade in timber brought down in small floats from the rivers Murg the Lahn &c. Much leather is also manufactured in this neighbourhood and exported from this town. These articles constitute nearly all the exports and the town altogether seems more remarkable for its military appearance than for its commercial prosperity. The annexed view represents the town of Coblenz and the fortress of Ehrenbreitstein from the right side of the river towards the village of Pfaffendorf.

Fundstück von den Ufern des Rheins:
aus dem Tagebuch von Lady Elizabeth Dyer, dem *Journal kept during a tour along the banks of the Rhine coming from Coblentz* von 1823

Veit Veltzke

Von der Freiheit des Unterwegsseins
Zwei Damen von den britischen Inseln und ihre abenteuerliche Rheinreise im Jahr 1826*

In der Frühphase des Rheintourismus seit etwa 1800 waren Gäste von den britischen Inseln in rheinischen Gefilden besonders stark vertreten. Hieran hatte die düstere englische Romantik der *Gothic Novels*, die häufig Rheinmotive aufgriff, einen nicht unerheblichen Anteil. Den entscheidenden Entwicklungssprung zum Horrorroman vollzog, beeinflusst durch die deutsche Romantik, Matthew Gregory Lewis mit seinem Buch *The Monk* (1796) – eine Entwicklung, die Mary Shelley mit ihrem auch von Rheinmotiven gespeisten Roman *Frankenstein or the New Prometheus* (1818) fortsetzte.[1] Der durchschlagende Erfolg von Lord Byrons Reiseepos *Childe Harold's Pilgrimage*, dessen dritter Teil (1818) auch romantische Rheinbilder entwarf, beflügelte die englische Reiselust in die Rheingegenden.[2]

Freilich war die Intensität des romantischen Reiseerlebens unterschiedlich ausgeprägt. So zeichnete die zum Freundeskreis Johann Wolfgang von Goethes gehörende Schriftstellerin Johanna Schopenhauer 1828 ein wenig schmeichelhaftes Bild der englischen Rheintouristen anlässlich derer Ankunft in Godesberg:

„Alles erscheint ihnen seltsam und dabei grundschlecht, weil es nicht wie in England ist, und für die Leute, die so dumm sind, daß sie nicht einmal Englisch reden können, fühlen sie ordentlich ein verachtendes Mitleid ... Mit steifem Nacken und verachtendem Blick auf uns vor der Thüre Sitzenden ... zieht die Gesellschaft in das Haus und lässt sich nicht wieder blicken, und sollte sie wochenlang verbleiben. Nur zuweilen in der größten Mittagshitze sieht man die Damen auf dem Felde hin und her gehen, was sie einen Morgenspaziergang vor dem Frühstück nennen, oder auch mit ihrer Mappe sich niederlassen, um die Ruine zu zeichnen ... Sie schlafen bis gegen Mittag, verlangen das Frühstück, wenn eben das Dinner für die übrigen Gäste aufgetragen werden soll, essen spät gegen Abend zu Mittage und trinken Thee, wenn alle Welt zu Bette geht."

Auch wenn Johanna Schopenhauer diese mit spitzer Feder formulierte Überzeichnung auf die Schicht reicher Emporkömmlinge bezieht, so erscheinen ihr doch die „wirklich Vornehmen" unter den Engländer*innen nicht minder stolz, arrogant, und „nationell", und „nicht minder schroff und unzugänglich gegen Unbekannte". Von ihrer gewohnten Lebensweise, so heißt es, möchten sie „um keinen Preis auch nur um ein Haarbreit abweichen".[3]

Zu dieser Einschätzung stehen nun die beiden hier in Rede stehenden Damen und ihr Reisetagebuch in denkbar größtem Kontrast. Von Wissensdurst und Erlebnishunger getrieben, nahmen sie Strapazen in Kauf und waren bemüht, sich eine möglichst umfassende Kenntnis von Land und Leuten anzueignen.

Die vom LVR-Niederrheinmuseum Wesel kürzlich erworbene Handschrift *Journal kept during a tour along the banks oft the Rhine coming from Coblentz* dokumentiert die sieben Monate währende Reise des unternehmungslustigen Paares, ihre Ladyschaft Elizabeth Dyer (wohl 1780–1864) und deren Gefährtin im Jahr 1826, ausgehend von Koblenz durch das Mittelrheintal über Frankfurt, Heidelberg und Straßburg nach Paris. Die in Leder gebundene Handschrift im Folio-Format mit 256 erhaltenen Seiten ist reich mit Stichen und eigenhändigen Zeichnungen der Autorin geschmückt. Bei der Verfasserin handelt es sich freilich nicht um Lady Dyer[4], sondern um ihre Begleiterin, die ein früherer Besitzer des Tagebuches mit dem Hinweis „wahrscheinlich eine Mrs. Hearne, die zusammen mit Lady Dyer die Reise machte" kennzeichnete.[5] Der Einfachheit halber wird sie in der Folge als Mrs. Hearne bezeichnet, nachdem die Leser*innen nun um die Unsicherheit dieser Zuschreibung wissen. Da sie sich in ihren Beschreibungen und Kommentaren als gebildete Austauschpartnerin erweist und auch der deutschen Sprache mächtig war, die Bezeichnung „Mrs." allerdings einen Standesunterschied zu der als „Lady" bezeichneten Elizabeth Dyer ausdrückt, liegt die Vermutung nahe, dass es sich hier um die Gesellschaftsdame ihrer Ladyschaft handelt. In diesem Fall wäre das enge Verhältnis der beiden Damen, das sich in gemeinsamen Erlebnissen und der häufigen Bezeichnung Lady Dyers mit ihrem Vornamen in der Handschrift ausdrückt, als ungewöhnlich zu bezeichnen. Gemeinsam unternommene Reisen konnten so unter gewissen Voraussetzungen auch starre Standesgrenzen sprengen.

Die Damen verkehren an ihren Reisezielen in den besten Kreisen, so in Koblenz bei dem Antikensammler Graf de Renesse-Breidbach, dem Amtsinhaber der vereinigten Oberpräsidien der beiden rheinischen Provinzen, Karl von Ingersleben,[6] und dem höchsten Militär dieser Provinzen, dem Kommandeur des VIII. Rheinischen Armeekorps General Ludwig von Borstell.[7] „Ich hatte viele angenehme Begegnungen mit den Gentlemen in der Stadt, die vornehmlich militärische waren“[8], so Mrs. Hearne. Auch wenn nicht immer ganz eindeutig ist, ob die Autorin des Tagebuches, die bei der Zuschreibung ihrer Reiseerlebnisse auch bei ein und derselben Begebenheit zwischen „ich“ und „wir“ wechselt, hier Lady Dyer mit einbezieht, wird man in den allermeisten Fällen von gemeinsamen Unternehmungen auszugehen haben.

Schon der Scholastiker Roger Bacon empfahl den Reisenden, dort einzukehren, wo die gute Gesellschaft des Gastlandes sich aufhalte, sich der Verbindungen der Personen von Stand zu bedienen und Tagebücher zu führen.[9] Der Frühaufklärer John Locke hielt selbstständige Reisen von Gentlemen erst in einem Alter für angebracht, wenn sie ihren Standpunkt, geschult an den Verhältnissen ihres eigenen Landes, bereits gefunden hätten und Gespräche in der Fremde führen würden, um Kenntnisse zu ernten.[10] Diese sicheren Pfade zu begehen, das unmittelbar Nützliche im Auge zu haben und das Abenteuer auszuklammern, war freilich nicht die Sache unserer Damen.

Sicher war inzwischen das romantische Zeitalter angebrochen, das sich als Gegenbewegung zu Aufklärung und Klassizismus verstand und dem Rationalismus das Wirken irrationaler Mächte, Gefühlsüberschwang, Einbindung in überindividuelle Naturkräfte und geistige Strömungen sowie deren mystische Aneignungen entgegenstellte. So ging es hier um ganzheitliche Erfahrungen, die als individuelle

Existenzerweiterung empfunden wurden. Die Zugänge wurden durch überwältigende Erlebnisse und, ja, auch über Abenteuer eröffnet. Tat sich hier schon – allen literarischen Verarbeitungen zum Trotz – ein gewisser Widerspruch zwischen romantischer Entgrenzung und der Erziehung des Gentlemans auf, die durch die Kardinaltugend des Maßhaltens und der Besonnenheit geprägt wurde, so war der Graben zur konventionellen Damenerziehung umso größer. Zwar war der Dame der Spaziergang erlaubt, der im beginnenden 19. Jahrhundert zur breiten Modeerscheinung wurde, aber keineswegs die eigentliche, häufig anstrengende Wanderung,[11] die wiederum fast zu den Grundvoraussetzungen romantischer Grenzerfahrungen in der Natur gehörte.

So beschlossen beide Damen, nachdem Mrs. Hearne kurzerhand mit einem eher ungewöhnlichen Mittel, nämlich dem „Abfeuern von Pistolen", das „berühmte" Echo am Loreleyfelsen überprüft hatte, ihren Wagen in Oberwesel zu verlassen und nach Bacharach vorauszuschicken. Von nun an setzten „Elizabeth und ich" stundenlang die „restliche Reise an diesem Tag zu Fuß fort".

In Oberwesel fand man noch Zeit, in der Stiftskirche das Grabmal Friedrich von Schombergs zu bewundern, der 1690 in der Schlacht am Boyne (Irland) fiel, was Mrs. Hearne „als Irin" sehr beeindruckte, und anschließend die Wernerkapelle, von der Mrs. Hearne zu berichten wusste, dass sie einem Kind gewidmet sei, „das grausam durch Juden 1287 aus Verachtung gegenüber der christlichen Religion zu Tode gekommen ist", aber die relativierende Einschränkung hinzufügt: „so wird es traditionell berichtet."[12]

Überhaupt bemerkt man bei Mrs. Hearne bei aller Wissbegier doch eine gewisse Skepsis gegenüber Informationen, die ihr zugetragen werden. Der Schilderung ihres Führers auf Schloss Rheinfels, der einst in der Jungen Garde Napoleons diente und behauptete, der Kaiser habe 1806 die Burg sprengen lassen, da er von hier aus beschossen worden sei, misstraut sie zutiefst und fügt hinzu: Er habe wohl einen besseren Grund hierfür gehabt.[13] Den bei englischen Besucher*innen wohlbekannten Decostér, Augenzeuge und Touristenführer für das Schlachtfeld von Waterloo, hält sie für jemanden, der mehr zu wissen vorspiele als tatsächlich Bescheid zu wissen und vermutet, seine

Angst beim Gefecht habe ihn daran gehindert, mehr zu den Details zu erfahren.[14] So zeigt Mrs. Hearne hier eine Grundhaltung, die bereits Denis Diderot den Reisenden in der Fremde anempfahl, nämlich „Gerechtigkeit und Misstrauen“ an den Tag zu legen.[15]

Doch kehren wir zur Suche der Damen nach romantischen Erfahrungen zurück. Hier ist die Prägung der lokalen Bevölkerung durch den Geist beziehungsweise die Stimmung der Landschaft ein gängiger Topos. Auf einer zugegeben sehr prosaischen Ebene widerfährt der Autorin ein derart ganzheitliches Erlebnis bereits beim Besuch auf Burg Rheinfels, deren gewaltige Anlage mit den stattlichen Ausmaßen der Burgbewohnerin korrespondiert. Mit den Worten von Mrs. Hearne: „Das ist die größte Ruine, die ich bisher an den Rheinufern gesehen habe ... Die Burg wurde an ein Individuum verkauft, das ein kleines Haus in den Ruinen errichtete, wo es Wein und Erfrischungen an Reisende verkauft. Beinah die fettleibigste Frau, die ich mich erinnere, je gesehen zu haben, war die Wirtin des kleinen Landgasthauses. Aber sie wirkte sehr gesund und nicht behindert durch ihr Volumen.“[16]

Allerdings regte eine weitere, durchaus anstrengende Wanderung von Lorch in das nahe gelegene Wispertal mit der Kreuzkapelle und das anschließende Sauerthal die Damen an, sich düster-romantischen Stimmungen hinzugegeben. Denn wenn man, so heißt es im *Journal*, das für seine Legenden und sein „melancholisches Erscheinungsbild“ berühmte Wispertal für einige Zeit durchschritten habe, verstärke es Neigungen, die zu solchen Überlieferungen führen. Alles oberhalb der Kreuzkapelle wirke wie ein dunkler Wald und die primitiv aussehenden Landbauern glaubten an zahlreiche Wunder, die hier geschehen seien. Das noch dunklere und abweisendere Sauerthal werde mit seinen riesigen Bäumen noch von den Ruinen der Sauerburg und der Burg Waldeck überragt und verstärkte den melancholischen Sog der Landschaft bei den Damen. Glücklicherweise bot das Wasser einer Mineralquelle, vermischt mit Rotwein,[17] den sie zusammen mit Brot und Käse mit sich führten, eine stärkende Labsal für die erschöpften Wanderinnen. Eine ärmliche Frau, von der sie Eier erwarben, trug ihrerseits zu einem „ganz passablen Mittagessen“ bei. Doch dann befanden sich die beiden wieder im

Bann der melancholischen Strahlkraft des Ortes, erfuhren, dass die Frau, die sie mit Eiern versorgte, bereits zehn Kinder verloren hatte und vermuteten, dass das Elfte, das sie auf dem Arm trug, in Kürze seinen Geschwistern nachfolgen würde. Von einer weiteren ärmlichen Dorffrau zur Sauerburg geführt, hatten sie das seltene Glück, den Psalmengesang der kindlichen Sänger der Dorfschule zu hören, deren Klang in den Ruinen widerhallte. So konnte Mrs. Hearne nach dem Abstieg durch die Weinstöcke am Abend befriedigt das Ergebnis des Tages mit den Worten resümieren: „eine der angenehmsten Exkursionen, die ich je gemacht hatte."[18]

Auch wenn der Drang, das eigene Erleben nach den Erzählmustern des englischen Schauerromans zu stilisieren, vielleicht nicht ungewöhnlich ist, so sind es die Energie, die Unternehmungslust und die anstrengenden Wanderungen allemal, mit denen die beiden Frauen um entsprechende Erlebnisse bemüht waren. Sie verließen hier eindeutig die Rolle der Dame und traten in die Betätigungsfelder des Gentlemans ein. Ungewöhnlich ist sicher auch die Ernsthaftigkeit, mit der zumindest Mrs. Hearne versucht, Bausteine ihrer romantischen Sichtweise zu dokumentieren: sei es in eigenhändigen Aquarellen oder Übertragungen deutscher Rheinsagen in ihre Muttersprache. Hierzu zählen die Legende von Rolandseck und Insel Nonnenwerth[19] und die Sage der *Feindlichen Brüder* zu den Burgen Sternberg und Liebenstein,[20] die Mrs. Hearne nach eigener Angabe aus Friedrich Gottschalcks *Die Ritterburgen und Bergschlösser Deutschlands* (Bd. 5, 1821) extrahierte.[21]

Die romantischen Interessen von Mrs. Hearne verhindern aber nicht die Wahrnehmung sonstiger kultureller, politischer und alltagsgeschichtlicher Befindlichkeiten in den Rheinprovinzen, sodass man tendenziell von einem ganzheitlichen Blick der Autorin sprechen kann. Ob es sich um Feststellungen zum zivilen und militärischen Verwaltungsaufbau handelt, zur Ergebenheit „aller militärischen Ränge" gegenüber König Friedrich Wilhelm III., dem sie „Vorzüglichkeit seines privaten Charakters" attestiert,[22] um Begräbnissitten, die Scheintod-Phänomene berücksichtigen,[23] den kleidsamen Kopfschmuck der unverheirateten „Frauen der unteren Klassen",[24] die „imposante[n] Erscheinung" der preußischen Grenzsteine"[25] oder die Entdeckung von Miniaturporträts, die als politische Sympathieabzeichen versteckt getragen werden – dies alles scheint Mrs. Hearne berichtenswert und wohl auch Lady Dyer. Bei den letztgenannten Entdeckungen handelt es sich um briefmarkengroße Stiche Napoleons und Karl Ludwig Sands. Von den Einwohner*innen im Raum Koblenz heißt es, sie seien dem Andenken an Napoleon sehr verbunden, „der zweifelsohne viel für das Land getan" habe. Drucke jeder Größe, darunter auch die in das Tagebuch eingeklebte Miniatur, „die häufig von den Franzosen unter einem Knopf oder Kreuz getragen würde", fänden sich in jedem Geschäft.[26] Man darf aufgrund des dargestellten Zusammenhangs allerdings unterstellen, dass dies auch für rheinische Napoleon-Sympathisant*innen galt. Mit der ebenfalls in das Tagebuch eingefügten Miniatur des radikalen Studenten Sand, der den Schriftsteller August von Kotzebue wegen dessen Verhöhnung der nationalen und liberalen Ideale der Burschenschaft 1819 ermordete und im Jahr darauf hingerichtet wurde, dürfte es die gleiche Bewandtnis gehabt haben. Mrs. Hearne spricht von einem „unbedachten und unglücklichen jungen Mann ..., der Kotzebue ermordete" und der „von den Studenten in den preußischen Herrschaftsgebieten sehr respektiert" werde. Die meisten von ihnen trügen „das Haar in lächerlicher Länge hinter sich, um ihn zu imitieren, der von ihnen als Märtyrer ihrer Sache betrachtet" werde.[27] Auch wenn hier der Typus des scheiternden romantischen Helden durchscheint, so ist Mrs. Hearne doch, wie schon bei der Einschätzung der napoleonischen Herrschaft, um eine abgewogene Darstellung bemüht. In ihrer Entdeckerlust sind beide Damen auf der Suche nach dem Ungewöhnlichen und dem Absonderlichen unterwegs. Bei dem bereits erwähnten General von Borstell hebt Mrs. Hearne dessen Festungshaft wegen Ungehorsams in den Befreiungskriegen hervor, wenngleich mit unzutreffenden Angaben zu Haftgrund und Haftdauer, und dessen spätere Ernennung zum höchsten Truppenführer in den Rheinprovinzen. Ihr starkes Interesse findet ein angeblicher preußischer Marsch, den die Militärkapelle der Truppe Borstells intonierte, als sie zum Angriff bei Waterloo an Blücher vorübergezogen sei. Den überraschenden Titel gibt sie auf Deutsch wieder: *Der Krieg ist gut, doch ist der Friede besser.*[28]

Auch wenn mitunter Mrs. Hearnes Ironie herausgefordert wird: In Bausch und Bogen zu verurteilen, ist ihre Sache nicht. So lernt sie in der Koblenzer Gesellschaft eine Dame kennen, „die Gattin eines großen Weinhändlers", die „trotz eines gewissen Alters und ein wenig zu viel embonpoint immer noch gutaussehend war". Diese Dame habe einen besonderen Grad an Temperament gezeigt, „weder gewöhnlich noch anziehend für ihr Geschlecht". Einen Gentleman, der sie beleidigt oder von dem sie sich beleidigt gesehen habe, forderte sie zum Pistolenduell. Dieser habe jedoch so wenig Anstand besessen, sich nicht stillschweigend zu ergeben, „um von seinem fairen Gegner erschossen zu werden, wie es ein galanter Gentleman getan hätte", sondern stattdessen seine Pistole abzufeuern und die „Heroine" in die Brust zu treffen. Nach diesem Ausgang habe sie Duelle gänzlich verabscheut.[29]

Per Boot ließ man sich von Bacharach nach Bingen bringen, mit einem kleinen Intermezzo in Assmannshausen, um den guten Wein zu probieren. Mrs. Hearne kommentierte den Wechsel in das Hoheitsgebiet des Großherzogs von Hessen mit einer gewissen Wehmut: „Ein Gefühl des Bedauerns beschlich mich beim Verlassen der preußischen Gebiete", wo man sie „mit so viel höflicher Aufmerksamkeit" empfangen und sie „niemals die kleinste Unannehmlichkeit" erfahren habe.[30] Tatsächlich sollte der Vergleich mit Preußen für Hessen-Darmstadt ungünstig ausfallen: die Bevölkerung zwischen Bingen und Mainz zeige „ein sehr zerlumptes Aussehen, ebenso wie das Land nichts Empfehlenswertes aufzuweisen" habe.[31] Dafür wurden die Damen in Mainz jedoch reichlich entschädigt, selbst wenn das Urteil Mrs. Hearnes über das hier stehende Regiment des Großherzogs („erbärmlich aussehend") vernichtend war.[32] So gelang es ihnen hier mit Erlaubnis des Mainzer Gouverneurs, dem inhaftierten Hauptmann einer „furchterregenden Bande" und „gefeierten Anführer namens Moses Isaac" einen Besuch abzustatten. Zu ihrer Überraschung fanden sie Moses Isaac, volkstümlich „Mausche Nudel" genannt,[33] in Gegenwart seiner Spielkumpane in einem „gemütlichen, wohlbeleuchteten" und beheizten Raume statt des erwarteten Verlieses vor.[34] Der Englisch sprechende Räuberhauptmann beeindruckte die Damen stark[35] und erwies sich als galanter Kavalier. Sie empfingen je einen Haarring als Geschenk aus seiner Hand, revanchierten sich mit einem Geldgeschenk als Gegengabe „und konnten nicht anders, als sein Schicksal zu bedauern".[36]

Doch dürften sich die Damen ihrem Schmerz nicht allzu sehr hingegeben haben, denn schon lockten die weiteren Reisestationen. Sicher waren sie nicht unbeeinflusst von der düsteren Romantik Lord Byrons, den Mrs. Hearne an anderer Stelle zitiert[37] und der mit seinen Schriften das Kultivieren des Weltschmerzes zur europaweiten Mode werden ließ.[38] In Moses Isaac dürften sie Züge des düsteren unglücklichen romantischen Helden entdeckt haben.

Bei beiden Rheinreisenden lässt sich beobachten, wie die in der romantischen Literatur ausgedrückte Entgrenzung und neue Individualität auf eine für breitere Kreise verträgliche Weise heruntergebrochen und auf einer alltäglichen Ebene wirksam wird. Die romantischen Motive einer neuen emotionalen Ich-Erfahrung, von Abenteuer und exzeptionellen Verhaltensformen, scheinen bei beiden Reisegefährtinnen befreiend und emanzipatorisch zu wirken, verbinden sich jedoch mit abgewogenen Urteilen, kritischem Geist und dem Blick für Mehrdeutigkeiten. Dies erinnert an Überlegungen einer Philosophie des Reisens, wie sie bei Michel de Montaigne zu finden ist. In seinem Essay *De la vanité* heißt es, er wisse „keine bessere Schule für das Leben, als der Seele ständig die Vielfalt anderer Lebensweisen, anderer Vorstellungen und Gebräuche vor Augen zu halten".[39]

Nehmen wir nun noch die liebevolle und kreative Ausstattung des Reisejournals durch Mrs. Hearne hinzu, so finden wir in all dem grundsätzliche Ansatzpunkte für die Aufgabe von Museen, in denen wir ja täglich unsere Gäste auf Reisen durch Zeit und Raum schicken. Verständnis für fremde oder auch fremdgewordene Lebensweisen und Werte zu erwecken, ja durchaus auch Faszination dafür, ohne auf eigene Urteile zu verzichten, Bildungserlebnisse anzubieten als Bereicherung des eigenen Ichs, verbunden mit Angeboten individueller und kreativer Aneignung, so etwa könnte die Botschaft für unsere ‚Museumskultur unterwegs' lauten. Freilich sollten wir hierbei eine weitere Sentenz Montaignes nicht unbeachtet lassen: „Beim Reisen erquickt mich schon, dass ich ohne Schaden irgendwo verweilen und den Ort ebenso leicht wieder verlassen kann."[40]

Anmerkungen

* Hier sei meinen beiden wissenschaftlichen Mitarbeiter*innen Patrick Hayes und Nadine Hendriks herzlich für ihre Übersetzungen gedankt.

1 Eberhard Kreutzer: *Die Entstehung des Romans in England*, in: *Propyläen Geschichte der Literatur: Literatur und Gesellschaft der westlichen Welt*, 4. Bd.: *Aufklärung und Romantik* 1700–1830, Berlin 1983, S. 211–236, hier S. 233; Jörg Engelbrecht: *Der Rhein. Geschichte eines Stromes und seiner Wahrnehmung*, in: Ders. u. a. (Hg.): *Rheingold. Menschen und Mentalitäten im Rheinland. Eine Landeskunde*, Köln/Weimar/Wien 2003, S. 51–79, hier S. 73 f.

2 Engelbrecht: *Der Rhein*, 2003, S. 74.

3 Johanna Schopenhauer: *Ausflug an den Niederrhein und nach Belgien im Jahr 1828*, Musaicum Books, OK Publishing 2019, S. 42 f.

4 Elizabeth Dyer, geb. Standerwick, ehelichte 1814 Generalleutnant Sir Thomas Richard Swinnerton Dyer (1770–1838), den siebten Dyer Baronet of Tottenham, und in zweiter Ehe Friedrich von Zandt 1839, der Schloss Seehof, die frühere Sommerresidenz der Bamberger Fürstbischöfe, erwarb. Siehe https://www.myheritage.de/names/elizabeth_von zandt (besucht 02.07.2021).

5 So auf einem Einlagezettel der Handschrift verzeichnet.

6 „... von dem (wir) die größte Zuvorkommenheit und Aufmerksamkeit erhielten", *Journal*, S. 6.

7 „... war regelmäßig auf höchst angenehmen Feiern in seinem Haus und habe mit ihm diniert. Er ist ein äußerst eleganter soldatenhafter Mann", in: *Journal kept during a tour along the banks oft the Rhine coming from Coblentz*, S. 297 (Journal), LVR-Niederrheinmuseum Wesel.

8 *Journal*, S. 7.

9 Roger Bacon: *The Essays*, London 1903, S. 64–66, zitiert nach Ralph-Rainer Wuthenow: *Die erfahrene Welt. Europäische Reiseliteratur im Zeitalter der Aufklärung*, Frankfurt a. M. 1980, S. 86 f. und S. 444 f.

10 *The Works of John Locke. A New Edition*, London 1823, Bd. IX., Par. 212, S. 201–203, zitiert nach Wuthenow: *Die erfahrene Welt*, 1980, S. 89 f. und S. 446.

11 Wolfgang Kaschuba: *Die Fußreise. Von der bürgerlichen Arbeitswanderung zur bürgerlichen Bildungsbewegung*, in: Hermann Bausinger/Klaus Beyrer/Gottfried Korff (Hg.): *Reisekultur. Von der Pilgerfahrt zum modernen Tourismus*, München, 2. Aufl. 1999, S. 165–173, hier S. 171.

12 *Journal*, S. 20 f.

13 *Journal*, S. 19.

14 *Journal*, S. 112.

15 Denis Diderot: *Oeuvres complètes*, Paris 1876, Bd. XVII, S. 365 ff., zitiert nach Wuthenow: *Die erfahrene Welt*, 1980, S. 103.

16 *Journal*, S. 16.

17 Trotz dieser Mischung erweisen sich die Damen als Kennerinnen der örtlichen Weine, mit denen sie neben den romantischen Genüssen ihren Exkursionen eine weitere angenehme Seite abgewinnen konnten.

18 *Journal*, S. 27–30.

19 *Journal*, S. 292–299.

20 *Journal*, S. 301–306.

21 *Journal*, S. 301.

22 Dies und das Zurschaustellen seiner Manieren mache ihn ihrer Anerkennung und Bewunderung würdig, *Journal*, S. 5 f.

23 Durch eine Glocke, die an der aufgebahrten Person angebracht wird. „Löblich", *Journal*, S. 4 f.

24 Ein Silberspieß, der durch das hinten aufgesteckte Haar gezogen wird und als Zeichen der Ehrbarkeit gilt, *Journal*, S. 10.

25 In „erheblicher Größe" in Obeliskenform und mit schwarzem Adler, *Journal*, S. 11.

26 Wie auch Darstellungen von dessen Gegner Blücher, *Journal*, S. 6.

27 *Journal*, S. 10.

28 *Journal*, S. 297. Borstell war indessen nicht bei Waterloo eingesetzt. Die Ungnade des Königs und Blüchers zog er sich mit seiner Weigerung zu, die Fahnen aufständischer sächsischer Regimenter zu verbrennen – ein Befehl, den er als unehrenhaft empfand. Ein Kriegsgericht in Magdeburg verurteilte ihn zu einem halben Jahr Festungshaft, die der König auf zweieinhalb Monate reduzierte, vgl. Kurt von Priesdorff: *Soldatisches Führertum*, Hamburg 1937–1942, Bd. 3, Teil 5, Nr. 1182: Karl Leopold Heinrich Ludwig von Borstell, S. 283 ff.

29 *Journal*, S. 311 f.

30 *Journal*, S. 32.

31 *Journal*, S. 35.

32 *Journal*, S. 36.

33 Vgl. Karl Stuhlmüller: *Vollständige Nachrichten über eine polizeyliche Untersuchung gegen durch ganz Deutschland und dessen Nachbarstaaten verbreitete Banden*, o. O. 1823. Hier heißt es von dem 34-Jährigen, er sei einer der gefährlichsten Räuber, wurde schon oft verhaftet, „entsprang aber allezeit", S. 26 f.

34 *Journal*, S. 36, 46.

35 „Da war etwas sehr Einnehmendes in seiner Ansprache und seinem Aussehen, ungeachtet seiner stechenden, dunklen Augen." *Journal*, S. 47.

36 *Journal*, S. 47.

37 *Journal*, S. 99.

38 Nach Egon Friedell gar der „Erfinder des Weltschmerzes": „So bevölkerte sich Europa mit zahllosen Byronkopien", Egon Friedell: *Kulturgeschichte der Neuzeit. Die Krisis der europäischen Seele von der Schwarzen Pest bis zum Ersten Weltkrieg*, 3. Bd., 23.–27. Aufl., München 1931, S. 73 f.

39 Michel de Montaigne, *Essais*, S. 1090, zitiert nach Wuthenow: *Die erfahrene Welt*, 1980, S. 444.

40 Michel de Montaigne, *Essais*, S. 1108, zitiert nach Wuthenow: *Die erfahrene Welt*, 1980, S. 444.

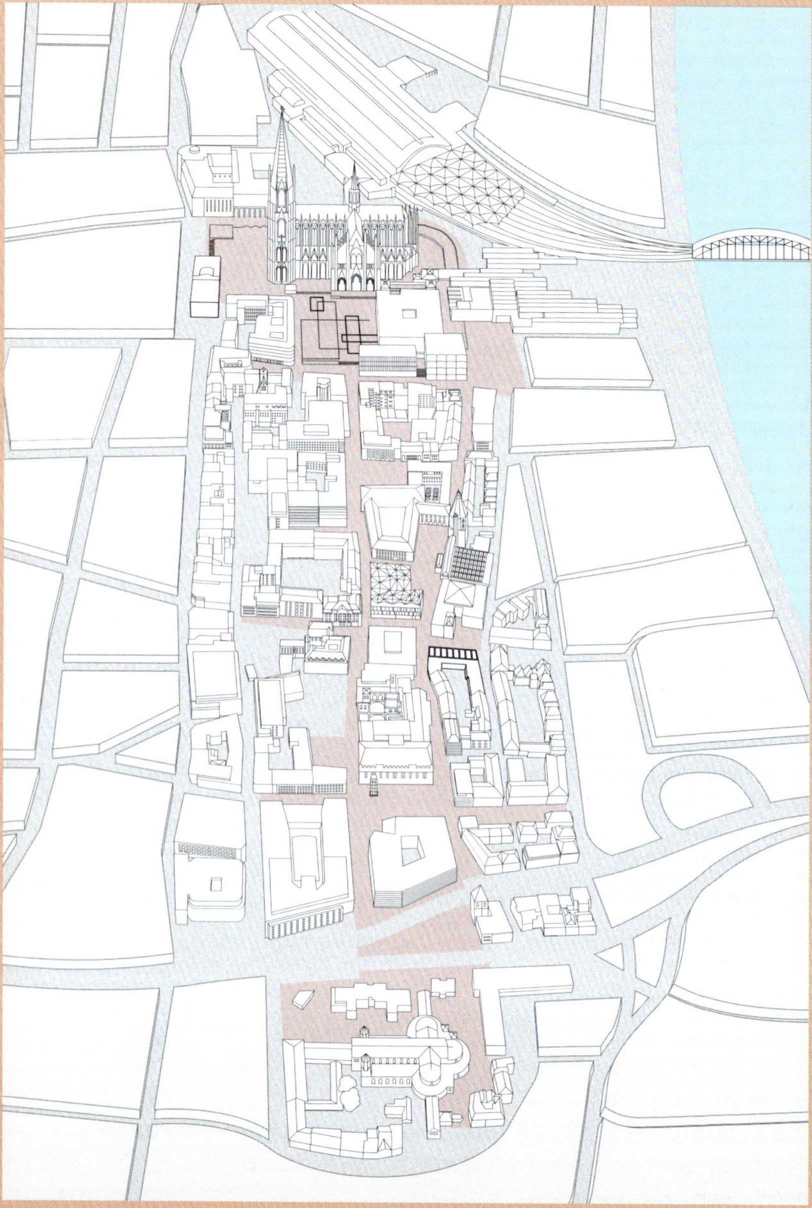

Entlang der Via Culturalis:
auf dem Weg zur Vollendung einer urbanen Kulturachse in Köln

Thomas Otten

Das MiQua als stadtbildprägende Institution
Ein Beitrag zum Erleben archäologischer Denkmäler im Stadtbild

Das künftige MiQua in Köln entsteht an einem Platz, der seit 2000 Jahren eine bedeutende Rolle im Bild der antiken, mittelalterlichen und neuzeitlichen Stadt spielt. Archäologische Denkmäler überliefern diese 2000-jährige Geschichte in einer dichten Stratigrafie, die in Verbindung mit einer reichen historischen Quellenlage steht. Mit dem römischen Praetorium und den mittelalterlichen Bauresten des jüdischen Viertels gruppieren sich einige der bedeutendsten Bodendenkmäler Kölns an diesem Platz.[1] Sie stehen im Zusammenhang mit der Stadtentwicklung der jeweiligen Zeit auch für wichtige Institutionen, etwa des Rathauses, das seit dem 12. Jahrhundert mitten im jüdischen Viertel entstand. Das mittelalterliche Rathaus am Ort des früheren Palastes des römischen Statthalters setzte hier eine Tradition fort.

Im modernen Stadtbild fügen sich diese Institutionen in die unmittelbare und weitere Nachbarschaft ein und formieren sich zur modernen Idee der Via Culturalis.[2] Damit ist eine Kulturachse gemeint, die sich in Nord-Süd-Richtung durch das Kölner Stadtzentrum erstreckt. Sie beginnt im Norden mit der Hohen Domkirche mitsamt Schatzkammer und Bauhütte und den umgebenden historischen Plätzen. Im unmittelbarer Nähe liegen das Museum Ludwig und das Römisch-Germanische Museum sowie die Philharmonie. In diesem Bereich am südlichen Roncalliplatz soll später die Idee der Historischen Mitte Platz finden, mit dem Erweiterungsbau des Römisch-Germanischen Museums und des Erzbistums. Nach Süden schließen sich Wohnquartiere der historischen Altstadt sowie der flankierende Alter Markt an, dann das Rathaus mit Spanischem Bau, Historischem Rathaus mit Rathausturm und Renaissancelaube sowie die am Rathausplatz gelegenen Ausstellungshäuser Wallraf-Richartz-Museum & Fondation Corboud, MiQua, Puppenmuseum und das Farina-Haus mit Duftmuseum. Die nächste, südlich davon gelegene Bauinsel umfasst die Kirchenruine Alt St. Alban mit dem Gürzenich. Ihren Abschluss findet die Via Culturalis schließlich südlich der Augustinerstraße mit dem Kirchturm von Klein St. Martin sowie St. Maria im Kapitol. Im Verbund mit der unterirdischen Erschließung des bedeutenden Bodendenkmals des Ubier-Monumentes markiert sie somit auch exakt den Umfang der römischen Stadt, sie folgt also dem unterirdisch erhaltenen Verlauf der östlichen römischen Stadtbefestigung.

Seit den frühen 2000er Jahren wird im Herzen der Stadt Köln das Museumsprojekt des *MiQua. LVR-Jüdisches Museum im Archäologischen Quartier Köln* vorbereitet, sozusagen das Herzstück der Via Culturalis.[3] Der vollständige Museumsname verrät bereits, dass hier ein Museum entsteht, dessen eindeutige Klassifizierung sich den üblichen Normen entzieht. Hinzu kommt, dass der gewählte Platz, der Rathausplatz in Köln, prädisponiert ist durch die Lage der Denkmäler im Stadtraum – Denkmäler, deren Existenz im Gedächtnis der Stadt über Jahrhunderte verhaftet blieb, und dies zunächst unabhängig von der archäologischen Wiederfreilegung ihrer Fragmente.

1. Das archäologische Erbe der Stadt am Rathausplatz

Unter der Prämisse, dass der Stadtraum als Gesamtorganismus sich ganz wesentlich auch über die Inszenierung der Monumente definiert, kommt einem solchen, komplex erhaltenen stadtarchäologischen Ensemble größte Bedeutung zu. Mit Beginn der ersten großflächigen Ausgrabungen durch Otto Doppelfeld in den 1950er Jahren stellte sich daher unmittelbar die Frage, wie mit diesen Denkmälern umzugehen sei.[4] Mit den mehrphasigen Bauresten des Praetoriums, des Statthalterpalastes der niedergermanischen Provinz, liegt eines der wichtigsten öffentlichen Gebäude der antiken Stadt in dieser Fläche. Die Befunderhaltung der letzten, spätantiken Bauphase war in ihrer

Geschlossenheit und der Mächtigkeit der Fundamente bemerkenswert gut und führte gegen Ende der 1950er Jahre zu einer ersten Entscheidung der Stadt Köln zugunsten der dauerhaften Zugänglichkeit des Bodendenkmals. Fortan war mit dem Praetorium unter dem Spanischen Bau des Rathauses, zugänglich von einem kleinen Nebeneingang in der Budengasse, dauerhaft eine neue Kulturinstitution Kölns verankert.[5]

Während das römische Erbe der Stadt im breiten Bewusstsein der Kölner Bevölkerung stets präsent war und ist, stellten die Denkmäler des mittelalterlichen jüdischen Viertels und des christlichen Goldschmiedeviertels des Mittelalters bei der Freilegung durch Otto Doppelfeld in der Geschlossenheit ihrer Erhaltung eine Überraschung dar. Stadtbildprägend waren sie dagegen stets, denn die Struktur des Viertels ließ sich im heutigen Weichbild der Stadt ebenso ablesen wie an der Bezeichnung der umgebenden Straßenzüge, der Judengasse und der Straße Unter Goldschmied.

Das Praetorium erhielt durch seine Präsentation und Inszenierung geradezu eine ikonenhafte Aufladung, was durch die eindrucksvolle Architektur des Schutzbaus unterstützt wurde. Eine filigran gezeichnete, doppelbögige Spannbetondecke, die auf wenigen mächtigen Pfeilern ruht, gewährt den Betrachtenden weitläufige Perspektiven und Einblicke.[6] Mit einem ganz reduzierten didaktischen Konzept versehen, konnte sich die Wirkmächtigkeit des Denkmals in diesem Ambiente hervorragend behaupten.

In seiner Wirkung diente das Praetorium unter dem Spanischen Bau des Rathauses über 60 Jahre gewissermaßen als Testfall für das moderne Konzept des MiQua: ein musealer Raum, der mithilfe der archäologischen Artefakte den Zugang eines breiten Publikums zur Vergangenheit ermöglicht und diese in das Bewusstsein der Bürgergesellschaft und der Besucher*innen der Stadt rückt. Erhalten blieben von der letzten, spätantiken Bauphase des Statthalterpalastes nur die mächtigen Fundamente. Von diesem Fundamentbestand auf die ursprüngliche Architektur zu schließen, erfordert von den Betrachtenden ein erhebliches dreidimensionales Vorstellungsvermögen. Diesen gedanklichen Sprung können Bilder und Modelle in gewissem Umfang unterstützen. Die Fragmentierung der Denkmäler fordert sowohl die Betrachter*innen als auch die Konstrukteur*innen der Erzählung, die Kulturschaffenden, also in enormem Maße – für einen gewissermaßen kulturtouristischen Geschichtsgebrauch, der mit unterschiedlichen Perspektiven auf die Vergangenheit arbeitet.[7] Aus erkenntnistheoretischer Sicht ist diese Konstruktion der Erzählung das Wiederentdecken einer Kultur, wobei wir uns bewusst sind, dass die Erzählung auf dem gründet, was mehr oder weniger zufällig in den Boden gelangte und sich dort erhalten hat. Insofern spiegelt dies auch nur einen Ausschnitt der ursprünglichen „lebenden Kultur" wider.[8]

2. Der städtebauliche Kontext

Im Jahr 2010 entschloss sich die Stadt Köln, dieses Denkmalensemble zu erweitern und mit den Denkmälern unter dem Rathausplatz zu einem Museumskonzept zu verbinden. Dieses Konzept schloss den Bau eines neuen Museumsgebäudes auf dem Rathausplatz ein. Den Rahmen dafür bot die Regionale 2010, ein Strukturförderprogramm des Landes, das auch großvolumige städtebauliche Projekte im Bereich des kulturellen Erbes ermöglichte.[9] Durch die modernen Grabungen der 2000er Jahre, vornehmlich ab 2007 als Vorbereitung für den Museumsbau, wurde die Qualität der mittelalterlichen und neuzeitlichen Befunde noch stärker ins Bewusstsein gerückt. Komplexe stadtarchäologische Befunde überliefern auf engem Raum die gesamte 2000-jährige Stadtgeschichte, einschließlich der erstaunlichen, ebenso lange währenden Platzkontinuität des Verwaltungssitzes der Stadt.

Der Entscheidung für den Museumsbau lagen im Wesentlichen zwei Motive zugrunde: einerseits der Wunsch nach einem vollständigen Inwertsetzen der Denkmäler, andererseits die Vorstellung einer städtebaulichen Neuordnung dieser zentralen Lage.

Die Beweggründe für das erste Motiv wurden bereits mit der Vorstellung der Via Culturalis skizziert. Die archäologischen Funde und Befunde wirken auch in ihrer Fragmentierung, sie benötigen jedoch einen geeigneten Rahmen, um im Wechselspiel mit den jüngeren umgebenden Bauten und städtischen Institutionen nicht nur als museale Exponate, sondern auch als Teil eines historisch gewachsenen Stadtorganismus verstanden zu werden.

Ohne einen solchen Rahmen und eine entsprechende Vermittlung würden sich die Denkmäler nur Eingeweihten erschließen, sie wären über ihre ästhetische und haptische Erscheinung hinaus kaum dechiffrierbar. Die Präsentation fragmentierter archäologischer Denkmäler im städtischen Kontext und öffentlichen Raum ist nicht durchweg eine Erfolgsgeschichte, wie viele Beispiele zeigen – denn fehlt der nötige Rahmen, bleiben sie Fremdkörper und werden kaum mehr wahrgenommen.[10] Sie sind im schlechtesten Fall der Verwahrlosung ausgesetzt, welche sie letztlich auch ihrer ästhetischen Wirkung beraubt. Die gesellschaftliche Rezeption derartig allein gelassener Denkmäler, ihre historische Einordnung, ihre Funktion im Stadtbild bleibt zufällig und subjektiv.[11]

Im Falle des MiQua hat sich die Stadt entschieden, den Weg über ein gesamthaftes museales Konzept zu gehen und als Vorgabe für die Architektur des Museumsgebäudes dessen Funktion für Schutz und Erhaltung, Präsentation und Vermittlung der Denkmäler an die erste Stelle zu setzen.

Die neu entstehende Museumsarchitektur berührt natürlich auch städtebauliche Aspekte, insbesondere in einem Bereich, der überwiegend von öffentlichen Bauten, Museen, Sakralbauten und weiteren Institutionen mit langer Tradition geprägt wird. Es bestanden und bestehen insofern unterschiedliche Erwartungshaltungen an diesen Raum, auch kommunale Befindlichkeiten (etwa ausgelöst durch anhaltende Schwierigkeiten bei anderen Großbauprojekten), die teilweise kontroverse Diskussionen um das Projekt in der Stadtgesellschaft zeitigten und die unterschiedlichen Positionen zum Umgang mit dem Stadtraum zum Ausdruck brachten.[12]

Die Vorstellung, dass der bereits gesetzte Rahmen an Kulturinstitutionen die Erwartungshaltung wirkungsvoll hätte konditionieren können, erwies sich als zu positivistisch. Eine gewisse Ordnung in den Fächer der Möglichkeiten zur Stadtgestaltung und Einbindung des Museums brachte erst das gleichzeitig mit dem Museumsprojekt sich entwickelnde, eingangs skizzierte städtebauliche Konzept der Via Culturalis. In diesen Rahmen fügt sich das Museum mit seiner eigenständigen Architektursprache und angemessenen Kubatur ein. Mit den nachbarschaftlichen Bauten, dem Spanischen Bau des Rathauses im Norden, dem Historischen Rathaus im Osten, Wallraf-Richartz-Museum im Süden und dem Gebäuderiegel an Farina im Westen entwickelt MiQua den öffentlichen Raum des Rathausplatzes hin zu einer maßstäblichen Gliederung der Flächen. Die Straße Unter Goldschmied bleibt auch künftig Verkehrsachse – das Museum nimmt in seiner westlichen Abgrenzung zum Straßenraum die Gebäudelinie der Vorgängerbebauung auf. Der zukünftig verkehrsberuhigte Bereich im Süden an der Straße Obenmarspforten erhält durch die zurückgenommene Museumsfassade eine großzügige Bewegungs- und Begegnungsfläche zwischen MiQua und Wallraf-Richartz-Museum & Fondation Corboud. In diesem Bereich verläuft eine stark genutzte Fußgängerverbindung zwischen dem Altstadtbereich in Richtung Rhein und den belebten Einkaufsstraßen der Hohe Straße und Schildergasse.

Eine weitere platzähnliche Rahmung erhält die Renaissancelaube des Rathauses, wobei die Besonderheit darin liegt, dass der Museumsbau hier die historischen Baulinien des mittelalterlichen bis frühneuzeitlichen Viertels wiederaufnimmt. Man kann darin eine städtebauliche Reparatur des durch Kriegsschäden und anschließenden Abriss der Bausubstanz hervorgerufenen gestörten Stadtgrundrisses sehen.[13] Bezüglich der Funktion des Rathausplatzes lässt sich festhalten, dass dieser durch den Museumsbau die Qualitäten erhält, die ihm zuvor fehlten: eine Adresse, eine angemessene Maßstäblichkeit und Aufenthaltsqualität. Die Inwertsetzung der archäologischen Denkmäler durch die museale Präsentation wird hier durch die Qualität des Stadtraums gesteigert, dessen Nutzung und Ausgestaltung wird begünstigt. Die Vitalität des umgebenden urbanen Stadtorganismus, ein reges städtisches Leben und daraus resultierend entsprechende ökonomische Möglichkeiten sind also Grundbedingungen für die Umsetzbarkeit dieses Museumsprojektes.

Zwei weitere Eigenschaften des Architekturentwurfes gewährleisten sowohl die Kommunikation des neuen Baus mit der Umgebung als auch die Funktionalität. Das ist zum einen die Fassadenhaut des Museums, die in offenporigem Naturstein und Verblendungen aus Spolien die steinernen Denkmäler vergangener Zeit zitiert, mit der Fassadengestaltung der Nachbarbebauung korrespondiert und gleichzeitig gezielte Einblicke von außen auf die archäologischen Denkmäler ermöglicht. Zum anderen bietet der hallenartige Museumsbau – unter Verzicht auf eine Erdgeschoßfläche – vielfältige visuelle Blickbezüge zwischen der archäologischen Ebene im Untergeschoss und den Ausstellungsflächen im Obergeschoss.

Mit der konkreten und langfristig angelegten städtebaulichen Perspektive der Via Culturalis und dem fortschreitenden Museumsbau des MiQua hat sich auch eine mehr und mehr positive Grundhaltung der Gesellschaft zur Einrichtung dieser neuen musealen Einrichtung Kölns eingestellt.

3. Die museale Inszenierung

Durch die *in situ*-Erhaltung der Denkmäler ist das Konzept der Präsentation bereits vorgegeben. Der Rundgang erschließt den gesamten unterirdischen Bereich und wird über Besucherstege geführt, die in einem langen Arbeitsprozess in die archäologischen Befunde eingepasst wurden. Die wichtige Orientierung in der archäologischen Ebene und die Verortung im Stadtgrundriss erfolgt während des Rundganges über Modelle und Pläne. Schließlich ist die oberste Maxime der musealen Konzeption die möglichst umfassende Erhaltung der Bodendenkmäler. Jegliche Erklärungen, alle didaktischen Inhalte und Medien passen sich diesem Rundgang an. Dies gilt auch für die Präsentation der Objekte, also der Grabungsfunde, die mit diesem Konzept ohne Ausnahme an ihrem unmittelbaren Fundort und damit kontextualisiert gezeigt werden können. Die Authentizität des Ortes und die Wahrnehmung der Denkmäler bleibt dadurch stets gewahrt, ihre Wirkung ungeschmälert. Bedeutend für die Präsentation der originalen archäologischen Baustrukturen und ihr Erleben durch die Besucher*innen ist das Zurücknehmen der modernen Museumsarchitektur, die als dienender Rahmen für die Archäologie wahrgenommen wird, nicht jedoch als konkurrierendes, bautechnisches oder artifizielles Umfeld.

Mit diesem Projekt erhalten die bereits existierenden archäologischen Zonen in Köln, die Domgrabung, die freiliegenden Kirchenfundamente an Kolumba, das Ubiermonument und die römische Grabkammer in Köln-Weiden, einen bedeutenden Zuwachs, um das archäologische Erbe der Stadt wirkungsvoll und in angemessenem Kontext zu schützen, zu erhalten und zu präsentieren.

Anmerkungen

1 Die grundlegende historische und archäologische Literatur zu den unterschiedlichen Stadtphasen ist mit übergreifenden Arbeiten gut erschlossen. Exemplarisch für die römische Zeit Werner Eck: *Köln in römischer Zeit. Geschichte der Stadt Köln*, Bd. 1, Köln 2004; ders.: *Spurensuche – Juden im römischen Köln* (Beiträge zur rheinisch-jüdischen Geschichte 1), Köln 2011; Felix F. Schäfer: *Praetoria. Paläste zum Wohnen und Verwalten in Köln und anderen römischen Provinzhauptstädten*, Mainz 2014; Thomas Fischer/Marcus Trier: *Das römische Köln*, Köln 2014. Eine baugeschichtliche Untersuchung für die Zeit des Mittelalters bieten Matthias Schmandt: *Judei, cives et incole: Studien zur jüdischen Geschichte Kölns im Mittelalter*, Hannover 2002; Zvi Asaria (Hg.): *Die Juden in Köln von den ältesten Zeiten bis zur Gegenwart*, Köln 1959. Zur Grabungsgeschichte und den Ergebnissen der modernen Grabungen Katja Ullmann: *Südöstlicher Praetoriumsbezirk und jüdisches Gemeindezentrum in Köln. Römische, mittelalterliche und neuzeitliche Baubefunde*, in: *Kölner Jahrbuch* 36, 2003, S. 309–406; Sven Schütte/Marianne Gechter (Hg.): *Von der Ausgrabung zum Museum – Kölner Archäologie zwischen Rathaus und Praetorium. Ergebnisse und Materialien 2006–2012*, Köln 2012.

2 Via Culturalis ist ein erstmals von Oswald Mathias Ungers geprägter Kunstbegriff für einen Stadtraum, der die Zeitschichten und Zeitebenen aus zwei Jahrtausenden Stadt- und Kulturgeschichte im öffentlichen Raum sicht- und erlebbar machen möchte: *Via Culturalis Cologne: Stadt, Kultur, Geschichte. Ein Handbuch für den öffentlichen Raum*, Köln 2019.

3 Thomas Otten/Christiane Twiehaus: *Eine Begegnung mit zwei Jahrtausenden. Das Konzept für MiQua. LVR-Jüdisches Museum im Archäologischen Quartier Köln* (Beiträge zur rheinisch-jüdischen Geschichte 6), Köln 2016.

4 Otto Doppelfeld, in: Asaria, *Die Juden in Köln*, 1959, S. 71–145.

5 Die Ausgrabungen waren Anlass für eines der erfolgreichsten populären Bücher über die Archäologie in Deutschland: Rudolf Pörtner: *Mit dem Fahrstuhl in die Römerzeit. Städte und Stätten deutscher Frühgeschichte*, Hamburg 1959.

6 In den Jahren 1954–1956 errichteten Oberbaurat Theodor Teichen und Stadtbaudirektor Franz Löwenstein den Spanischen Bau. Peter Fuchs: *Das Rathaus zu Köln. Geschichte, Gebäude, Gestalten*, Köln 1994, S. 151.

7 Valentin Groebner: *Touristischer Geschichtsgebrauch. Über einige Merkmale neuer Vergangenheiten im 20. und 21. Jahrhundert*, in: *Historische Zeitschrift* 296, Nr. 2, 2013, S. 408–428.

8 Hans Jürgen Eggers: *Einführung in die Vorgeschichte*, München 1959, S. 255–270.

9 Jens Grisar (Hg.): *Dokumentation der Regionale 2010 in der Region Köln/Bonn*, Bönen 2012.

10 Vgl. Martin Müller/Thomas Otten/Ulrike Wulf-Rheidt (Hg.): *Schutzbauten und Rekonstruktionen in der Archäologie. Von der Ausgrabung zur Präsentation* (Xantener Berichte 19), Mainz 2011 mit zahlreichen Beispielen aus nationaler und internationaler Perspektive.

11 Der Thematik widmete sich in den Jahren zwischen 2014 und 2018 eine Reihe von öffentlichen Kolloquien, die vom ‚Arbeitskreis Bodendenkmäler im Rheinland – Archäologisches Gedächtnis der Städte' mit Unterstützung der Fritz Thyssen Stiftung in Köln veranstaltet wurde. Die Kolloquien folgten im Wesentlichen zwei Leitlinien, zum einen aktuellen Themen, die der praktischen Denkmalerhaltung gewidmet sind, zum anderen die Diskussion systematisch orientierter Fragestellungen: Henner von Hesberg/Jürgen Kunow/Thomas Otten (Hg.): *Die Konstruktion von Gedächtnis. Zu einer Standortbestimmung von Archäologie in der Stadt* (Schriftenreihe des Arbeitskreises Bodendenkmäler der Fritz Thyssen Stiftung 1), Worms 2016; dies.: *Denkmal – Erinnerung – Wertstiftung. Aspekte der Validierung im europäischen Vergleich* (Schriftenreihe des Arbeitskreises Bodendenkmäler der Fritz Thyssen Stiftung 2), Worms 2017; dies.: *Mit der U-Bahn in die Vergangenheit. Erinnerungsorte im Massenverkehr* (Schriftenreihe des Arbeitskreises Bodendenkmäler der Fritz Thyssen Stiftung 3), Worms 2019; dies.: *Römerstädte am Rhein. Strategien archäologischer Erzählung* (Schriftenreihe des Arbeitskreises Bodendenkmäler der Fritz Thyssen Stiftung 4), Regensburg 2021; dies.: *Die Bildmacht des Denkmals. Ikonisierung und Erleben im Stadtbild* (Schriftreihe des Arbeitskreises Bodendenkmäler der Fritz Thyssen Stiftung 5) Regensburg 2021.

12 Verschiedene im Verlauf des Architektenwettbewerbes und in der Zeit danach aufkommende Initiativen gegen das Museumsprojekt führten auch städtebauliche Argumente an, etwa den Verlust eines der wenigen Kölner Plätze, eine als zu großformatig empfundene Kubatur des Museumsgebäudes, die Abschattung der Rathauslaube und eine damit verbundene eingeschränkte Nutzbarkeit des Vorplatzes für Hochzeiten und einiges mehr.

13 Die kriegsbedingt stark zerstörte Bausubstanz vor dem Rathaus nicht wiederaufzubauen, sondern niederzulegen und als offene Platzfläche zu gestalten, war eine bewusste städtebauliche Entscheidung der 1950er Jahre.

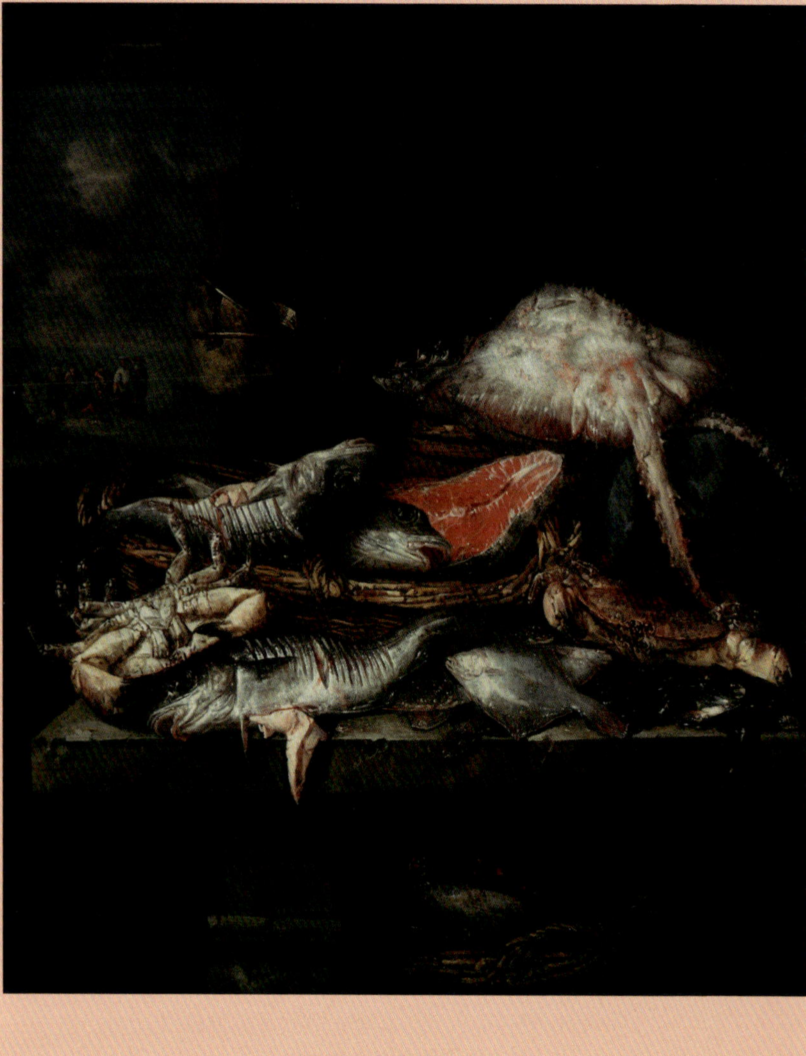

Frische Ware lädt ein zum tiefen Blick:
Abraham van Beyeren, Fischstillleben, Öl auf Leinwand, 122 × 104,5 cm, um 1660, LVR-LandesMuseum Bonn

Thorsten Valk, Alexandra Käss, Jan-David Mentzel

Slow Exhibition
Plädoyer für ein neues Ausstellungsformat

1. Ausgangssituation und leitende Fragestellung

Im internationalen Ausstellungsbetrieb gelten seit Jahren die Gesetze des Wachstums und der Beschleunigung. Insbesondere Kunstausstellungen werden immer größer, folgen einander in immer kürzeren Intervallen und buhlen mit immer höheren Werbeetats um die Aufmerksamkeit des Publikums. Ihre entschiedenste Ausprägung hat der Trend zum musealen Großereignis in der sogenannten Blockbuster-Ausstellung gefunden, die mit international bekannten Künstlern aufwartet, als spektakuläres Event inszeniert wird und auf massenmediale Resonanz abzielt. Nicht selten erweisen sich Blockbuster-Ausstellungen als eindrucksvolle Publikumsmagneten, die ihren enormen Kostenaufwand über hohe Besucher*innenzahlen und stattliche Ticketerlöse legitimieren.[1] Kritische Feuilleton-Beiträge, die den Sinn solcher Ausstellungen infrage stellen, haben deren Prestige kaum schmälern können, zumal sich die ökonomische Erfolgsbilanz bislang stets fortschreiben ließ. Ob Blockbuster-Ausstellungen auch nach dem Ende der Corona-Pandemie wieder jene Bedeutung gewinnen, die ihnen während der vergangenen zwanzig Jahre zugesprochen wurde, bleibt abzuwarten.

Bereits ein flüchtiger Blick auf die musealen Großereignisse der jüngeren Vergangenheit offenbart, dass Blockbuster-Ausstellungen häufig auf konventionellen kuratorischen Konzepten beruhen und mit inhaltlichen Beschränkungen auf einen Kanon zumeist männlicher Künstler einhergehen. Die Diversität des kulturellen Erbes und die Lust am Experiment bleiben dabei zwangsläufig auf der Strecke, was mit dem Verweis auf immer neue Besucherrekorde einerseits sowie die Abhängigkeit des Museumsbetriebs von Eintrittsgeldern andererseits billigend in Kauf genommen wird.[2] Den Zwängen einer strikten Aufmerksamkeitsökonomie folgend, scheinen viele Kunstmuseen in einem Kreislauf gefangen, der nur noch die Kategorien ‚größer' und ‚schneller' kennt und dabei ignoriert, dass angesichts dieser Entwicklung mehr als nur die thematische Bandbreite auf dem Spiel steht. Im Ringen um Aufmerksamkeit geraten vor allem kleinere Häuser schnell an die Grenzen ihrer Kapazitäten und werden zu einem kräftezehrenden Kampf gegen die mediale Unsichtbarkeit gezwungen.

Was man zumeist übersieht: Die ersten Opfer des Blockbuster-Formats sind die Kunstwerke selbst sowie deren Rezipient*innen. Während die Kunstobjekte als Leihgaben immer häufiger reisen müssen und dadurch einem nicht unerheblichen ‚Stress' ausgesetzt sind, ist es den Museumsgästen angesichts aufwendig inszenierter Objektpanoramen und vielfach überfüllter Galerieräume oftmals kaum noch möglich, sich auf ein einzelnes Kunstwerk zu konzentrieren und ungestört dessen ästhetischer Vielbezüglichkeit nachzuspüren. Die eingehende und differenzierte Betrachtung einzelner Objekte ist ohnehin nicht das Anliegen von Blockbuster-Ausstellungen, die aufgrund ihres enormen Mobilisierungspotenzials vielmehr als gesellschaftliche Events wahrgenommen werden wollen. Dass Menschen ins Kunstmuseum streben, weil es dort etwas zu ‚erleben' gibt, ist keineswegs kritikwürdig. Im Gegenteil: Gerade die spezifischen Erlebnisqualitäten einer großen Ausstellung können sich als Katalysator eines zunehmend differenzierten Kunstverstehens erweisen, sofern die Prioritäten nicht vollends verrutschen und eine Ausstellung nur noch den äußeren Anlass bildet, aber nicht mehr das Ziel eines Museumsbesuches. Gerade vor diesem Hintergrund müssen sich die Macher*innen von Blockbuster-Präsentationen weiterhin fragen lassen, inwiefern sie jenseits aller Konzessionen an populäre Event-Formate die ästhetische Sensibilität sowie das historische Urteilsvermögen ihres Publikums zu schulen beabsichtigen.

Es wäre einseitig und daher unangemessen, die aktuelle Situation der Kunstmuseen auf die eingangs skizzierten Trends zu verkürzen. Vielmehr gilt es, auch all jene Entwicklungen zu würdigen, in deren Folge sich alternative, von neuen kuratorischen Konzepten und ethischen Standards geprägte sowie dem Appell zur Nachhaltigkeit verpflichtete Ausstellungsformate etablieren. Aufschlussreich sind in diesem Zusammenhang etwa die Bemühungen des International Council of Museums um eine neue Definition des Museums.[3] Ähnliche Impulse lassen sich in der aktuellen Museologie ausmachen, wobei die Konzepte für ein Museum der Zukunft mal theoretisch-reflexiv, mal pragmatisch-appellativ ausfallen.[4] Mögen sich die Diskussionen in den Gremien des ICOM bisweilen auch im Kreis drehen und die Vorschläge aus der Museologie mitunter wie utopische Gedankenspiele jenseits aller praktischen Umsetzbarkeit anmuten: Die vielstimmigen Debatten über zukunftsfähige Museumskonzepte und Ausstellungsformate zeugen von einer allgemeinen Aufbruchsstimmung – und sie spiegeln dabei, was in verschiedensten Museen, ob groß oder klein, heute modellhaft erprobt und kritisch reflektiert wird.

Ein solcher Ort der kritischen Selbstbefragung und kuratorischen Neuorientierung ist auch das LVR-LandesMuseum Bonn, wo aktuell eine neue Dauerausstellung konzipiert wird, die den sozialen und kulturellen Transformationen des Museums Rechnung tragen soll. Da die Planung und Realisierung einer Dauerausstellung zu den größten Herausforderungen musealer Arbeit gehört und immer auch das institutionelle Selbstverständnis eines sammlungsführenden Hauses berührt, wird der mehrjährige Prozess am Bonner Landesmuseum von innovativen Forschungsprojekten und experimentellen Sonderausstellungen flankiert, die insbesondere neue Präsentations- und Vermittlungskonzepte entwickeln. Bei einem dieser Projekte handelt es sich um ein modular aufgebautes Forschungs- und Ausstellungsvorhaben, das in dezidierter Abgrenzung vom Blockbuster-Format der Devise ‚weniger ist mehr' folgt. Das Projekt beruht auf der Prämisse, dass gerade die Beschränkung einer Ausstellung auf wenige Kunstwerke die Voraussetzung für eine entschleunigte Rezeption schafft. Aus dieser Reduktion und Konzentration wiederum erwächst die Möglichkeit, das ganzheitliche ‚Verstehen' eines Kunstwerks auf der Grundlage seiner multiperspektivischen Lektüre ins Zentrum zu rücken und mittels neuer kuratorischer Konzepte jenes ästhetisch-epistemische Potenzial von Kunstwerken zu erschließen, das

Blockbuster-Ausstellungen zumeist ignorieren. Was während der vergangenen Jahre für die Trendumkehr vom Fast Food zum Slow Food und von der Fast Fashion zur Slow Fashion ausschlaggebend war, sollte auch im musealen Raum Geltung gewinnen. Mit anderen Worten: Wer am Ende eines zweistündigen Ausstellungsbesuches nicht hundert, sondern lediglich zwanzig Gemälde betrachtet hat, diese aber aus unterschiedlichsten Perspektiven in ihrer überreichen Vielbezüglichkeit erfassen konnte, ist der Kunst vermutlich nähergekommen als in einer Blockbuster-Ausstellung. Auch Museumsbesuche lassen sich am Grad ihrer individuellen Nachhaltigkeit messen.

Der Idee einer Slow Exhibition folgend, hat das LVR-LandesMuseum Bonn ein Modellprojekt aufgesetzt, das sich auf ein überschaubares Ensemble niederländischer Stillleben aus dem 17. Jahrhundert konzentriert und damit einen Sammlungsbestand fokussiert, der über mehrere Jahrzehnte hinweg vernachlässigt wurde. Von zentraler Bedeutung für dieses Forschungs- und Ausstellungsprojekt ist die wechselseitige Verflechtung dreier Arbeitsstränge, deren gemeinsames Ziel darin besteht, die ausgewählten Kunstwerke aus verschiedensten Perspektiven zu beleuchten und dem Publikum möglichst ganzheitliche Zugänge zu eröffnen. In einem ersten Arbeitsstrang rekonstruiert das Projekt die teils komplexen Objektgeschichten der Gemälde, indem es deren wechselnde Eigentümer*innen und Präsentationskontexte ermittelt sowie jene materialen Veränderungen transparent macht, die sich im Laufe der Zeit ergeben haben. Zweitens erschließt das Projekt mittels eines Close-Reading-Verfahrens die in den Stillleben komponierten Bildwelten: Ikonografische Aspekte werden ebenso analysiert wie formalästhetische Besonderheiten, um eine möglichst tiefenscharfe Lektüre der jeweiligen Gemälde zu ermöglichen. Drittens werden die Bilder aus dem spezifischen Blickwinkel einer Kunstgeschichte betrachtet, die von sozialhistorischen und alltagsgeschichtlichen Fragestellungen ausgeht, um die Entstehungskontexte der Gemälde adäquat nachvollziehen und ihre außerästhetischen Referenzen detailliert vergegenwärtigen zu können. Auch wenn diese drei Arbeitsstränge im Folgenden jeweils für sich betrachtet werden, sind sie im Bonner Forschungs- und Ausstellungsprojekt untrennbar miteinander verwoben, denn gerade die reziproke Verknüpfung dieser Arbeitsfelder schafft die Voraussetzungen für neue, ganzheitlich orientierte Zugänge im Sinne einer Slow Exhibition.[5]

2. Niederländische Stillleben in Bonn – Modell für eine entschleunigte und ganzheitliche Kunstrezeption

Das LVR-LandesMuseum Bonn beherbergt einen umfangreichen Bestand niederländischer und flämischer Gemälde, die überwiegend aus dem 17. Jahrhundert stammen und einen Schwerpunkt der Kunstsammlung bilden. Neben einigen prominenten Einzelstücken sind es vor allem qualitativ hochwertige Werke von weniger bekannten Künstlern, die einen repräsentativen Querschnitt durch die regional aufgefächerte Kunstproduktion der nördlichen und südlichen Niederlande im Kontext der Frühen Neuzeit bieten. Prägend für diese Epoche waren zahlreiche sehr gut ausgebildete Maler*innen, die sich auf bestimmte Sujets spezialisierten und auf ihrem jeweiligen Arbeitsgebiet eine bemerkenswerte Meisterschaft entwickelten. Dieses Spezifikum der niederländischen Kunstszene lässt sich in der reichen Gemäldesammlung des Bonner Landesmuseums exemplarisch nachvollziehen. Hier bietet sich also die Möglichkeit, die niederländische Kunsttopografie des 17. Jahrhunderts in ihren regionalen Ausprägungen und Differenzierungen zu erfassen, die entstehungsgeschichtliche Zusammengehörigkeit der überlieferten Werke zu reflektieren sowie ihre diskursive Verwobenheit in den Blick zu nehmen.

Das Potenzial der Bonner Niederländer-Sammlung harrt bislang seiner Hebung. Abgesehen von einigen gut erforschten Gemälden wurde der Bestand bis heute weder wissenschaftlich untersucht noch hinsichtlich seiner sozialhistorischen und kulturgeschichtlichen Kontexte detailliert erschlossen. Nur wenige Bilder der Niederländer-Sammlung waren während der vergangenen Jahrzehnte in den Ausstellungsräumen des Landesmuseums zu sehen. Mit der Neugestaltung der Dauerausstellung während der kommenden Jahre soll nun jedoch die Chance ergriffen werden, den einzigartigen Bestand niederländischer Gemälde wieder sichtbar zu machen und mittels innovativer kuratorischer Konzepte der Öffentlichkeit in all seinen Facetten nahezubringen. Diesem Ziel dient unter anderem auch das hier skizzierte Forschungs- und Ausstellungsprojekt. Dem Gedanken einer Slow Exhibition folgend, verbindet es anhand exemplarisch ausgewählter Stücke provenienzgeschichtliche Fragestellungen mit materialtechnologischen beziehungsweise restaurierungswissenschaftlichen sowie kunsthistorischen Analysen und zielt auf eine museale Präsentation, in deren Rahmen die Objektbiografien der Gemälde erschlossen, ihre materiale Historizität vergegenwärtigt, ihre detaillierten Bildwelten beleuchtet und ihre sozial- wie alltagsgeschichtlichen Referenzen ganzheitlich reflektiert werden.

Der erste Arbeitsstrang des Vorhabens geht von der Prämisse aus, dass man Kunstwerke nicht nur als ästhetische Bedeutungsträger oder als Zeugen einer konkreten Vergangenheit begreifen darf, sondern immer auch als Reisende durch die Zeit mit eigenem Itinerar wahrnehmen muss. Gemalte Bilder haben ihre individuellen Geschichten, die es zu erzählen gilt. Wer versteht, wie Kunstwerke gesammelt, gehandelt und genutzt wurden, begreift auch unseren heutigen Umgang mit ihnen besser. Um die Objektbiografien der Bonner Niederländer-Gemälde zu rekonstruieren, bedarf es sowohl der Provenienzforschung als auch materialtechnologischer beziehungsweise restaurierungswissenschaftlicher Analysen. Die Provenienzforschung gibt nicht nur Auskunft über das Zustandekommen der Bonner Sammlung und die Geschichte der verschiedenen Kunstwerke, sondern hilft auch, unrechtmäßige Besitzverhältnisse aufzuklären. Das ist gerade in Bonn von zentraler Bedeutung, da die hiesige Niederländer-Sammlung zu großen Teilen in der Zeit zwischen 1935 und 1944 zusammengetragen wurde.[6] Dementsprechend stehen heute mehrere Bilder im Verdacht, unrechtmäßig erworben worden zu sein. Es gilt, ihre Erwerbungsgeschichten zu erforschen, konkrete Eigentumsverhältnisse offenzulegen und im Fall eines NS-verfolgungsbedingten Entzugs faire Restitutionen anzustreben.[7] Doch auch jenseits dieser moralischen Verpflichtung verspricht die Untersuchung der Objektgeschichten ein besseres Verständnis der Gemälde sowie der gesamten Bonner

Sammlung. Erklärungsbedürftig ist beispielsweise, warum gerade Niederländer-Gemälde so zahlreich in die Sammlung eingegangen sind, obwohl sich das Bonner Landesmuseum seit jeher auf die Kulturgeschichte des Rheinlands konzentriert hat. Auflösen lässt sich dieser vermeintliche Widerspruch durch die Erkenntnis, dass während der NS-Zeit niederländische Gemälde vor allem deshalb erworben wurden, weil man sie als der deutschen Malerei ‚artverwandt' betrachtete. Angesichts der konkreten Umstände und weltanschaulichen Motive ihrer Erwerbung haben die Niederländer-Gemälde im Bonner Landesmuseum ihre ‚Unschuld' verloren. Eine künftige Präsentation dieser Gemälde darf die Zusammenhänge ihres Erwerbs nicht verschleiern, sondern muss sie vielmehr auch dem Publikum gegenüber transparent halten.

Eng verknüpft mit der Aufgabe der Provenienzforschung ist die materialtechnologische Analyse sowie die Restaurierung der Niederländer-Gemälde. Das ist sowohl für die museale Präsentation wünschenswert als auch kunsthistorisch relevant, erweist sich doch die Lesbarkeit der malerischen Faktur und erzählerischer Details oft als entscheidend für Zuschreibung und Deutung eines Bildes. Spuren älterer Restaurierungen liefern nicht zuletzt der Provenienzforschung wichtige sammlungshistorische Hinweise. Der Blick unter die Oberfläche der Niederländer-Gemälde, auf ihre Rückseiten und ihre Rahmen, macht die Geschichte der Kunstwerke sichtbar und gibt Aufschluss über ihre materialen Veränderungen. Nicht selten werden Ergänzungen oder Übermalungen sichtbar, die eine ursprüngliche Bildaussage verändert haben und damit über Geschmack und Benutzung in späteren Zeiten berichten.

Während der provenienzgeschichtliche und kunsttechnologische Arbeitsstrang des Bonner Modellprojekts auf die Rekonstruktion der Objektgeschichten abzielt, ist ein zweiter Arbeitsstrang dem Close Reading gewidmet, mithin der detaillierten Analyse all dessen, was auf den Niederländer-Gemälden konkret zu sehen ist. Die geduldige und konzentrierte Betrachtung fokussiert darauf, was die Bilder der Sammlung zu erzählen haben und wie sie dies tun. Im Rahmen des Modellprojekts ist das Close Reading freilich nicht nur ein wichtiger Arbeitsstrang im Rahmen der wissenschaftlichen

Auseinandersetzung, sondern auch ein programmatischer Anspruch der sich anschließenden Ausstellung: Die Besucher*innen der Ausstellung sollen, metaphorisch gesprochen, dazu eingeladen werden, so nah wie eben möglich an die ausgestellten Bilder heranzutreten, sich auf die vielfältigen Details der Kompositionen einzulassen und die motivische Tiefenstruktur der Bildräume auszuloten. Durch das dezidierte Bekenntnis zu einem Close-Reading-Verfahren soll die Möglichkeit eröffnet werden, marginalisierte Bildgeschichten erneut ins Bewusstsein zu rufen und tradierte Sichtweisen zu erweitern, gegebenenfalls sogar zu revidieren. So banal die Feststellung letztlich auch erscheinen mag, dass das geduldige und konzentrierte Betrachten von Kunstwerken grundlegend für ihr Verständnis ist, so liegt doch gerade hier der Schlüssel für die Konzeption zeitgemäßer Ausstellungen. Erst wer den spezifischen Zeichenkosmos und die charakteristischen Formgesetze eines Gemäldes zu erschließen vermag, kann es sich zu eigen machen und mit der eigenen Erfahrungswelt kommunizieren lassen.

Im Bonner Forschungs- und Ausstellungsprojekt korrespondieren die durch das Close-Reading-Verfahren erzielten Einsichten konsequent mit jenen Erkenntnissen, die eine von sozialhistorischen Fragestellungen ausgehende Kunstgeschichte formuliert. Bilder werden somit immer auch als Fenster in eine historische Lebenswelt begriffen, deren soziale Prägungen für das heutige Publikum von großem Interesse sind und mit aktuellen gesellschaftlichen Fragen kurzgeschlossen werden können. Diese Wendung zu einem offeneren Verständnis von Kunstgeschichte ebnet einer neuen Würdigung der Objekte den Weg: Aufgelöst wird vor allem die Dichotomie zwischen einer kleinen Gruppe exklusiver Werke von Meisterhand, denen die uneingeschränkte Bewunderung des Publikums zu gelten hat, und der großen Menge vermeintlich zweitklassiger Arbeiten, die eher als Kunsthandwerk denn als Kunst wahrgenommen werden. Gleichzeitig öffnet sich der Blick mit dem weiteren Horizont von Sozial- und Alltagsgeschichte auf ein breites Spektrum interessanter Objekte, die ihre eigenen Geschichten zu erzählen haben. Das ohnehin problematische Kriterium der Meisterschaft entfällt als ‚Gatekeeper', ohne dass sich der Kunstbegriff dadurch in Beliebigkeit auflöst.

Das Modellprojekt zur Bonner Niederländer-Sammlung gewährt anhand ausgewählter Stillleben vielfältige Einblicke in die Alltags- und Sozialgeschichte des 17. Jahrhunderts. Es vergegenwärtigt historische Lebenswelten, die auch heute noch interessant sind. Um die Gemälde gleichsam zum Sprechen zu bringen, zielt das Vorhaben auf eine möglichst breite und ganzheitliche Annäherung: Das Publikum soll mit den Objektbiografien vertraut gemacht werden, den Detailreichtum der Stillleben erfassen und nicht zuletzt die sozialgeschichtlichen Hintergründe der Kunstproduktion in den Niederlanden während der Frühen Neuzeit kennenlernen. Das Stillleben des 17. Jahrhunderts wird in der Ausstellung immer auch als Zeuge seiner Entstehungszeit angerufen, und was es zeigt, wird zum Indiz für die damaligen gesellschaftlichen Bedingungen. Das Alltagsleben ist in den Dingen anwesend, denn alles, was die Stillleben zeigen, musste erst hergestellt, erwirtschaftet, importiert werden.[8] So verweisen die Gemälde darauf, wie stark bereits die Gesellschaft des 17. Jahrhunderts von vermeintlich modernen Phänomenen wie Globalisierung, Migration und Kolonialismus, von ungerechter Ressourcenverteilung und Standesunterschieden oder Exklusion aufgrund von ‚Rasse', religiöser Zugehörigkeit und Geschlecht geprägt war.

3. Ein exemplarischer Anwendungsfall

Das Bonner Modellprojekt beschränkt sich im Sinne einer Slow Exhibition auf zwanzig Stillleben, denen jeweils ein eigenes thematisches Kabinett gewidmet ist.[9] Ergänzt werden die ausgestellten Bilder durch unterschiedliche Objekte der Kulturgeschichte, die auf bestimmte Probleme, Fähigkeiten und Bedingungen der damaligen Zeit hinweisen und so den erzählerischen Kosmos der Stillleben nicht nur entfalten helfen, sondern auch thematische Bögen bis in die Gegenwart schlagen. Das Vorhaben sei beispielhaft an Abraham van Beyerens *Fischstillleben* aus der Sammlung des Landesmuseums skizziert.[10]

Der Maler präsentiert auf einer Steinbank den ganzen Reichtum des Meeres. Er breitet Krabben, Dorsche, Schollen und Muscheln, Rochen und ein gutes Stück Fischfilet vor den Augen seiner Betrachter*innen aus. Ein einzelner Korb genügt nicht, um diese

Menge an Fisch zu fassen. Ein großes Holzfass dient genauso als Ablagefläche wie die steinerne Tischplatte, unter der ein weiterer Korb mit Meeresfrüchten steht. Mit einzigartiger Souveränität hat van Beyeren die Materialität der glänzenden Fischhaut, des rosigen Fleisches und der schon leicht verbeulten Kessel eingefangen. Seine malerische Meisterschaft fesselt das Auge der Betrachtenden. Doch das Bild offeriert auch ganz andere Rezeptionsmöglichkeiten, die, einmal in den Fokus gerückt, auf eindrückliche Weise von seiner Entstehungszeit erzählen: Der Maler demonstriert, dass das Meer Nahrung im Überfluss bereithält und dass es Menschen gibt, die sich diesen Überfluss zu sichern wissen. Im 17. Jahrhundert bildete der Fischfang eine zentrale Säule der niederländischen Wirtschaft und trug wesentlich zum allgemeinen Wohlstand des kleinen Landes bei. Van Beyerens Bild lässt sich vor diesem Hintergrund als stolzes Bekenntnis zur eigenen Heimat und als Loblied auf das Geschick ihrer Bewohner*innen lesen. Nicht zufällig öffnet der Maler sein Bild links mit einem Fensterblick auf den Strand, an dem sich eine Gruppe von Fischern aufhält. Ein Close Reading, wie es die Ausstellung vorsieht, ebnet freilich noch weitere Wege in die Geschichte des 17. Jahrhunderts und lässt daher auch ganz andere Aspekte sichtbar werden als nur den Stolz auf die Errungenschaften der Niederlande. Es ermöglicht sogar einen Bogenschlag zurück in die Gegenwart.

Bislang stand einer solch intensiven Bildbetrachtung der schlechte Erhaltungszustand des Gemäldes im Wege – weder seine malerische Qualität noch die Fülle seiner erzählenden Details waren ohne weiteres ablesbar. Vor allem eine braungelb nachgedunkelte und stark glänzende Firnisschicht verschluckte viele Bilddetails, sodass etwa der Blick auf die Seelandschaft mit Fischern im Hintergrund nur bei genauem Hinsehen erkennbar war. Erst jetzt, nach der weitestgehend abgeschlossenen Restaurierung des Gemäldes, ist seine Faktur wieder nachvollziehbar, ist die Brillanz der schimmernden Fischkörper wieder sichtbar und sind Details wie die Personen im Hintergrund erneut einem eingehenden Studium zugänglich. Indessen dient die Restaurierung des Gemäldes nicht nur der Wiedergewinnung ehemaliger Bildqualitäten, sondern bringt auch Licht ins Dunkel der individuellen Objektgeschichte. Offenbar wurde das Bild, unmittelbar nachdem es ins Museum gelangte, restauriert und mit der später so störenden Firnisschicht versehen. Darauf weist ein jüngst entdeckter historischer Restaurierungsbericht des Malers und Restaurators Axel Sponholz von 1937 hin. Das Datum dieses Berichts irritiert, denn das Gemälde wurde erst im folgenden Jahr inventarisiert. Hier öffnet sich auch eine Tür zur Provenienzgeschichte des Bildes.

Das Gemälde stammt aus der bürgerlichen Privatsammlung des Nürnberger Kunstverlegers Theodor Stroefer, die zehn Jahre nach dessen Tod, also 1937, bei der Kunsthandlung Julius Böhler in München versteigert wurde. Da das Bonner Landesmuseum zu diesem Zeitpunkt nicht über entsprechende Finanzmittel verfügte, erwarb zunächst der Kunsthändler Walter Bornheim im Auftrag des Museums neben zwei weiteren Bildern das Gemälde von van Beyeren, das direkt nach Bonn gelangte, aber offiziell erst im Folgejahr angekauft werden konnte. Der trotz finanzieller Hindernisse getätigte Ankauf zeigt, mit welchem Einsatz in der NS-Zeit der Aufbau einer niederländischen Gemäldesammlung betrieben wurde. Die ermittelten Vorbesitzer hingegen erzählen etwas über den Geschmack bürgerlicher Sammler im frühen 20. Jahrhundert. Ein Stempel auf der Rückseite des Gemäldes führt noch weiter in die Zeit zurück und verrät, dass sich das Stillleben während des 19. Jahrhunderts in der Sammlung des ungarischen Barons Pál Luzsénsky befand, dem damaligen Bürgermeister von Košice. Ihm galt das Fischstück als Werk von der Hand Joachim Beuckelaers. Diese Identifizierung ist ein interessanter Beleg für Zuschreibungspraktiken im 19. Jahrhundert, die Werke mit bekannten Namen assoziierten – wie hier mit einem der prominentesten Inventoren des Stilllebens im ausgehenden 16. Jahrhundert.

Während seiner Reise durch die Zeit haben sich die Perspektiven auf das Gemälde von van Beyeren immer wieder verändert. Welche Aspekte lassen sich heute in der als Slow Exhibition geplanten Ausstellung hervorheben? Hier ist ein nochmaliger Blick auf das Stillleben hilfreich: Die Fische sind, was heute vielleicht irritieren mag, nicht zum Mahl vorbereitet, weder gepökelt noch geräuchert, sondern werden als unmittelbar aus dem Meer gefangene Tiere dargeboten. Dass sie noch ganz frisch sind, zeigen ihre großen klaren Augen und die glänzenden Schuppen. Diese Details verweisen auf die Umstände ihrer Gewinnung, die auch durch die Fischer im Hintergrund angedeutet werden.

Mit Hilfe ergänzender Objekte im Kabinett für van Beyeren lassen sich zwei Schneisen in die Vergangenheit schlagen: Zum einen kann demonstriert werden, wie hochtechnisiert der Fischfang im 17. Jahrhundert bereits war, als Niederländer mit riesigen Fischfangflotten aus speziellen Booten *(haringbuis)* für viele Tage auf hoher See segelten und auch in küstenfernen Regionen fischen konnten, weil sie in der Lage waren, die Fische noch an Bord haltbar zu machen. So bestritten sie gut die Hälfte des gesamteuropäischen Fischfangs – und lösten damit schon damals Streitigkeiten über Fanggründe und Fangmengen aus.[11] Zum anderen fordert das Kabinett dazu auf, einen Blick auf die Fischer selbst zu werfen, die van Beyeren im Hintergrund seines Bildes darstellt. Anders als zu erwarten, zogen die niederländischen Fischer im 17. Jahrhundert aus den hohen Fangraten keinen persönlichen Nutzen. Die riesigen Flotten wurden von reichen Städtern finanziert, die folglich auch die satten Gewinne einstrichen, während die Fischer mit niedrigsten Löhnen vorliebnehmen mussten. Zudem war ihr Beruf äußerst gefährlich, sodass viele auf See ihr Leben ließen, was die Not der Hinterbliebenen oftmals dramatisch zuspitzte.[12] Abraham van Beyerens opulentes Stillleben erzählt nicht nur vom Reichtum des Meeres und vom Stolz einer kleinen Nation auf ihre technischen Errungenschaften, sondern schildert auch die Schattenseiten dieses Erfolgs. Reichtum blendet in alle Richtungen und lässt schnell übersehen, dass er immer auch auf Kosten anderer errungen wird. Wie entsteht und wie verteilt sich Reichtum? Diese Frage ist heute genauso dringlich wie im 17. Jahrhundert.

Die theoretische Annäherung an das Konzept einer Slow Exhibition kann ebenso wenig wie deren modellhafte Realisierung der Frage ausweichen, ob die multiperspektivische Präsentation eines kleinen Ensembles ausgewählter Werke beim Publikum auf positive Zustimmung stoßen wird und Betrachter*innen tatsächlich für eine entschleunigte Rezeption zu gewinnen vermag. Wird ein hochgradig vernetztes Betrachten, das auf differenzierte Bildlektüren zielt, den menschlichen Alltag einer vergangenen Epoche vergegenwärtigt und überdies Objektbiografien und Präsentationskontexte reflektiert, letztlich über Schwellen tragen und Perspektiven verändern können? Werden Besucher*innen eine solche Ausstellung anders verlassen als eine, die allein den Kunstsinn adressiert oder auf ästhetische Überwältigung setzt? Wird, um es provokant zu formulieren, ‚slow' am Ende auch ‚good' sein?

Neue Ausstellungsformate lassen sich nur bedingt postulieren, eine Relation zwischen ihrer Eigenlogik und einem möglichen Publikumserfolg ist schwerlich vorauszusagen. Neue Ausstellungsformate wollen nicht nur ersonnen, sondern vor allem erprobt werden. Und so wird auch die Idee der Slow Exhibition auf den Prüfstand der Publikumsresonanz zu stellen sein – und zwar aufmerksam sowie ergebnisoffen, über das Abzählen verkaufter Tickets hinaus als eingehendes und nachhaltiges Hinterfragen von Reaktionen. Wer im Sinne eines augustinischen *ecclesia semper reformanda est* auch das Museum als eine stets neu zu denkende, veränderliche Institution begreift, die ihrer Zeitgenossenschaft nicht hinterhereilen, sondern sie mitprägen will, wird immer aufs Neue den Versuch wagen müssen, kontinuierlich das Risiko zwischen Scheitern oder Erfolg eines Projekts oder Konzepts einzugehen. So – und wohl nur so – lässt sich Neues, lassen sich veränderte Haltungen und gegen den Strom entwickelte Ideen in den Fluss des Ausstellungsgeschehens einspeisen, in dem sie sich sodann als Möglichkeiten erweisen können, vielleicht aber auch modifiziert oder gar verworfen werden müssen. Im Idealfall, und das ist die Hoffnung aller am Bonner Modellprojekt Beteiligten, werden sie sich als wirksame Formate etablieren.

Anmerkungen

1 Zu diesem Phänomen vgl. Stefan Lüddemann: *Blockbuster. Besichtigung eines Ausstellungsformats*, Ostfildern 2011.

2 Eine aktuelle Studie zum britischen Kunstmarkt zeigt diese durch finanzielle Ungleichheiten begünstigten thematischen Verengungen auf, vgl. Kristina Kolbe/Chris Upton-Hansen/Mike Savage/Nicola Lacey/Sarah Cant: *The Art World's Response to the Challenge of Inequality*, in: *LSE III – Working Paper 40*, London 2020, http://eprints.lse.ac.uk/103146/ (besucht 02.06.2021).

3 So die Beiträge zum Internationalen Bodensee-Symposium von ICOM Deutschland, Österreich und Schweiz im Sammelband ICOM Deutschland/Markus Walz (Hg.): *Museum: ausreichend. Die „untere" Grenze der Museumsdefinition* (Beiträge zur Museologie 9), Berlin 2020.

4 Zuletzt der Sammelband schnittpunkt/Joachim Baur (Hg.): *Das Museum der Zukunft. 43 neue Beiträge zur Diskussion über die Zukunft des Museums* (Edition Museum 48), Bielefeld 2020.

5 Das Forschungs- und Ausstellungsprojekt ist aus einer Kooperation zwischen dem LVR-LandesMuseum Bonn und dem Kunsthistorischen Institut der Rheinischen Friedrich-Wilhelms-Universität Bonn hervorgegangen. Der Arbeitsgruppe gehören seitens des Landesmuseums Lothar Altringer, Alexandra Käss, Jan-David Mentzel und Thorsten Valk an, das Kunsthistorische Institut der Universität Bonn wird durch Birgit Ulrike Münch vertreten, die seit 2016 eine Professur für allgemeine Kunstgeschichte mit einem Schwerpunkt auf der Kunst der Niederlande innehat.

6 Lange Zeit wurde dieses problematische Erbe verschleiert und beschönigt, wenn etwa der Bestandskatalog von 1982 die „Chancen" betont, „die der Vorkriegskunstmarkt bot", vgl. Fritz Goldkuhle: *Bemerkungen zur Gemäldesammlung und zum Katalog*, in: Ders./Ingeborg Krueger/Hans M. Schmidt: *Rheinisches Landesmuseum Bonn. Gemälde bis 1900*, Köln 1982, ohne Paginierung. Inzwischen haben wegweisende Arbeiten zur nationalsozialistischen Sammlungspolitik die Grundlage zur weiteren Erforschung des Bestandes gelegt, vgl. Bettina Bouresh: *Die Neuordnung des Rheinischen Landesmuseums Bonn 1930–1939*, Köln 1996, zu den Niederländern vor allem S. 107–111; Kim Burěs-Kremser: *Gemäldeerwerbungen des Rheinischen Landesmuseums Bonn 1933 bis 1945*, in: Dräger, Olaf/dies. (Hg.): *Kulturpolitik der Rheinischen Provinzialverwaltung 1920 bis 1945. Tagung am 18. und 19. Juni 2018* (Beihefte der Bonner Jahrbücher 59), Darmstadt 2019, S. 119–128.

7 So wie 2018 die *Lautenspielerin (Maria Magdalena)* eines Nachahmers des Meisters der weiblichen Halbfiguren, vgl. Goldkuhle/Krueger/Schmidt: *Gemälde bis 1900*, 1982, S. 339–341.

8 Das Konzept der Ausstellung verdankt wichtige Impulse der Studie von Julie Berger Hochstrasser: *Still Life and Trade in the Dutch Golden Age*, New Haven 2007.

9 Einen ähnlichen Versuch unternahm 2018 die thematisch allerdings stark stilgeschichtlich ausgerichtete und auf Essensstillleben konzentrierte Ausstellung *Slow Food* im Mauritshuis in Den Haag.

10 Vgl. Goldkuhle/Krueger/Schmidt: *Gemälde bis 1900*, 1982, S. 64–65; John Bernström/Bengt Rapp: *Abraham van Beyeren*, in: *Iconographica*, Stockholm 1957, S. 7–36, hier S. 16, Nr. 8.

11 Vgl. Michael North: *Das Goldene Zeitalter. Kunst und Kommerz in der niederländischen Malerei des 17. Jahrhunderts*, Köln/Weimar/Wien 2001, S. 25–27.

12 Julie Berger Hochstrasser: *Feasting the Eye. Painting and Reality in the Seventeenth-Century ‚Bancketje'*, in: Alan Chong/Wouter Kloek (Hg.): *Still-Life Paintings from the Netherlands 1550–1720*, Ausst.-Kat. Amsterdam, Rijksmuseum/Cleveland, The Cleveland Museum of Art, Zwolle 1999, S. 73–85, hier S. 78–79.

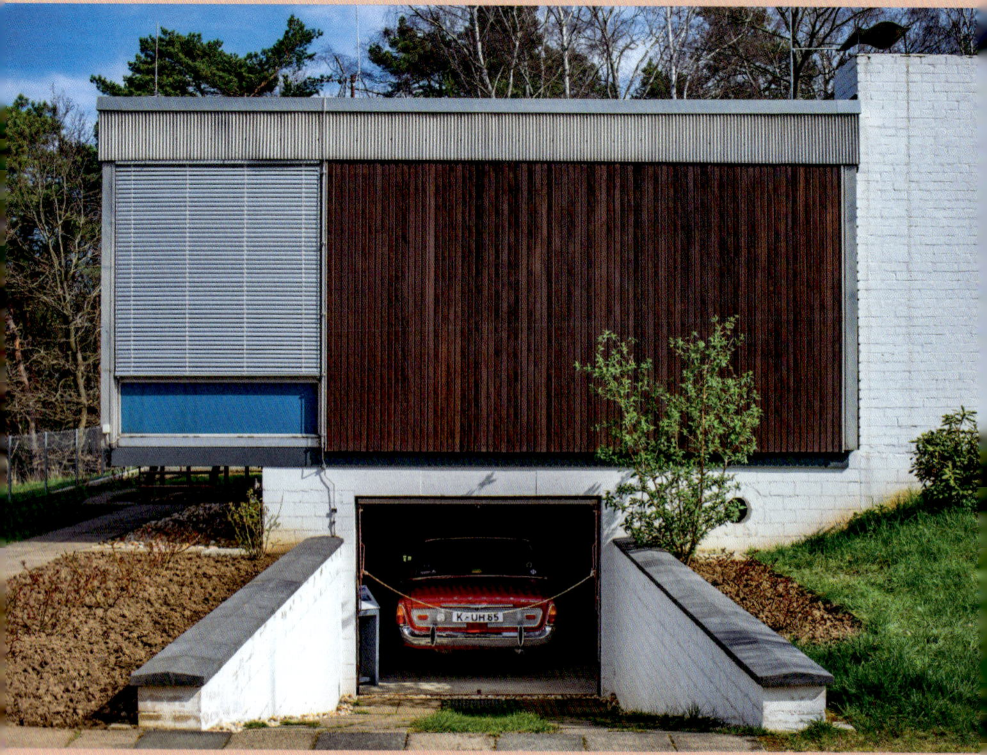

Raum für Mobile moderner Zeiten:
das Quelle-Fertighaus (1965) mit integrierter PKW-Garage im LVR-Freilichtmuseum Kommern – Rheinisches Landesmuseum für Volkskunde

Josef Mangold

Flüchtlingsheim, Bungalow und Disko
Zeitgeschichte in deutschen Freilichtmuseen

Die Objekte in Freilichtmuseen sind groß, zuweilen sehr groß. Ganze Häuser, Ställe, Scheunen, Werkstätten, ja sogar Kirchen oder auch Tankstellen werden gesammelt. Lag zunächst das Interesse in den 1950er und 1960er Jahren auf Gebäuden aus Fachwerk und schaute man auf die traditionellen konstruktiven Elemente, so sucht man heute nach Gebäuden, die neben ihren konstruktiven Besonderheiten vor allem die Geschichte der Bewohner*innen, ihre individuellen Lebens- und Arbeitsbedingungen, aber auch die allgemeine Geschichte in möglichst vielen Facetten ablesen lassen. Dabei spielt nicht mehr der älteste Zustand eines Hauses die entscheidende Rolle, vielmehr kommt es darauf an, einen – auch jungen – Zeitschnitt setzen zu können, in dem das Gebäude zusammen mit seiner Ausstattung und allen auffindbaren Quellen seine Geschichte präsentieren lässt, aber auch seine individuellen Geschichten erzählt.

1. Ein Blick zurück

Im Vordergrund der freilichtmusealen Konzepte stand zunächst, „Baudenkmale vor der Zerstörung zu bewahren und der Nachwelt zu erhalten“[1], wie Adelhart Zippelius im *Handbuch der Europäischen Freilichtmuseen* zu Beginn der 1970er Jahre betonte. Dabei kam es ihm schon in der Frühphase und zu Beginn der Welle der Neugründungen dieses besonderen Museumstyps in Deutschland darauf an, „traditionell verzimmerte“ Gebäude zu finden und sie in ihrem Ersterbauungszustand wiederaufzubauen. Es galt, die daran ablesbaren „Arbeits- und Wirtschaftsweisen“ sowie die „alten Techniken“ zu präsentieren. Dabei stellte er klar die Unterschiede zu „jedem anderen Museum“ heraus: „Ein jedes Ding, ein jeder Gegenstand steht an seinem Platz und damit in seinem ursprünglichen Zusammenhang mit anderen Dingen.“ In einem Freilichtmuseum sei alles „zum Ganzen geordnet“ und muss „auch die umgebende Kultur- und Naturlandschaft“ mit einbeziehen.[2]

So war schon bei seinen ersten Überlegungen für Freilichtmuseen von ‚Ganzheitlichkeit‘, dem Herausstellen der Zusammenhänge, der Verbindung von Natur und Kultur, von Leben und Arbeiten die Rede. Allerdings bewegten sich die Museumsmacher*innen dieser Zeit mit der Darstellung der Gebäude weit in der Vergangenheit, sie wollten zunächst nur die traditionellen Lebens- und Arbeitszusammenhänge aufzeigen, die verloren zu gehen drohten, kurz: den Hausbau und das bäuerliche Leben vor 200, 300 oder mehr Jahren.

Dabei konnten die Hausforscher*innen noch in den 1960er Jahren auf einen großen Bestand an bäuerlichen Gebäuden zurückgreifen, an denen Zimmermannstechniken ablesbar waren, etwa ein besonderes Gefüge oder eine besondere Ornamentik, vor allem aber auch regionale Eigenheiten. Da sie sich zunächst ausschließlich für das hölzerne Gerüst interessierten, wurden in der Anfangsphase der Neugründungen der Freilichtmuseen die Gebäude zerlegt, die Ausfachungen herausgehauen und damit zerstört – auch weil man noch nicht über eine ausgefeilte Technik der Versetzung von Gebäuden in großen Teilen verfügte.

In den 1970er Jahren wurde dann verstärkt nach der Nutzung der Häuser gefragt: Wer hat in ihnen gewohnt, wie waren sie ausgestattet, vor allem auch, wovon haben sich die Bewohner*innen ernährt, wie sah ihr Leben, ihre Arbeit, ihr Alltag aus? Und wie haben sich die Gebäude im Laufe der Zeit verändert, warum wurde beispielsweise an-, aus- oder umgebaut? Die handelnden Personen rückten also in den Mittelpunkt mit all ihren Lebensumständen, ihren wirtschaftlichen Rahmenbedingungen, kurz allem, was ihren Alltag beeinflusste.[3]

Es setzte sich die Auffassung durch, bei der Versetzung der Gebäude möglichst viel Originalsubstanz mit ins Museum zu nehmen, um alle greifbaren Gebrauchsspuren, die Materialien in den Gefachen, die Putze, Farbschichten oder Tapeten, die man oft vor

Ort aus Zeitgründen nicht untersuchen konnte, im Museum in Ruhe analysieren zu können. Größere Fahrzeuge, stärkere Kräne und verfeinerte Versetzungstechniken ermöglichen seit den 1990er Jahren, Gebäude wand- oder raumweise zu versetzen oder sogar in einem Stück. Auch Steingebäude können jetzt großteilig verpackt und transportiert werden. Verbesserte Analyseverfahren versetzen die Museumswissenschaftler*innen in die Lage, die Zusammensetzungen von Putzen, Lehmen, Farben et cetera zu identifizieren. Dadurch stieg die Aussagekraft der Museumsgebäude. Sie geben nun Einblicke in den Wandel, ihre baulichen, technischen und gestalterischen Veränderungen. Farbtreppen oder auch Tapetenschichten berichten von geschmacklichen und gesellschaftlichen Veränderungen, erzählen von Moden und Trends.

Die rasante Entwicklung und der damit verbundene schnelle Wandel in den Nachkriegsjahren und in der Wirtschaftswunderzeit führte dazu, den letzten Zustand der übernommenen Gebäude stärker in den Fokus zu rücken, Fragen nach den Gründen für Veränderungen am und im Haus zu stellen. Und damit rückten jüngere Zeitschnitte mit neuen Fragestellungen in den Mittelpunkt, Fragen nach zeittypischen Baumaterialien, Veränderungen der Arbeitswelt, Technisierung, Mobilität und ihrem Einfluss auf das Leben auf dem Land. Traditionelle Familienstrukturen und -größen änderten sich, neue Berufe entstanden, aus Tante-Emma-Läden wurden kleine Supermärkte, im Hinterhof entstand aus einer Stellmacherei eine Autowerkstatt, Tankstellen hielten Einzug. Neue Materialien veränderten die Möglichkeiten zu bauen und zu gestalten, vorgefertigte Baukastentypen wie das Quelle-Fertighaus wurden vermarktet und vieles mehr. Gerade die Jahre nach dem Zweiten Weltkrieg veränderten die Dörfer in den ländlichen Regionen stark. Der Zuzug aus den zerstörten Städten war stark, Flüchtlinge und Ausgebombte mussten untergebracht werden. Es entstanden Notunterkünfte, aber auch gezielte Neubausiedlungen an Ortsrändern. Die Wirtschaftswunderjahre beschleunigten diese Entwicklung.

Daher war es mehr als konsequent, in den Freilichtmuseen auch die jüngeren Entwicklungen der Jahre seit 1945 nun in den Blick zu rücken, eine Zeit, die bei den Museumsgästen Erinnerungen wachrufen, wo sie eigenes Wissen, eigene Erfahrungen einbringen können.

Der Effekt ist mit dem der frühen Jahre vergleichbar. Die Museumsmacher*innen der 1960er und 1970er Jahre trafen auf Besucher*innen, die die dargestellte bäuerliche Welt noch kannten. Sie waren anfänglich belustigt beziehungsweise irritiert über die wissenschaftliche Aufbereitung der ihnen aus eigenem Erleben oder aus Erzählungen noch sehr präsenten Lebensverhältnisse. Sie kannten die agrarische und weitgehend ländlich strukturierte Welt, kannten Pflug, Egge und Grubber, wussten, wie damit umzugehen war. Die Museumsmacher*innen mussten nicht besonders auf diese Geräte und Arbeitsschritte eingehen. Sie konnten sich auf die reine Darstellung und vielfach auf die Vorführung von beispielsweise Feldarbeit beschränken. Emotional aber ließen sich die Besuchenden der 1960er Jahre in diese Präsentationen einbinden, viele berichteten über ihre Erfahrungen und brachten ihr Wissen auch in die Museumsarbeit mit ein.

Diese Besuchergruppe, die noch aus der traditionellen Landwirtschaft stammt, gibt es kaum noch, eigenes Erleben kann für die alte bäuerliche Arbeit nicht mehr vorausgesetzt werden. Daher rückt heute die Aufarbeitung dieser ländlichen Arbeiten verstärkt in den Mittelpunkt der freilichtmusealen Vermittlung, besonders an das jüngere Publikum.

2. Ein Blick nach vorn

Neben der Vermittlung der traditionellen Lebens- und Arbeitswelt, die nach wie vor eine der Hauptaufgaben der Freilichtmuseen bleibt, ist die Hinwendung zur jüngeren Vergangenheit eine inhaltliche Neuausrichtung, die man durchaus als Paradigmenwechsel empfinden kann.[4] Heute geht es nicht mehr nur um das Gebäude als Konstruktion, das es zu erhalten gilt und das auf Traditionen verweist, es geht nun vielmehr darum, auch aktuelle Zusammenhänge aufzuzeigen, die die Museumsbesucher*innen mit ihrer eigenen, selbst erfahrenen Lebenswelt zusammenbringen. Dieser Präsentationsansatz trifft im Kern auf die Lebenswelten der seit den 1950er Jahren geborenen Museumsgäste, die sich mit ihren zum Teil noch aktuellen Lebenswelten konfrontiert sehen und sich lebhaft mit Sinn und Zweck einer Musealisierung ‚ihrer' Lebens- und Arbeitswelten auseinandersetzen.

Einzelne Freilichtmuseen gehen bereits seit einigen Jahren gezielt in die jüngere Vergangenheit. Die folgenden Beispiele belegen, welche Möglichkeiten sich dadurch für aktuelle Themen eröffnen. Als Beispiel seien Flucht und Vertreibung nach dem Zweiten Weltkrieg, Wohnen in Notzeiten, Hilfen zur Selbsthilfe, staatliche Programme zur Linderung der Not und so weiter angeführt. Hier werden vor allem durch Befragung von Zeitzeug*innen Mikrountersuchungen möglich, die sehr präzise Aussagen und Einordnungen zum Alltag der Menschen dieser Zeit treffen lassen. Erinnerungen werden geweckt – Erinnern ist jetzt erwünscht, Emotionen auch. Die Museumsgäste öffnen sich, werden aufnahmefähiger und lassen sich durch die Lebensgeschichten auch auf die Geschichte dahinter ein.[5] Damit wird in Verbindung mit Führungen, Vorführungen, Projekten und dem Format der personalen Vermittlung, beispielsweise der ‚Gespielten Geschichte', vielfältig Teilhabe möglich.

3. Freilichtmuseum am Kiekeberg

Das Freilichtmuseum am Kiekeberg in Harburg stellt sein neues Gebäudeensemble ‚Königsberger Straße' unter das Thema „Heimat in der jungen Bundesrepublik" und in die Zeitspanne 1945 bis 1970. Viele Familien flohen aus dem Osten und begannen im Westen ein neues Leben. In diesen Jahren entstand ein Siedlungsprogramm zur Wohnraumversorgung und Integration von etwa 1,85 Millionen Menschen aus den ehemaligen deutschen Ostgebieten, das in nur wenigen Jahren das Aussehen vieler Ortschaften völlig veränderte. Am Rande von Dörfern entstanden für die Vertriebenen Neubausiedlungen mit neuen Haustypen wie dem Flüchtlingssiedlungshaus, mit Geschäftshäusern oder auch Fertighäusern. Am Kiekeberg entsteht seit 2018 ein Straßenzug mit Gebäuden, die die Wohn- und Lebensverhältnisse im Landkreis Harburg in der Nachkriegszeit darstellen sollen, einem Landkreis, der nach 1945 mit einer großen Anzahl an Flüchtlingen konfrontiert wurde. Geplant sind fünf Gebäude, in denen „konkrete Familiengeschichten aus der Region stellvertretend die Entwicklungen der jungen Bundesrepublik erlebbar"[6] werden lassen. Eine Ausstellung zur regionalen Nachkriegsgeschichte ergänzt das Bild.

4. Fränkisches Freilandmuseum Bad Windsheim

Im Fränkischen Freilandmuseum Bad Windsheim wurden 2011 in einer großen, gemeinsam mit den Freilichtmuseen Cloppenburg und Fladungen konzipierten Sonderausstellung die baulichen Phänomene der ‚Umbruchzeit' präsentiert, der Zeit der 1960er und 1970er Jahre.

Im Jahre 2016 konnte das Museum das Behelfsheim aus Ottenhofen translozieren. Dieser einfache, 1944 erbaute Notbau wurde bis zuletzt bewohnt und weder innen noch außen verändert. Zudem gelang es, seine Bewohnergeschichte gut zu dokumentieren. Damit ist dieses Gebäude ein beredtes Beispiel für die in der Nachkriegszeit systematisch und in großer Zahl gerade im ländlichen Franken entstandenen einfachen Notbauten.[7]

Daneben wartet das Fränkische Freilandmuseum mit einem MAN-Stahlhaus aus dem Jahr 1949 auf, ein Beispiel für eine kurze, aber ganz spezielle Materialnutzung in Zeiten von Wohnungsnot der Nachkriegsjahre. Obwohl schnell aufbaubar und leicht zu transportieren, konnte sich diese besondere Konstruktion nicht durchsetzen. Das Bad Windsheimer Beispiel verdeutlicht diesen sachlichen Baustil nach dem industriell gefertigten Baukastenprinzip mit seinen besonderen Ausstattungselementen wie dem originellen Senk-Schiebefenster.[8]

5. LVR-Freilichtmuseum Kommern – Rheinisches Landesmuseum für Volkskunde

Das LVR-Freilichtmuseum Kommern zeigt bereits seit 2009 auf dem ‚Marktplatz Rheinland' den Wandel im Bauen und im alltäglichen Leben im Rheinland von 1945 bis zur Gegenwart. Wiedererrichtet und eröffnet sind bereits neun Gebäude mit ganz unterschiedlichen Zeitschnitten, unter anderem die Gaststätte ‚Watteler' (1974), ein Quelle-Fertighaus (1965), ein 1959 erbauter Flachdachbungalow (*in situ*), ein Torhaus (1742/2011) und eine Milchbar aus Brühl (1955). Drei Gebäude – zwei Nissenhütten von 1945/1955, eine Notkirche nach Plänen von Otto Bartning von 1951 sowie eine Flüchtlingsunterkunft aus dem Jahr 1991 – bilden einen roten Faden, indem sie ein hochaktuelles Thema aufgreifen: Leben in Notsituationen. Dabei stehen die Nissenhütten für die unmittelbare Nachkriegszeit, eingerichtet nach Erinnerungen einer Familie, die diese Baracke wohnlich ausbaute und fast zwölf Jahre darin wohnte. Die Flüchtlingscontaineranlage von 1991 steht für die Aufnahme der Flüchtlinge aus den Balkankriegen und dokumentiert mit der originalen Ausstattung des letzten Bewohners jüngste Notzeiten. Die Diasporakapelle nach Plänen des Bauhaus-Ideengebers Otto Bartning zeigt die Selbsthilfe der ins Rheinland geflüchteten evangelischen Christen, die 1951 ein Gottes- und Gemeindehaus errichteten.

In Kommern gelang es, jedes Gebäude mit einem klar dokumentierten Zeitschnitt zu versehen, der die größtmögliche Informationsdichte zulässt. Weitere geplante Themenbereiche betreffen Mobilität, Kleingeschäfte, aber auch die Veränderungen in den Außenbereichen wie Ziergärten oder auch die ‚Möblierung des öffentlichen Raumes' mit Straßenlaternen, Gehwegen, Bushaltestelle, Notrufsäule, Telefonzelle, Kriegerdenkmal und ähnlichem.

Auf dem ‚Marktplatz Rheinland' kommt der Präsentation der Einrichtung, der Bewohnergeschichte, der Familiengeschichte sowie den wirtschaftlichen und politischen Rahmenbedingungen der gleiche Wert zu wie dem Gebäude als Bauwerk. Die Gaststätte Watteler weist dabei die größte Informationsdichte auf. Im Museum wird das originale, in ganzen Teilen translozierte Gebäude präsentiert, ausgestattet mit der originalen Ausstattung, ergänzt durch Interviews mit den letzten Betreibern und Kneipengästen sowie der Auswertung von Archivalien. So gelingt es, Familien- und Wirtschaftsgeschichte, lokale, aber auch regionale Entwicklungen dieser Zeit aufzuzeigen, vom sozialen Stellenwert der Gaststätte im Ort über die Nutzung durch Vereine bis hin zur persönlichen Geschichte der eingeheirateten Wirtin.

6. Museumsdorf Cloppenburg – Niedersächsisches Freilichtmuseum

Auch das Museumsdorf Cloppenburg setzt künftig verstärkt auf die Erforschung und Präsentation regionaler Kulturgeschichte der

1950er bis 1980er Jahre. Mit dem Projekt ‚Einfamilienhaus' bietet es Besucher*innen seit 2016 außerhalb des Kerngeländes einen Blick in die Welt einer Einfamilienhaus-Siedlung, die sich unmittelbar vor dem Museum befindet. Eines dieser Häuser konnte *in situ* als museales Objekt übernommen und zeitgenössisch möbliert werden.

Das Freilichtmuseum Cloppenburg geht darüber hinaus noch einen spannenden Schritt weiter und widmet sich dem „Zeitvertreib und der Jugendkultur auf dem Lande". Dazu konnte 2018 eine Diskothek mit kompletter Ausstattung aus der Zeit der 1970er Jahre transloziert werden, die das Lebensgefühl der Jugend im ländlichen Raum vermitteln soll. Als Zeugnis regionaler Jugendkultur lässt die Disko im Museumsdorf diese junge Vergangenheit wieder aufleben.[9]

7. Zeitgeschichte ist auch Alltagsgeschichte

Die Beispiele belegen, welche Möglichkeiten sich in der Präsentation der jüngeren Vergangenheit in einem Freilichtmuseum ergeben. Weil Zeitgeschichte die alltäglichen Erfahrungen ganz normaler Menschen betrifft, ist sie in einem Freilichtmuseum gut aufgehoben, das sich auf die ganzheitliche Darstellung alltäglicher Lebenswelten konzentriert.

Die Anschaulichkeit alltäglicher Situationen können gerade diese Museen mit ihren großen Objekten nutzen, um auch komplexere historische Sachverhalte begreiflich zu machen. Der rote Faden im LVR-Freilichtmuseum Kommern etwa, das Leben in der Not mit Nissenhütten, Notkirche und Flüchtlingscontainern, lässt klar nachvollziehbare Aussagen über historische Rahmenbedingungen wie auch handelnde Personen zu, lässt ganz konkrete alltägliche Auswirkungen dieser Notsituationen nachvollziehbar werden. Auch das Behelfsheim im Fränkischen Freilandmuseum belegt eindrucksvoll die besondere Situation in Franken. Stahlhaus und Quelle-Fertighaus stehen für den Innovationsgeist, das Experimentieren mit neuen Materialien der Aufbruchsjahre. Und das Thema Jugendkultur lässt sich an der Dorfdisko im Museumsdorf Cloppenburg, die in den 1970er Jahren das Jugendgefühl und die Freizeitbeschäftigung einer ganzen Generation prägte, nachvollziehen und erleben. Ebenso gelingt dies in Kommern für die Zeit der Rocker und des Rocks in der Milchbar aus Brühl.

Daher sollten sich Freilichtmuseen mit der jüngeren Vergangenheit beschäftigen, diese kultur- und sozialgeschichtliche Zäsur wissenschaftlich intensiv durchdringen und in einen überregionalen Vergleich stellen.[10] Das entbindet sie aber nicht davon, sich auch weiterhin um die ‚alte' ländliche Bau- und Wohnkultur zu kümmern. Die Geschichte bleibt aber nicht stehen, denn in den 1960er und 1970er Jahren wird ein Kapitel ländlicher Bau- und Siedlungsgeschichte aufgeschlagen, das fast einer Zeitenwende gleichkommt und deshalb von immenser Bedeutung für die Entwicklung auf dem Land ist.[11] Innerhalb weniger Jahre ist das Dorf in eine andere Zeit katapultiert worden. Der tiefgreifende Wandel im Siedlungsbild sowie in Architektur und Wohnkultur des ländlichen Raumes erfasste alle Regionen Deutschlands. Nichts war mehr so, wie es einmal war.

Anmerkungen

1 Adelhart Zippelius: *Handbuch der europäischen Freilichtmuseen* (Führer und Schriften des Rheinischen Freilichtmuseums und Landesmuseums für Volkskunde Kommern 7), Köln 1974, S. 9.

2 Ebda.

3 Josef Mangold: *(Un-)Vollendet!? 50 Jahre Rheinisches Freilichtmuseum Kommern*, in: Kania-Schütz, Monika (Hg.): *In die Jahre gekommen? Chancen und Potenziale kulturhistorischer Museen* (Schriften des Freilichtmuseums Glentleiten des Bezirks Oberbayern 32), Münster u. a. 2009, S. 47 f.

4 Josef Mangold/Herbert May/Rolf Wiese: *Vorwort*, in: Herbert May/Markus Rodenberg (Hg.): *Die erste Hilfe. Notunterkünfte der Kriegs- und Nachkriegszeit 1943–1950. Aufsatzband zur Tagung „Die erste Hilfe – Behelfshäuser lindern Wohnungsnot" am 28. und 29. Oktober 2016 im Fränkischen Freilandmuseum Bad Windsheim*, Bad Windsheim 2017, S. 9.

5 Vgl. dazu ausführlich: Josef Mangold: *Erinnern erwünscht! Zeitgeschichte im Freilichtmuseum*, in: Matthias Dreyer/Alexander Eggert/Giesela Wiese (Hg.): *Museum machen. Museen zwischen Volkskunde und Management. Eine Festschrift für Rolf Wiese zum 65. Geburtstag*, Ehestorf 2017, S. 73–80.

6 Vgl. hierzu: Freilichtmuseum am Kiekeberg, https://www.kiekeberg-museum.de/blick-ins-museum/koenigsberger-strasse/ (besucht 14.04.2021).

7 Vgl. hierzu ausführlich: Markus Rodenberg: *Gelebte Räume. Behelfsheime für Ausgebombte in Franken* (Schriften und Kataloge des Fränkischen Freilandmuseums Bad Windsheim 90), Bad Windsheim 2020.

8 Vgl. hierzu: Fränkisches Freilandmuseum Bad Windsheim, https://freilandmuseum.de/besuch/haeuserinformationen/baugruppen/haus?tx_decihouses_houses%5Baction%5D=show&tx_decihouses_houses%5Bcontroller%5D=House&tx_decihouses_houses%5Bhouse%5D=164&cHash=c807c6350534bd5227d3ef5470f7a6c9 (besucht 25.04.2021).

9 Vgl. hierzu: Museumsdorf Cloppenburg, https://museumsdorf.de/besuch/eine-disco-kommt-ins-museum/ (besucht 14.04.2021).

10 Mangold/May/Wiese: *Vorwort*, 2017, S. 8.

11 Herbert May/Michaela Eigmüller: *Zur Einführung*, in: Herbert May (Hg.): *Umbruchzeit – Die 1960er und 1970er Jahre auf dem Land. Siedlung – Architektur – Wohnen* (Schriften und Kataloge des Fränkischen Freilandmuseums in Bad Windsheim 64), Bad Windsheim 2011, S. 7. Dazu auch: Herbert May/Georg Waldemer: *Aufbaukonzepte und Substanzerhalt in Freilichtmuseen – Ein Überblick*, in: Dies. (Hg.): *Grenzen des Wachstums, Zur Zukunft des Bauens in Freilichtmuseen* (Schriften und Kataloge des Fränkischen Freilandmuseums in Bad Windsheim 83), Bad Windsheim 2018, S. 12 f.

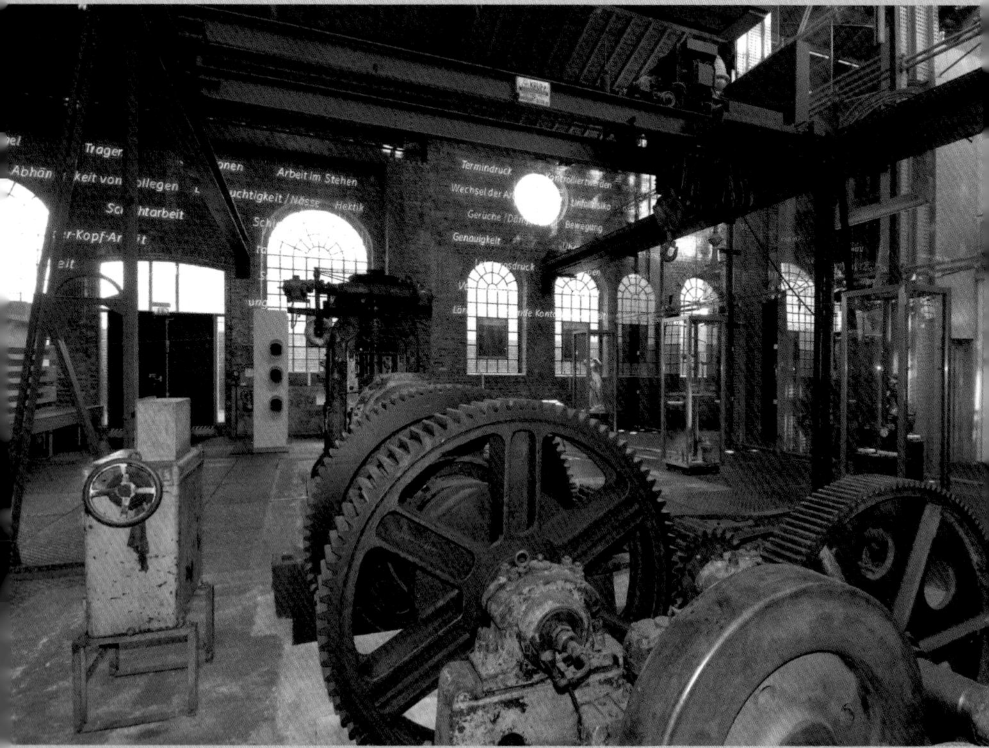

Das ehemalige Eingangsfoyer der Zinkfabrik Altenberg,
1997 als LVR-Industriemuseum eröffnet:
eine inszenierte Bühne für die Spolien der Zinkfabrikation

Walter Hauser

Ausstellen in Industrieräumen
30 Jahre Industriekultur im Rheinland

Das Industrieland Nordrhein-Westfalen gilt als Wiege der Industriekultur in Deutschland. Mehr als in anderen Teilen der Republik hat der Strukturwandel des ausgehenden 20. Jahrhunderts tiefe Wunden und Relikte in den industriell geprägten Stadtlandschaften hinterlassen. Diese Orte wurden Schauplatz einer neuen Industriekultur, die ihre Wurzeln im Aufbruch der 1970er Jahre und in dem von den jungen Reformuniversitäten des Landes ausgehenden Impuls für eine Geschichte von unten hatte. Hier, an den einstigen Orten der Arbeit, konnte sich das Museum neue Räume erschließen, vom Sockel bürgerlicher Hochkultur herabsteigen und sich öffnen für die Erfahrungen und Mythen des Alltags der arbeitenden Menschen.

1. Denkmal-Räume

Vor diesem Hintergrund gründeten die Landschaftsverbände Rheinland und Westfalen nach 1979 eine Serie von Museen in ehemaligen Fabriken, die heutigen LVR- und LWL-Industriemuseen. Das war ein politisches – und anfangs dezidiert sozialdemokratisches – Projekt mit dem Anspruch, den gesellschaftlichen Wandel mitzugestalten. Die neuen Museen wollten in die Gesellschaft hineinwirken und die Institution Museum verändern, weshalb die noch junge Museumspädagogik von Anfang an eine prominente Rolle spielte. Während der langwierigen Aufbauzeit vor allem der großen Standorte war die Arbeit der Museen zunächst stark denkmalpflegerisch geprägt. Im Rheinland konnte sich in den neu erschlossenen Industrieräumen schneller auch eine vielfältige Ausstellungspraxis entwickeln, die die Region zu einem Labor des Ausstellungsmachens machen sollte.

2. Ausstellungen

Das Rheinland blickte auf eine weit zurückreichende, freilich vielfach vergessene Tradition von Großausstellungen zurück, die sich mit den kulturellen Implikationen der modernen Gesellschaft und der Industrie auseinandersetzten – gewissermaßen eine industriekulturelle Ausstellungspraxis vor der Industriekultur. Beispielhaft benannt seien hier die Werkbund-Ausstellung 1914 in Köln und die Gesolei-Ausstellung 1927 in Düsseldorf. In diese Reihe gehören aber auch die Industrie- und Gewerbeausstellung in Düsseldorf 1902 und ebendort 1957 die Wirtschaftswunder-Ausstellung *Alle sollen besser leben*, die den Siegeszug des Zeitalters der Rationalisierung feierte. Die erste Großausstellung im Kontext der neuen Industriekultur fand, initiiert von der Internationalen Bauausstellung IBA Emscher Park, 1994 im Gasometer in Oberhausen statt. *Feuer und Flamme* setzte den spektakulären Industrieraum kongenial als Bühne ein für eine Kulturgeschichte des Ruhrgebiets als Industrieregion; die Resonanz auf die Ausstellung – die sich unter anderem auf die Gesolei bezog, aber auch auf das *Musée Sentimental*, das Daniel Spoerri 1979 in Köln eingerichtet hatte[1] – übertraf alle Erwartungen. Nur wenige Kilometer weiter öffnete 1997 die Zinkfabrik Altenberg ihre Pforten; die Zentrale des Rheinischen Industriemuseums hatte dort die Eisen- und Stahlindustrie zu ihrem Thema gemacht. Anhand der Leitbranche des Reviers mit ihren weitreichenden sozialen, technischen, wirtschaftlichen und politischen Implikationen erzählte sie *pars pro toto* auch eine Geschichte der Region. Die Ausstellung schuf eindrückliche Raumbilder mit einem Großaufgebot montanindustrieller Objekte und auch szenischen Rauminstallationen – all dies freilich eher gegen den Raum der Fabrik gearbeitet, der keinerlei Bezug zur Montanindustrie hatte. Gegen den Authentizitätsanspruch der Industriekultur entwickelte sich die Ausstellung nicht aus einem ‚authentischen Ort' heraus. 1999 folgte dann mit *Sonne, Mond und Sterne. Kultur und Natur der Energie* auf der Kokerei Zollverein eine zweite Großausstellung der IBA, die wieder ganz auf die symbolische und ästhetische Kraft des Ortes setzte, aber eine eigene Geschichte erzählte, die jeden industrie- und auch kulturhistorischen Rahmen sprengte. En passant wurde aus einer Kohlenmischanlage einer der faszinierendsten Ausstellungsorte Deutschlands.

3. Industriekultur

Dieser Aufbruch der Industriekultur in den 1990er Jahren fiel zeitlich zusammen mit einer Konjunktur an kulturhistorischen Großausstellungen, die bereits in den 1980er Jahren eingesetzt und eine lebhafte Diskussion um die Szenografie von Ausstellungen entfacht hatte. Das Ausstellen in Industrieräumen faszinierte viele und fand in Gottfried Korff einen einflussreichen Interpreten. Der Kulturwissenschaftler, der zuvor am Rheinischen Freilichtmuseum in Kommern Spuren in der Region hinterlassen hatte, prägte wie kein anderer die museologischen Debatten der Zeit und arbeitete federführend an Ausstellungen wie *Feuer und Flamme* und *Sonne, Mond und Sterne* mit. Dieses Umfeld zog profilierte Gestaltungsbüros an, unter anderem Jürg Steiner (Gasometer, Kokerei Zollverein), HG Merz (Ruhr Museum) oder auch Atelier Brückner (Energeticon).

Beide Entwicklungen sollten sich gegenseitig befruchten. In den 1980er Jahren war, angestoßen durch die Preußen-Ausstellung 1981 in Berlin, ein neuer Typus kulturhistorischer Ausstellung entstanden: Statt singuläre Meisterwerke zu exponieren oder Geschichte durch Bilder und Objekte zu illustrieren, setzten diese auf spannungsvoll-gewitzte Arrangements, die mit Bedeutungszuschreibungen der Objekte spielten, Dinge der Alltagskultur ebenso wie Arbeiten zeitgenössischer Künstler*innen.[2] Die neue Industriekultur bot dafür nicht nur eine reizvolle Bühne, sie beschäftigte sich mit genau den Fragen, die die neue Szenografie aufwarf: Wie geht man um mit Objekten der Alltagskultur, deren Potenzial nicht in ihrer ästhetischen Qualität, sondern in ihrem Zeichencharakter liegt? Wie setzen Räume Exponate in Szene? Wie berührt man ein Publikum, das nicht bildungsbürgerlich geschult ist? Und: Wie gelangt gesellschaftliche Gegenwart ins Museum? Diesen Anspruch der Industriekultur formulierte der Katalog zur zentralen Ausstellung des Rheinischen Industriemuseums etwas trocken so: „Industriemuseen werden so zu einem Ort, an dem öffentlich und systematisch über die zur Zeit ablaufenden gesellschaftlichen Prozesse in historischer Perspektive informiert wird."[3] Schließlich, um ein Zauberwort der Debatten jener Zeit und eben auch der Industriekultur aufzugreifen: Was hat es mit dem ‚authentischen Objekt' und dem ‚authentischen Ort' auf sich? Die einstigen Orte der Arbeit waren zwar baulich im besten Fall wenig verändert, aber doch radikal transformiert zu einem Ort der Freizeit. Die Frage nach der Authentizität berührte eine Kernfrage der Industriekultur und ihrer Museen, deren ‚Ausstellungsexponat Nummer Eins' eine Fabrik war.

Überall entstanden Ausstellungen und Museen in Fabrikanlagen, die sich mit diesen Fragen auseinandersetzten: 1998 war das Großkraftwerk Vockerode in Sachsen-Anhalt Schauplatz einer Kulturgeschichte der Region; das Museum der Arbeit in Hamburg öffnete in einem industriellen Ensemble, die Völklinger Hütte machte 1998 mit der Ausstellung *Prometheus. Menschen. Bilder. Visionen* von sich reden[4], die sich auch mit Zukünften beschäftigte. Ironischerweise verzichtete diese Ausstellung weitgehend auf ‚authentische' Museumsobjekte, setzte auf ein mediales Feuerwerk in einer ambitionierten Szenografie, die die Maschinen der Gebläsehalle als Kulissen nutzte. Die ‚neuen Medien' und die am Horizont aufscheinenden virtuellen Welten ließen die Frage nach dem Authentischen nur noch virulenter erscheinen – eine Ausstellung mit realen Artefakten an so eigensinnig realen Orten wie einer Industrieruine war das Gegenmodell dazu.[5] Eine der erfolgreichsten Ausstellungen jener Jahre beschäftigte sich im Gasometer in Oberhausen mit einem elektronischen Medium, dem Fernsehen: *Der Traum von Sehen* (1997).

4. Industriemuseen

Im Schatten der Großausstellungen öffneten die Standorte des Rheinischen Industriemuseums mit recht verschiedenen Ansätzen. Die Tuchfabrik Müller entsprach am ehesten dem Authentizitäts-Diktum der Industriekultur. Hier lag der seltene Glücksfall vor, dass eine Fabrik so gut wie unverändert überliefert war und lediglich repariert und konserviert werden musste. Die in die Fabrik eingebrachten Ausstellungsmedien sind minimalistisch, etwa Textanhänger mit Zitaten ehemaliger Arbeiter*innen oder sparsam eingesetzte Interventionen mit Licht, Ton und Film. Ein Museumsbesuch war aber nur geführt möglich.

Ganz anders präsentierte sich die Textilfabrik Cromford in Ratingen, von der nur die Gebäudehülle der ältesten Kernfabrik und das Herrenhaus des Fabrikanten erhalten war. Hier entschied man sich für die Rekonstruktion eines Teils der Maschinerie, der sogenannten Waterframe, in einem Akt experimenteller Technikarchäologie. Die am ursprünglichen Ort nachgebaute Maschine gibt nicht vor, historisch ‚echt' oder authentisch zu sein, sie fungiert eher als szenografisches Setting für eine Präsentation, die am Beispiel dieser ‚ersten Fabrik' auf dem Kontinent den Aufbruch der Frühindustrialisierung thematisiert.

Die Gesenkschmiede Hendrichs in Solingen setzte in einer Hinsicht radikaler noch als die Tuchfabrik Müller auf ein Konzept der Authentizität: Die Museumsfabrik sollte nicht nur eine Schauproduktion aufrechterhalten, sondern in die Produktionsketten der lokalen Industrie integriert bleiben. Sie präsentiert sich nicht als unveränderte ‚Zeitkapsel', verleugnet nie, dass Fabrikarbeit im Museum nicht authentisch präsentiert werden kann.[6] Kontextualisierende Ausstellungselemente sind, wenngleich zurückhaltend, in die Fabrik integriert, auch szenografische Elemente wie abstrakt gehaltene Figuren in Arbeitshaltung. Wirklicher Ort und inszenierter Ort fallen, wie es der Gestalter Peter Gössel formulierte, in dieser Szenografie zusammen, wobei Ergänzungen immer kenntlich bleiben.[7] Die Ausstellung bleibt immer nah am Ort, letztlich zielt sie aber auf Kultur und Identität einer Region, die sich einer spezifischen lokalen Schneidwarentradition verdankt. Hiermit, auch in der Einbindung in das ‚kulturelle Ökosystem' der Schneidwarenindustrie, knüpft das Museum an das in den 1970er Jahren in Frankreich entwickelte Konzept der *écomusées* an.

Anderswo löst sich die Ausstellung stärker vom Ort: Die in Teilen eher ‚museal' eingerichtete Präsentation in der Alten Dombach in Bergisch Gladbach kommt in ihrem Gang durch die Geschichte des Papiers immer wieder auf den Ort zurück, führt aber – in einer Papiermühle, die fast ein Jahrhundert zuvor die Produktion eingestellt hatte – vielfach über ihn hinaus in Fragen des Konsums, der Gegenwart und der Zukunft des Papiers.

Insgesamt zeigt sich die Industriekultur im Rheinland mit ihren konkurrierenden Akteur*innen und heterogenen Ausgangslagen vielfältig beeinflusst. Wie man Sozialgeschichte ausstellt, hatte 1984 kein Industriemuseum, sondern das Ruhrlandmuseum aufgezeigt. Die szenischen Installationen der Dauerausstellung *Vom Ruhrland zum Ruhrgebiet*, wie die auf einer Drehscheibe präsentierten Arbeiterküchen, waren gängige Referenz in den museologischen Debatten der Zeit. Ein Jahr davor hatte das Museum der Frühindustrialisierung in Wuppertal eine der ersten sozial- und industriehistorischen Ausstellungen überhaupt eingerichtet – zwar in einem Fabrikensemble, aber ohne direkten Bezug darauf. Eindrücklich demonstrierte dann die IBA mit ihren Ausstellungen das expositorische Potenzial industrieller Räume, und dass es dabei um mehr geht als um die Vergegenwärtigung dessen, was dort einst geschah.

Nach 2000 entwickelte sich an Rhein und Ruhr eine lebendige Ausstellungskultur aus der Industriekultur. Gasometer und Kokerei Zollverein – die vielleicht spektakulärsten Ausstellungsräume der Republik – spielten in den Nullerjahren dabei nicht einmal die Hauptrolle. In der schwer zu bespielenden Kokerei sollte es bis 2014 dauern, bis wieder eine große Ausstellung gemeinsam von LVR-Industriemuseum und Ruhr Museum dort eingerichtet wurde: *1914 – Mitten in Europa*.[8] Die Rheinischen Industriemuseen begannen mit wechselnden Ausstellungen, die über die Industrie- und Sozialgeschichte hinaus die Kulturgeschichte des Industriezeitalters in den Blick nahmen. Exemplarisch dafür stehen die Verbundprojekte des Museums, mit Ausstellungen zu einem gemeinsamen Thema an allen sechs Museen, jeweils aus einer anderen Perspektive präsentiert: *Geschmackssachen* in den Jahren 2004/5 fügte sich zu einer Konsum- und Kulturgeschichte der Ernährung,[9] *nacht.aktiv* in den Jahren 2007/8 zu einer Kulturgeschichte des Nachtlebens. Nicht nur die Themen entsprachen kaum den stereotypen Erwartungen an ein Industriemuseum. Das junge Museum experimentierte auch mit der Szenografie; die in Theaterkulissen gestaltete Oberhausener Ausstellung *Aufgetischt* stand im scharfen Kontrast zur Dauerausstellung.

Konsequent auf eine Kulturgeschichte der Alltagsbekleidung, die im Spiegel der Mode dem gesellschaftlichen Wandel der letzten 150 Jahren nachspürte, setzte der Standort Ratingen.

Zur gleichen Zeit positionierte sich das Ruhrlandmuseum neu mit Ausstellungen und der Entscheidung, auf das Weltkulturerbe Zollverein umzuziehen. Allein durch die Wahl des Standorts, aber auch die dezidiert identitätspolitische Profilierung als Regionalmuseum für das Ruhrgebiet – das als Region ja nur durch seine Industriegeschichte konstituiert ist – zeigte sich das neue Ruhr Museum expliziter industriekulturell akzentuiert. Gleichwohl grenzt es sich weiter vom Industriemuseum ab, bezeichnet sich als ‚Regional- und Heimatmuseum neuen Typs'[10] – das Konzept des *écomusée* scheint freilich gar nicht so fern.

Ob die Unterschiede tatsächlich so fundamental sind – abgesehen davon, dass das Ruhr Museum seinen Zeithorizont bewusst viel weiter fasste –, darüber mag man streiten. Die Abgrenzung hat Tradition und ist nachzulesen in der Einführung im Katalogband der Ausstellung *Feuer und Flamme.*[11] Korffs Charakterisierung der Industriemuseen als Orte nostalgischer Verklärung, die es sich – frei nach Hermann Lübbe – zur Aufgabe gemacht hätten, Modernisierungsverluste zu kompensieren und für die Betroffenen deren Relikte zu konservieren, wurde schon damals der vielschichtigen Realität der Industriemuseen kaum gerecht, die etwa in der Zinkfabrik Altenberg auch die dunklen Seiten der Industrialisierung thematisierten.

Der freiere, assoziativere Umgang der IBA-Ausstellungen mit den Standorten, der mehr auf ästhetische Potenziale und symbolischen Überschuss denn auf die Geschichte des Ortes setzte, auch auf die Imaginationskraft der Kunst, war den sozialhistorisch vorgeprägten Industriemuseen in ihren Anfängen sicherlich eher fremd. Das Ruhr Museum zeigt auf der Zwölf-Meter-Ebene, wie in dieser Herangehensweise im Zusammenspiel von Industrieraum und ganz und gar unindustriellem Exponat eindrückliche Raumbilder gelingen.[12] Bezeichnenderweise erreicht dies die Ausstellung über das Industriezeitalter weniger; sie bleibt in der schieren Menge und Vielfalt an Exponaten, die die Identität der Region aus dem Geist der Kohle zu rekonstruieren suchen, vergleichsweise blass.

Am Anspruch, sich mit Gegenwart und Zukunft auseinanderzusetzen, haben sich alle mit mehr oder oft weniger Erfolg versucht, das LVR-Industriemuseum zuletzt mit der Ausstellung *Energiewenden – Wendezeiten* (2017) und einer darin integrierten Zukunftswerkstatt! *Sonne, Mond und Sterne* war in der Hinsicht das ambitionierteste, visionärste Projekt; das „Märchen von der Kohle", wie die Macher*innen ihre Ausstellung nannten, zielte auf die Vision einer postfossil-solaren Gesellschaft, am Ende materialisiert im Solarkraftwerk auf den Koksofenbatterien. Diese (aus heutiger Sicht hochaktuelle) Zukunftsvision erscheint in der Erinnerung an die Ausstellung eher blass – vielleicht war die Zeit nicht reif dafür, der Blick zurück im Jahr 1999 doch noch zu dominant. Die damals vorhergesagte große solarindustrielle Zukunft des Reviers firmierte 20 Jahre später in der Ausstellung *Energiewenden – Wendezeiten* des LVR-Industriemuseums schon als Beispiel für das Scheitern einer Vision.[13] Prophetisch scheint im Nachhinein hingegen das ironische Spiel der Ausstellung mit den Traditionen des Massenvergnügens, den Lunaparks und dem ‚Sonnenrad', entwickelten sich Teile der Industriekultur in den Folgejahren doch immer mehr in Richtung einer Event- und Freizeitkultur.

Heute sind wir unzählige Ausstellungen weiter. Man fragt sich fast, ob nicht jedes Thema schon einmal irgendwo gezeigt war und wie sehr das kritische Potenzial der Industriekultur unter der Eingliederung in die Erlebnisgesellschaft gelitten hat. Wenn nicht alles täuscht, gerät derzeit aber einiges in Bewegung: Wir sind erneut Zeugen eines Strukturwandels, der wohl viel radikaler sein wird als jener, aus dem einst die Industriekultur hervorgegangen war: Jetzt steht die Industriegesellschaft als Ganzes auf dem Spiel.

Just zu dem Zeitpunkt erfindet sich das LVR-Industriemuseum in der Zinkfabrik Altenberg neu. Der Anspruch ist noch immer der, den *Feuer und Flamme* vor 25 Jahren formulierte: ein Panorama des Industriezeitalters aufzufalten, kritische Bilanz zu ziehen und nach vorne zu schauen. Freilich ist dieser Blick zurück wie nach vorne heute ein anderer, lässt sich das Beschwören des Mythos von Kohle und Stahl, die Würdigung der Lebensleistung derer, die die Region aufgebaut haben mit ihrer Arbeit, nicht mehr so einfach fortschreiben; all dies erscheint heute zunehmend ambivalent. Wenn sich die Frage stellt, ob – und wenn ja – welche Zukunft das Industriezeitalter hat, dann berührt das einen Wesenszug dieses Zeitalters: sein Zukunftsversprechen. Das ist auch der Arbeitstitel für die neue Dauerausstellung. In ihr wird es weniger um regionale Identität gehen denn darum, wie sich Identitäten im Wandel immer neu konstituieren und wie Teilhabe in der Gesellschaft möglich wird.

Gerade starten LVR und LWL ein gemeinsames Experiment: *FUTUR 21*. Im Rahmen des Projekts werden sich Künstler*innen mit den 16 Industriemuseen intensiv auseinandersetzen und diese zu einer Bühne für die Imagination möglicher Zukünfte machen. Es geht nicht darum, Industrieräume als Kulisse für Kunst zu nutzen. *Sonne, Mond und Sterne* hatte Künstler*innen eingeladen, an der Ausstellung mitzuwirken; *FUTUR 21* lädt diese ein, die Erinnerungsorte des Zeitalters der Industrie im Dialog mit den Museumsmacher*innen zu transformieren in Orte des Nachdenkens über die Zukunft der Industrie. Industriekultur wird damit noch einmal zu einem Labor des Ausstellungsmachens. Vermutlich wird es dafür andere Ausstellungen brauchen, die politischer sein werden, zukunftshaltiger, hybrider, dialogischer und offener für ein diverseres Publikum. Für ein Publikum, das (fast) alles schon gesehen hat. Und im Zweifelsfall von der Welt der Industrie, von der wir erzählen und noch immer leben, immer weniger weiß.

Anmerkungen

1 Gottfried Korff: *Die Ausstellung. Prinzipien, Linien und Wege*, in: Ulrich Borsdorf (Hg.): *Feuer und Flamme. 200 Jahre Ruhrgebiet. Eine Ausstellung im Gasometer Oberhausen*, Essen 1994, S. 30 ff.

2 Zur Entwicklung der Szenografie Gottfried Korff: *Zielpunkt Neue Prächtigkeit? Notizen zur Geschichte kulturhistorischer Ausstellungen in der ‚alten' Bundesrepublik*, in: Landschaftsverband Rheinland, Alfons W. Biermann im Auftrag des Rheinischen Museumsamts (Hg.): *Vom Elfenbeinturm zur Fußgängerzone. Drei Jahrzehnte deutsche Museumsentwicklung: Versuch einer Bilanz und Standortbestimmung*, Wiesbaden 1996, S. 53 ff.

3 Rainer Wirtz: *Vorwort*, in: Landschaftsverband Rheinland (Hg.): *schwer.industrie*, Essen 1997, S. 11.

4 Rosemarie Beier (Hg.): *Prometheus. Menschen. Bilder. Visionen. Dokumentation*, Berlin 1998.

5 Gottfried Korff/Ulrich Borsdorf: *Lichtersekunden einer Kokerei*, in: *Sonne, Mond und Sterne. Kultur und Natur der Energie. Ein Rückblick*, Essen 2000, S. 45.

6 Jochem Putsch: *Nicht nur ‚hendrichsmäßig'. Zum Konzept des Museums*, in: Landschaftsverband Rheinland (Hg.): *Gesenkschmiede Hendrichs. Geschichte einer Solinger Fabrik*, Essen 1999.

7 Peter Gössel: *Wahrnehmung und Erfahrung im Museum*, in: DASA (Hg.): *Szenografie in Ausstellungen und Museen*, Essen 2004, S. 68 ff.

8 Jörg Steiner: *Ausstellungsgestaltung*, in: Heinrich Theodor Grütter, Walter Hauser (Hg.) *1914 – Mitten in Europa. Die Rhein-Ruhr-Region und der Erste Weltkrieg*, Essen 2014, S. 15–17.

9 Landschaftsverband Rheinland/Rheinisches Industriemuseum (Hg.): *Geschmackssachen. Kulinarisches in sechs Gängen. Begleitbuch in sechs Bänden*, Essen 2004.

10 Vgl. das Vorwort von Ulrich Borsdorf, in: Ders./Heinrich T. Grütter: *Ruhr Museum. Natur. Kultur. Geschichte*, Essen 2010, S. 18.

11 Borsdorf: *Feuer und Flamme*, 1994, S. 32.

12 Walter Hauser: *The Ruhr Museum at the Zollverein colliery in Essen*, in: *Technology and Culture* 52 (1), 2011, S. 171–179.

13 LVR-Industriemuseum/Walter Hauser (Hg.): *Energiewenden – Wendezeiten. Katalog zur Ausstellung im LVR-Industriemuseum Zinkfabrik Altenberg*, Münster 1997.

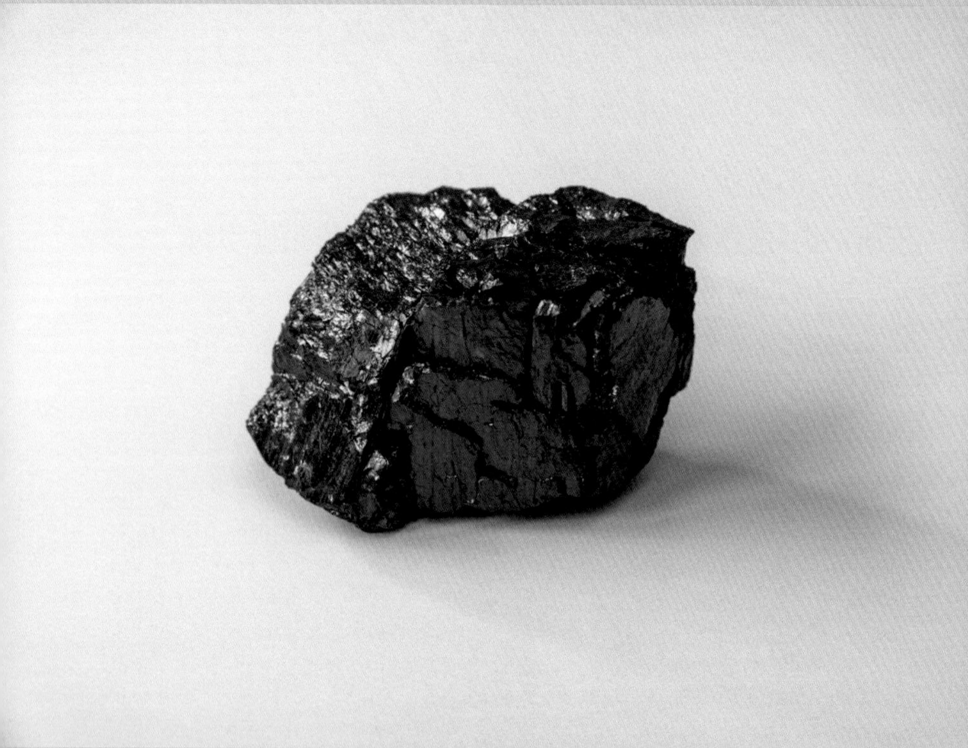

Starker Brocken in glitzerndem Schwarz:
Steinkohle aus dem Bergwerk Niederberg

Dagmar Hänel

Über Kohle
Popularkulturelle Narrative eines Rohstoffs der Moderne

> „Eins, zwei, drei, vier, für das Klima laufen wir,
> fünf, sechs, sieben, acht, wir brauchen keine Kohlekraft,
> neun und zehn, der Klimastreik muss weitergeh'n."[1]

Einer der beliebtesten Verse der Protestbewegung *Fridays for Future Deutschland* legt den Zusammenhang zwischen der Nutzung von Kohle und der Veränderung des Klimas offen. Die globale Erwärmung, die sich in Temperaturkurven seit Beginn der Industrialisierung als anthropogen nachweisen lässt, hängt ursächlich mit dem exponentiell gestiegenen CO_2-Ausstoß in die Erdatmosphäre zusammen. Die Verbrennung fossiler Energieträger ist Hauptursache.[2] Im Bewusstsein dieser Zusammenhänge und ihrer Folgen ist es nicht verwunderlich, dass sich die Proteste derjenigen, deren Lebensbedingungen und Gesundheit von den Folgen des Klimawandels zukünftig gravierend tangiert werden, genau dort fokussieren, wo aktuell sowohl fossile Energieträger gefördert und verbrannt als auch Ausstiegszenarien und Zukunftsentwürfe diskutiert werden – im rheinischen Braunkohlerevier. Im Dreieck zwischen Köln, Aachen und Mönchengladbach erleben wir aktuell vielfältige Formen einer Protestkultur, in der die Fridays for Future-Protagonist*innen mit Klima- und Umweltaktivist*innen jeglicher politischer und ideologischer Ausrichtung sowie lokalen Protestinitiativen eine für manch Politikwissenschaftler*in überraschende Verbindung eingehen.[3] Die Verbindung entsteht durch den gemeinsamen Protest ‚gegen Kohle', wobei in diesem Topos vielfältige Elemente und Prozesse zusammenfließen: Umsiedlungen,

Rodung von Wäldern, Kohleabbau, Kohleverstromung, Nutzung fossiler Energien allgemein, Politik. ‚Gegen Kohle' steht auch für Protest gegen diejenigen, die mit Kohle ‚Kohle machen', hier steht vor allem das Unternehmen RWE massiv in der Kritik. Diese Protestkultur ist in ihren Formen sowohl von Elementen der Friedens- und Anti-Atom-Bewegung beeinflusst als auch von aktuell populären Formaten der Jugendkultur. Auf Veranstaltungsformaten wie *barcamps* oder *labs* werden Themen diskutiert und Strategien entwickelt. Professionell agieren die jungen Akteur*innen nicht nur in neuen sozialen, sondern auch in und mit etablierten Medien.

‚Kohle' steht in dieser popularkulturellen Protestbewegung als plurales Symbol: für eine fehlgeleitete Politik, eine ‚kranke' Gesellschaft, die Ausbeutung der Natur, für soziale Ungerechtigkeit, für gewinnorientierten (Turbo-)Kapitalismus. ‚Kohle' steht für Schmutz, der sich braun-grau-klebrig auf Wäsche, Blätter und Dorfstraßen legt, der den Blick vernebelt und im übertragenen Sinne die Köpfe und Herzen von Verantwortungsträger*innen. ‚Kohle' ist hier auch ein wirkmächtiges Zeichen in einem kulturell determinierten Aushandlungsprozess, ihre kulturellen Implikationen prägen Diskurse wie Praktiken.

Das ist keine neue Erkenntnis. Schon im Kontext der kulturwissenschaftlichen Debatte um den Strukturwandel im Ruhrgebiet stellte unter anderem Stefan Przigoda fest: „Mit der Kohle verknüpfen sich vieldeutige, sehr unterschiedliche Narrative mit verschiedenen räumlichen, regionalen, nationalen und globalen Bezügen. […] Materiell bleibt sie dabei allerdings meist im Hintergrund und seltsam diffus […] gleichsam unsichtbar."[4]

Dieses Verschwinden von Materialität hinter symbolischem Gehalt ist bemerkenswert, ist doch das Material Kohle Grundstoff der Moderne und seit Jahrhunderten prägend für menschliche Kultur. Als Energieträger und als Rohstoff war Kohle Taktgeber der Industrialisierung, sicherte Lebensgrundlagen, sei es in den Hochöfen der Stahlindustrie oder in den Kohleöfen der Arbeiterfamilie. Das Element Kohlenstoff ist Grundlage der organischen Chemie, für Pharmazie, Medizin, Landwirtschaft, Lebensmittel- und Hygieneindustrie. Ohne den Rohstoff und den Energieträger Kohle(nstoff) wären aktuelle Alltagskultur und Lebensstandard der westlichen Welt nicht möglich.

Kohle war schon da, bevor der Mensch existierte. Entstanden aus den Wäldern des Oberkarbons beziehungsweise Tertiär, die unter Druck und steigenden Temperaturen zu Kohle wurden, initiierte ihre Nutzung zentrale, für die Menschheitsentwicklung relevante Prozesse. „Kohle schuf die Welt, in der wir leben“,[5] denn Menschen gestalteten ihre Umwelt und ihre zentralen Kulturpraktiken durch Nutzung von Kohle, und das nicht erst im 20. Jahrhundert.

In das Material Kohle wurden und werden Bedeutungen eingeschrieben, die mit der Förderung, Herstellung und Verarbeitung von Kohle verbundenen Praktiken ebenso symbolisch aufgeladen. Aufgrund der zentralen Bedeutung von Kohle für den Alltag sind es gerade die im Alltag besonders relevanten Narrative der Popularkultur, in denen der Topos Kohle ausgehandelt, Bedeutungsaufladungen verbreitet und tradiert werden. Kohle offenbart sich in diesen Narrativen als fluides, aufladbares, veränderliches und damit kulturelles Material. Kohle liegt als Metapher oder Topos untergründig, scheinbar unsichtbar in vielen popularkulturellen Medien des 19. und 20. Jahrhunderts verborgen, verweist dabei stets auf Elemente der Moderne.

Um Begriff und Inhalt von ‚Popularkultur‘ wird seit über 100 Jahren ein intensiver Diskurs geführt – sowohl innerhalb der Kulturwissenschaften als auch in kulturaffinen gesellschaftlichen Feldern.[6] Ich folge hier weitgehend den Definitionen Kaspar Maases und Hans-Otto Hügels und verstehe Popularkultur prozessual im Kontext gesellschaftlicher Aushandlungspraktiken:[7] In popularkulturellen Narrativen werden kulturelle Ordnungen sichtbar, reflektiert und neu ausgehandelt, dabei kollektive Symbole des kulturellen Wandels erzeugt, transformiert und repräsentiert, diese entfalten durch die Überschreitung sozialer, kultureller und sprachlicher Grenzen eine globale Breitenwirkung.[8]

Den interdependenten Bezügen zwischen Kohle und Moderne in popularkulturellen Medien sei im Folgenden anhand einiger Beispiele nachgegangen. Der verborgene Topos ‚Kohle‘ bildet ein Schlüsselmotiv für die jeweils zeitgenössischen Diskurse um ‚Moderne‘ als epochalem Umbruch des 19. und 20. Jahrhunderts.

1. Kohle und Kohle – soziale Distinktion und sozialer Aufstieg

Ein exemplarisches Narrativ bildet das Kunstmärchen *Das kalte Herz* von Wilhelm Hauff. 1827 erschienen, erzählt es die Geschichte des jungen Köhlers Peter im Schwarzwald, der mit Hilfe übernatürlicher Mächte sein Leben verbessern will. Ökonomisches Kapital, Besitz und Geld, stehen hier als Zeichen für Wohlstand und Glück. Nachdem Peter die erste Unterstützung durch das Glasmännlein verspielt hat, nimmt er das Angebot des bösen Waldgeists Holländermichel an: Der verspricht Reichtum im Tausch gegen das Herz, dessen Gefühle einem erfolgreichen Geschäftsmann im Wege ständen. Peter geht den Handel ein, erkennt aber bald, dass ohne sein fühlendes Herz aller Reichtum unbefriedigend ist. Sein kaltes Herz aus Stein macht ihn zum gefühlskalten Unmenschen, der schließlich zum Mörder seiner Frau wird.

Inmitten der industriellen Revolution, die auf der Nutzung von Steinkohle fußt, blickt Hauff zurück auf den Wandel in einer frühindustriellen Gesellschaft, in der die sozialen Mechanismen und Strukturen eines entfesselten Kapitalismus eingeschrieben werden. Ausgangspunkt ist die Situation einer Köhlerfamilie. Die Herstellung von Holzkohle war seit der Antike Grundlage zur Verarbeitung von Metall und Glas. Die hier notwendigen gleichmäßig hohen Temperaturen konnten alleine mit Holz nicht erreicht werden. Das Wissen um die Herstellung von Holzkohle machte zentrale Entwicklungsschritte der Menschheitsgeschichte möglich, die nun möglichen Verfahren der Metallerzeugung und -verarbeitung sicherten Ackerbau, bestimmten Kriegs- und Schutztechniken und führten zu spezifischen historischen Sozialsystemen. Dabei war die Arbeit des Köhlers eine prekäre, wie Hauff es in seiner Erzählung skizziert: Köhler lebten schlecht bezahlt mit ihren Familien im Wald, der glimmende Kohlenmeiler musste permanent überwacht werden. Ruß und Holzkohlestaub legten sich nicht nur auf Haut und Kleidung, sondern lagerten sich auch in der Lunge ab, Köhler galten als schmutzig und krankheitsanfällig. Das Leben außerhalb der Dörfer, im ‚unheimlichen' Wald[9] und in Armut machte sie zu Außenseitern: „Mit dem Gewerbe, seiner Isolation und

Außenseiterstellung hängt es zusammen, wenn den Köhlern eine besondere Beziehung zu Dämonen nachgesagt wird (und ihnen) zauberische Fähigkeiten unterstellt werden."[10] Gleichzeitig bildet das Produkt ihrer Arbeit die Grundlage des Wohlstands der gesamten Region: Die Glashütten des Schwarzwaldes beruhen auf dem Brennstoff Holzkohle, der positiv gedeutete Geist ‚Glasmännlein' steht für Wohlstand und bürgerliche Werte, die durch wirtschaftlichen Erfolg des Glashandwerks die Region prägen. Die Ressource Wald liefert hochwertiges Holz – die Figur des ‚Holländermichels' steht als böser Waldgeist für den Raubbau, der Name evoziert das Ziel der geflößten Holzstämme: den durch den Kolonialismus prosperierenden niederländischen Schiffsbau.

Die Wünsche des Köhlers, die ihm das Glasmännlein erfüllen soll, spiegeln die subkutanen kulturellen Strukturen, die seinen Alltag prägen. Sein erster Wunsch ist soziale Integration: Er will der beste und beliebteste Tänzer auf den Festen der Region sein, um die aufgrund seiner Herkunft alltägliche Ausgrenzungserfahrung zu überwinden. Sein zweiter Wunsch ist der nach sozialem Aufstieg: Eine große Glashütte will er haben, damit wiederum soziale Anerkennung und ökonomische Sicherheit.

Peters Scheitern ist abzusehen und zeigt eine bürgerlichen Werten verpflichtete Haltung der Erzählung – ein Kriterium, welches das Kunstmärchen des 19. Jahrhunderts von älteren Erzählgattungen unterscheidet.[11] Dem jungen Köhler fehlen Wissen und Bildung, um eine Glashütte zu führen, ihm fehlt das Maß(halten). Maßlos und entgrenzt ist das Angebot des Holländermichels: Geld, in unbegrenzter Höhe, jederzeit verfügbar. Der Preis dafür ist die komplette Entfremdung, nicht nur von der Arbeit und ihren Produkten, sondern von einer menschlichen Persönlichkeit, von Individualität und Emotionen. Dieses zutiefst kapitalistische Geschäft wird im Austausch des lebendigen Herzens durch einen Stein symbolisiert, die Folgen dieser Entfremdung sind maßloser Konsum und die Aufhebung jeglicher sozialen Ethik.

Wilhelm Hauff erzählt eine Geschichte von kapitalistischer Entgrenzung, von Raubbau und Ausbeutung natürlicher Ressourcen auf Kosten von sozialer Gemeinschaft und Identität. Die Konsequenzen dieses Prozesses sind in der Alltagsrealität des Autors sichtbar, denn die Spirale von Energiehunger nach (Holz-)Kohle und dem Raubbau an Waldbeständen führte bereits im 18. Jahrhundert zum Verlust enormer Waldflächen und wurde im 19. Jahrhundert durch den Ersatz durch die energiereichere Steinkohle nicht reduziert, im Gegenteil. Die Entwaldung führte zu gänzlich neuen Landschaften, zu monokultureller Waldwirtschaft durch Aufforstung mit schnellwachsenden Fichten, die bis heute massive ökologische Probleme mit gravierenden Folgen für die Ökonomie verursacht.[12]

Veröffentlicht 1827 in Hauffs dritter Märchensammlung ist die Geschichte *Das kalte Herz* zeittypischer Ausdruck romantisch-biedermeierlichen Eskapismus: In einer Zeit der Hochindustrialisierung, in der soziale Fragen ebenso dringlich werden wie wahrnehmbare Veränderungen von Kulturlandschaft durch Industrialisierung und ihre Folgen Landflucht und Verstädterung, erzählt der Autor eine Geschichte mit Happy-End, das hier, ganz einem bürgerlichen Wertekanon verpflichtet, in der „Verwurzelung in der Heimat, in Ehe und Familie“[13] repräsentiert wird. Wirtschaftlicher Erfolg und sozialer Aufstieg gehören dazu, bleiben aber begrenzt auf ein kleinbürgerliches Handwerksmilieu: Peter kehrt zurück zum Köhler-Handwerk seines Vaters, „war tüchtig in seinem Handwerk, und so kam es, daß er aus eigener Kraft wohlhabend wurde. Er war im ganzen Wald beliebt und angesehen.“[14] Mit dieser Rückkehr in vormoderne Strukturen zeigt sich die kritische Haltung der Romantik zu den Entwicklungen der Moderne: Das ländliche Idyll wird zum Gegenbild urbaner, industrialisierter Realität.

2. Immer schneller, immer vorwärts: Die Eroberung des Raums

Als Kennzeichen der Moderne gilt unter anderem eine beschleunigte Überwindung des Raums:[15] Waren und Menschen reisen mit modernen Verkehrsmitteln. Informationen, Daten und Wissen, aber auch Desinformationen, Werbung und Ideologien können über Massenmedien schnell und global verbreitet werden. Grundlage dieser Mobilität ist wiederum Kohle: Die Eisenbahn steht hier paradigmatisch für die umwälzende Kraft dieses Energieträgers und wird zum „Kollektivsymbol für Fortschritt, für die offene Zukunft und die Veränderbarkeit aller Dinge".[16] Sinnbild für die Landnahme des modernen Menschen ist der Bau des Eisenbahnschienennetzes, welches erst die Aneignung und Beherrschung bisher unerschlossener Räume möglich macht.[17] Angetrieben werden die Züge, die mit vorher nicht vorstellbarer Geschwindigkeit Räume überwinden, durch Kohle. Die Eisenbahn wird im 19. Jahrhundert zum beliebten Sujet von Malerei, Fotografie sowie frühem Film: Die ersten veröffentlichten Bewegtbilder zeigen die Einfahrt eines Zuges in einen Bahnhof.[18] Ebenso epochal wie die Eisenbahn als neues Verkehrsmittel wirkte der Film als das neue Medium der Moderne.

Es ist nun interessant, wie das Motiv der Dampflokomotive in einem besonderen Filmgenre wiederkehrend auftaucht und zu einem spezifischen popularkulturellen Topos wird: Im ‚wilden Westen' des Westerns. Der Western ist ein spezifisch US-amerikanisches Genre, sowohl literarisch als auch vor allem im Film.[19] Erzählt wird im Kern stets die Geschichte der Landnahme der westlichen Bundesstaaten der USA als nationale Heldengeschichte, als idealisierter (legitimer) Kampf der weißen Amerikaner gegen die *native americans*, eine Erzählung über einen Prozess der Zivilisation.[20] Im Western wird die Nationenwerdung der USA zum Mythos verklärt:[21] „Gerade das Genrekino ist dazu in der Lage, nationale Mythen wirkmächtig zu repräsentieren [...]."[22]

Die nationale Identität der USA fußt stark auf Ideen der Moderne, ohne deren Werkzeuge und Symbole weder Landnahme noch Zivilisierung erfolgen können. So tauchen wiederkehrend Elemente wie ‚Presse', ‚Recht' und eben die Eisenbahn auf. Das Motiv ‚Eisenbahn' ist zum einen als Rahmung (Bau der transkontinentalen Eisenbahn) in vielen Filmen präsent (zum Beispiel *The Iron Horse*, 1912), zum anderen ist die Darstellung der Eisenbahn konkretes Sujet im Film – so in *High Noon* (1952), wo die einfahrende Lokomotive so gefilmt ist, dass sie die Betrachtenden fast überrollt . Immer wieder werden fast beiläufig Bahnhöfe gezeigt, einfahrende Züge, welche Zeitungen, Waren und durch ihre Kleidung als städtisch-modern markierte Akteur*innen in die Grenzregion bringen.

Die Eisenbahn spielt auf drei Ebenen eine zentrale Bedeutung im Western. Zum einen als Sujet des filmischen Narrativs: Zahlreiche Western spielen im Kontext des Eisenbahnbaus, thematisieren den Fortschritt der verkehrstechnischen Erschließung des Raums als Handlungsrahmen. Der reale Bau der transamerikanischen Eisenbahnlinie bietet Grundlage für zahlreiche Western, so auch für den stilbildenden ersten Film des Genres: *The Great Train Robbery* (1903). Zum zweiten ist die Eisenbahn zentral für die Herstellung eines spezifischen Blicks auf die Landschaft im Film. Bis heute steht das Genre Western als bildprägend für die langen Panoramaeinstellungen, in denen eine idealtypische karge Landschaft des amerikanischen Westens in Szene gesetzt wird. Der Blick in die Landschaft ist geprägt von der Eisenbahn. Häufig wird der Held oder die Heldin auf der Zugfahrt begleitet: Die Kamera zeigt den Zug in der Landschaft und suggeriert im Anschlussschnitt den Blick der Reisenden auf diese. Filmtechnisch umgesetzt werden diese typischen Bilder in langen, langsam bewegten Kameraeinstellungen, im langsamen Schwenk oder der Kamerafahrt auf Schienen. Die Bilder leiten den Blick der Zuschauenden und evozieren eine Aneignung des Raums als (national) Eigenes.

Die Landnahme beginnt vor der Eisenbahn, es sind die ebenfalls als fester Topos im Western etablierten Trecks von Siedlern in Planwagen, die diese repräsentieren, wobei hier oftmals religiöse Motive als Legitimation der Besiedlung eingeschrieben werden.[23] Die Eisenbahn symbolisiert den zweiten Schritt der Inbesitznahme des Raums durch ‚die Moderne'. Die Eisenbahn ist nicht nur selbst ikonisches Bild der Moderne, sondern bringt den Siedlern die Errungenschaften moderner Kultur: Waren, Post, Zeitungen und Kapital: Die Dollarnoten, die als Lohn für die Gleisarbeiter Ziel krimineller Energie sind (so unter anderem in *The Great Train Robbery*) verschleiern das tatsächliche Kapital, dass in der Landnahme, der industriellen Entwicklung und Ausbeutung der Ressourcen Natur und Mensch liegt.

Ein drittes Element ist eine in zahlreichen Western wiederkehrende Szene: Ins Bild genommen wird die Lokomotive mit ihrem Antrieb, dem Kessel sowie dem Heizer, der Kohle in den Kessel schaufelt und so die Fahrt antreibt. Dieses Bild steht in verschiedenen

Kontexten: zum einen beispielsweise in dem bereits genannten Film über den ‚großen Eisenbahnraub', in dem Lokomotivführer und Heizer versuchen, den Raub zu verhindern, aber scheitern. Verfolgungsfahrten mit der Eisenbahn machen den Heizer zum Herrn über die Geschwindigkeit: je mehr Kohle, umso schneller – wobei ein Zuviel auch zur Explosion des Kessels führen kann. Der Einsatz der Eisenbahn für die Interessen von Helden oder Schurken (Verfolgung oder Flucht) ist also riskant, zeigt aber diese technische Errungenschaft der Moderne als *gamechanger* in tradierten Konflikten.[24]

Die Dampflokomotive ist das zentrale Symbol der Moderne im Western: Sie bringt modernes Leben als Waren und Konsum, aber auch als modernes Recht und staatliche Institutionalisierung in die Grenzgebiete der Zivilisation. Dort herrschten das Recht des Stärkeren, Gewalt, Unordnung und Unmoral – der Ort, an dem dieses Bild ikonisch in Szene gesetzt wird, ist der Saloon. Das wichtigste Hilfsmittel des Sheriffs[25] zur Herstellung von Recht und Ordnung ist nicht sein Pferd, sondern das ‚eiserne Pferd', das die Fundamente der Moderne legt und bringt. Das impliziert auch die Verdrängung und Vernichtung der indigenen Bevölkerung, die infolge der Erschließung des Raums durch die Eisenbahn mit der nachfolgenden Inbesitznahme ihre letzten Rückzugsgebiete verlor. Die Kolonialisten der Moderne fanden durch Anwendung der kohlebasierten Techniken in den westlichen US-Bundesstaaten den nächsten fossilen Rohstoff, der noch wirkmächtiger als Kohle den Fortschritt der globalisierten Moderne antreiben sollte: das Erdöl.[26]

Das Narrativ und die Symbole des Westerns bleiben auch in der Ära des Erdöls virulent, beispielsweise in der international populären Fernsehserie der 1980er Jahre: *Dallas*. Hier inszenieren sich die Mitglieder der Familie eines US-Ölmagnaten in Kleidung, Lebensstil und Habitus als Cowboys und Cowgirls – fraglich geworden sind klare Zuschreibungen von Gut und Böse der seriell erzählten Rollen.

3. Kohle, Koks, Kapital

Zurück zur Kohle, nach Deutschland ins Berlin des späten 19. Jahrhunderts. Hier und anderswo im deutschen Reich ist ein kleines Lied populär, gesungen nach einer Operettenmelodie[27] im Walzertakt:

> „Mutter, der Mann mit dem Koks ist da.
> Junge, halts Maul, ich weiß es ja.
> Hab ich denn Geld? Hast du denn Geld?
> Wer hat denn den Mann mit dem Koks bestellt?
> Ach lieber Koksmann, ich habe kein Moos!
> Aber Madameken, det kost't ja blos
> 'ne halbe Mark.
> So'n bischen Quark
> Hab'n sie nich,
> Det find ich stark.
> Thun sie denn nicht borgen?
> Ne, borgen macht Sorgen.
> Borgen kann ich nich,
> Thu ich nich, will ich nich,
> Borgen is mir ganz fürchterlich."

Dieses Lied zeigt die oft prekäre Lebenssituation der Industriearbeiterfamilien, die verarmt, unter beengten Wohnverhältnissen in den wachsenden Städten leben. Wischermann stellt fest, dass „1867 im damaligen hamburgischen Stadtgebiet über 16% der Einwohner in knapp 10% der Wohnungen unter extremen Armutsstandard lebten."[28] Materielles Zentrum der Wohnung ist der Kohleherd im multifunktionalen Küchen-, Ess- und Schlafraum. Analog zum holzbetriebenen Herdfeuer des vormodernen Bauernhauses[29] sammelt sich die Familie in den Mietswohnungen der Industriestädte in der Küche um den Herd: Hier wird gekocht, hier steht die Kanne (Ersatz-) Kaffee auf der Platte, die Wäsche wird getrocknet, es ist warm. Korrekter wäre vom Koksofen die Rede, denn wie in den Hochöfen der Metallindustrie wurde in den Hausöfen nicht Kohle, sondern überwiegend Koks verbrannt.[30]

Für die Arbeiterfamilien war die wöchentliche Kokslieferung existenziell, vom Vorhandensein des Brennstoffs waren die Bewältigung des Alltags und das Überleben abhängig. Aus dieser Alltagsrealität heraus ist der Schlager *Mutter, der Mann mit dem Koks ist da* als sozialkritisches Lied verstehbar. Hier wird die prekäre Situation einer Familie deutlich, die die Kokslieferung nicht bezahlen kann und sich nicht in das empfohlene „Borgen", also ein Kreditsystem einfinden will („borgen macht Sorgen"). Mit mehr oder weniger sprachlicher Einfärbung im Berliner Regiolekt vorgetragen, wird die Situation damit sozial wie lokal verortet, wobei sie auch in anderen Städten und Regionen verstanden wurde. Die Popularität des Liedes zeigt sich in zahlreichen Varianten, in einer davon wird das Kreditwesen nochmals anders thematisiert: „Mutter, der Coaksmann, er pumpt dir ja. / Junge sprich leise, sonst hört es ja / hier jeder Lump, / dass ich Coak's pump / s'braucht nicht jeder zu wissen."[31]

Sozialkritisch richtet sich das Lied gegen die Mechanismen eines kapitalistischen Marktes, der Kohle durch Ausbeutung von Arbeitskraft in Kapital umwandelt, und die ausgebeuteten Arbeiter mit ihren Familien auch noch vom Produkt des entstandenen Marktes abhängig macht. Durch ein niedrigschwellig angebotenes Kreditsystem wird die Abhängigkeit verstärkt und verdauert. Das Bewusstsein für diese Zusammenhänge ist vorhanden („Borgen is mir ganz fürchterlich"), zur Annahme des Kredits führen existenzielle Zwänge. Armut wird als Makel wahrgenommen, daher soll auch das „Borgen" möglichst geheim bleiben.

Symbolisch wird hier eine Verbindung zwischen Kohle/Koks und ökonomischem Kapital gezogen, die sich in der umgangssprachlichen Benennung ‚Kohle' für Geld verbindet: Wer Kohle oder Koks hat, verfügt nicht nur über die Ressourcen und das Produkt, sondern auch über das Kapital: je mehr Kohle, desto mehr Geld.[32] Die umgangssprachliche Benennung von Geld als Kohle ist bis heute weit verbreitet. Die Beziehung zwischen Kohle und ökonomischem Kapital wird auch in Märchen und Sagen der frühen Neuzeit und vor allem in den Bergmannssagen des 19. Jahrhunderts aufgegriffen: Da wird Kohle in Gold verwandelt und umgekehrt, Kohle wird als Lohn von übernatürlichen Wesen gezahlt oder verlangt, die sich am Ende für die Held*in in Gold verwandelt.[33]

1996 taucht das Lied in den Dancefloor-Charts wieder auf, neu interpretiert vom österreichischen Popstar Falco. Es ist nun die Droge Kokain, umgangssprachlich Koks, die besungen wird. Im Text wird die Beziehung zwischen Kohle und Koks dargestellt.

> „Es wurde einst
> Das schwarze Gold der Ruhr genannt.
> Es spendete Wärme, Behaglichkeit und Energie (Energie, Energie).
> In einem besonderen chemischen Verfahren
> Verflüchtigten sich aus dem Urstoff die Gase
> Und aus Kohle wurde Koks.
> Die Menschen sehnten sich nach der Energie,
> Die ihnen das Koks lieferte.
> Doch für das Volk war der Stoff zu teuer
> Mutter, oh Mutter
> Der Mann mit dem Koks ist da
> Das schwarze Gold ist weiß geworden:
> Man nehme eine einfache Rezeptur
> Und aus Koks wird wieder Kohle (Kohle, Kohle)
> Wärme, Behaglichkeit, Energie (Energie, Energie)
> Wärme, Behaglichkeit, Energie (Energie, Energie)
> Mutter, oh Mutter
> Der Mann mit dem Koks ist da."[34]

Im Liedtext ist es der Begriff ‚Energie', der mehrfach wiederholt wird, der die zentrale Wirkung beschreibt. Mit dem Energiebegriff ist auch die Verbindung zum Kohle-Koks gelegt: Mit dem Ausgangsprodukt Kohle macht Koks Energie preiswert verfügbar, stillt den Energiehunger der Moderne in Hochöfen, Eisenbahnen, Maschinen. Ähnlich wird der Hunger oder die Gier nach permanenter An-/Erregung, nach Vergnügen und Unterhaltung einer elitären Gesellschaft kurz vor der Jahrtausendwende durch den Konsum von Kokain befriedigt.[35] Während Kohle-Koks für eine Überschreitung bisheriger Grenzen in Zeit und Raum und radikalen Gesellschaftswandel sorgte, bietet der Kokain-Rausch Entgrenzungserfahrungen auf der individuellen Ebene – betont wird das Ego.[36]

Koks gilt Ende des 20. Jahrhunderts als Droge der (Erfolg-)Reichen: Seine Wirkung ist nicht eine betäubende und antisoziale, wie beispielsweise von Heroin oder Crack, die als Drogen der Armut gelten. Kokain wirkt aufputschend und stimulierend, gilt als attraktiv für eine spaßorientierte Leistungsgesellschaft. In einem Kommentar zum Skandal um die Drogensucht eines Bundesliga-Fußballtrainers wird der Zusammenhang von Kokainkonsum und entgrenzter Leistungs- und Konsumökonomie formuliert: „Überall, wo schnelles Geld fließt, wo das Lohn-Leistungs-Verhältnis total aus den Fugen geraten ist, wo Spekulanten auf dem Gang zur Börse exorbitante Renditen versprechen, wo nur noch Spitzenergebnisse als Erfolg gewertet werden, da ist auch Kokain im Spiel. Diese Droge ist der Treibstoff der New Economy, sie ist überall, wo in Hochgeschwindigkeit gearbeitet wird und Akteure mit Super-Egos am Werk sind."[37] Mit dem Vers „Aus Koks wird wieder Kohle" rekurriert das Lied auf den enormen Markt der Drogen und den Kreislauf eines kapitalistischen Marktes.

4. Kohle – ambivalenter Grundstoff der Moderne

Ein Blick in wenige Beispiele popularkultureller Narrative zeigt, dass der Topos Kohle ein Schlüsselmotiv zum Diskurs um zentrale Elemente der Moderne darstellt. Ob in Narrativen romantischer Kunstmärchen, im Western oder in der Popmusik, Kohle wird vielfältig dargestellt, oft subkutan und als untergründiges Sediment einer vielschichtigen Symbolik.[38] Als Motor und Begleiter der Moderne ist das Material ‚Kohle' in unterschiedlichen Derivaten zum Topos ‚Kohle' geworden und steht sowohl für die Errungenschaften technisch-industriellen Fortschritts und Wohlstands als auch für ihre Kehrseiten: ausbeuterische Arbeitsverhältnisse, Zerstörung von Ressourcen, Entfremdung, soziale Ungleichheit. Im Kontext aktueller Debatten, Diskurse und Realisierungen um das Ende fossiler Energien kann der Blick auf die (popular-)kulturelle Symbolik und Funktion des Topos ‚Kohle' sensibel machen für ein sehr grundsätzliches Potenzial der Gesellschaftsveränderung. Der Abschied von fossilen Energieträgern könnte auch eine Transformation der diesen Wandel tragenden Gesellschafts- und Wirtschaftsstrukturen hervorrufen. Das

Wissen um dieses Potenzial macht den aktuell von Angst, Polemik und dem Ringen um Statuserhalt bestimmten Diskurs um Energiewende und notwendigen gesellschaftlichen Wandel durchschaubar. Abschied von der Kohle könnte auch ein radikaler Abschied von tradierten Gesellschaftsstrukturen und eine grundsätzliche Neubewertung von ‚Kapital' bedeuten.

Anmerkungen

1 Regelmäßig wiederholter Vers unter anderem während der *Fridays for Future*-Demonstration in Aachen am 21.06.2019, auch im Kontext der Proteste am Hambacher Forst häufig gehörter Ruf der Demonstrierenden.

2 Vgl. hierzu die umfangreiche Literaturlage der internationalen Klimaforschung sowie speziell beispielsweise den IPCC-Bericht 2018: Valérie Masson-Delmotte/Panmao Zhai/Hans Otto Pörtner: *Summary for Policymakers*, in: World Meteorological Organization (Hg.): *Global warming of 1.5°C. An IPCC Special Report on the impacts of global warming of 1.5°C above pre-industrial levels and related global greenhouse gas emission pathways, in the context of strengthening the global response to the threat of climate change, sustainable development, and efforts to eradicate poverty*, Genf 2018, S. 32 ff., https://report.ipcc.ch/sr15/pdf/sr15_spm_final.pdf (besucht 21.04.2021); sowie exemplarisch das Sondergutachten des wissenschaftlichen Beirats der Bundesregierung *Globale Umweltveränderungen – Die Zukunft der Meere – zu warm, zu hoch, zu sauer*, Berlin 2006, https://www.wbgu.de/fileadmin/user_upload/wbgu/publikationen/sondergutachten/sg2006/pdf/wbgu_sn2006.pdf (besucht 21.04.2021).

3 Erste Studien zu *Fridays for Future* zeigen, dass es sich um eine Bewegung handelt, die maßgeblich von Schüler*innen zwischen 14 und 19 Jahren sowie sich solidarisierenden Jugendlichen und jungen Erwachsenen zwischen 20 und 25 Jahren getragen wird. Dabei sind ein für Protestkulturen überdurchschnittlich hoher Anteil von weiblichen Akteurinnen sowie ein überdurchschnittliches Bildungsniveau sichtbar. Vgl. Moritz Sommer/Dieter Rucht/Sebastian Haunss/Sabrina Zajak: *Fridays for Future. Profil, Entstehung und Perspektiven der Protestbewegung in Deutschland*, ipb Working Paper 2/2019, https://protestinstitut.eu/wp-content/uploads/2021/03/ipb-working-paper_FFF_final_online.pdf (besucht 19.04.2021).

4 Stefan Przigoda: *Schwarzes Gold. Erinnerungsort Ruhrkohle*, in: Stefan Berger u. a. (Hg.): *Zeit-Räume Ruhr. Erinnerungsorte des Ruhrgebiets*, Essen 2019, S. 369–385, hier S. 371.

5 Franz-Josef Brüggemeier: *Grubengold. Das Zeitalter der Kohle von 1750 bis heute*, München 2018, S. 9.

6 Die lange und vielfältige Debatte um populäre Kultur beginnt nicht erst 1964 mit der Gründung des *Centre for Contemporary Cultural Studies* in Birmingham, sondern dieser geht ein Diskurs um Begriffe von Volks-, Massen-, Eliten und Hochkultur voraus. Vgl. dazu die fachhistorischen Grundlagentexte von Utz Jeggle: *Volkskunde im 20. Jahrhundert*, in: Rolf Brednich (Hg.): *Grundriß der Volkskunde. Einführung in die Forschungsfelder der Europäischen Ethnologie*, 3. erw. Aufl., Berlin 2001, S. 53–75; Rudolf Schenda: *Volk ohne Buch. Studien zur Sozialgeschichte der populären Lesestoffe*, Frankfurt a. M. 1970; Kaspar Maase: *Grenzenloses Vergnügen. Der Aufstieg der*

Massenkultur 1850–1970, 4. Aufl., Frankfurt a. M. 2007; Wolfgang Kaschuba: *Einführung in die Europäische Ethnologie,* 3. Aufl., München 2006; Silke Göttsch: *Volkskultur,* in: Hans-Otto Hügel (Hg.): *Handbuch populäre Kultur. Begriffe, Theorien und Diskussionen,* Stuttgart 2003, S. 83–89.

7 Vgl. Hans-Otto Hügel: *Einführung,* in: Ders. (Hg.): *Handbuch* 2003, S. 1–22 und Kaspar Maase: *Was macht Populärkultur politisch?* Otto-von-Freising-Vorlesungen der Katholischen Universität Eichstätt-Ingolstadt,Wiesbaden 2010.

8 Ich verweise in diesem Zusammenhang exemplarisch auf die Diskussion um Kolonialismus und die Vorherrschaft ‚weißer' Kultur in der Kunst, die durch das Video der Popstars Beyoncé und Jay'Z *Apeshit* einen spezifischen Impetus erhielt, https://www.youtube.com/watch?v=kbMqWXnpXcA (besucht 14.05.2021); vgl. u. a. Jörg Häntzschel: *Schwarze Aphrodite vor Mona Lisa,* in: *Süddeutsche Zeitung,* 20.06.2018.

9 Erst im 19. Jahrhundert wurde im Kontext der Romantik der Wald als Raum ästhetischer und spiritueller Erfahrung positiv aufgeladen. Vgl. Helmut Fischer: Art. *Wald,* in: *Enzyklopädie des Märchens. Handbuch zur historischen und vergleichenden Erzählforschung,* Bd. 14, Berlin/Boston 2014, Sp. 434–443; Albrecht Lehmann: *Von Menschen und Bäumen. Die Deutschen und ihr Wald,* Reinbek b. Hamburg 1999.

10 Helmut Fischer: Art. *Köhler,* in: *Enzyklopädie des Märchens,* Bd. 8, Berlin/New York 1996, Sp. 47–48.

11 Sind traditionelle Erzählgattungen wie Sage und Legende aus ihren mittelalterlichen oder frühneuzeitlichen Entstehungskontexten heraus mit primär religiösen Werthaltungen enkodiert, spiegeln die Kunstmärchen des 19. Jahrhunderts romantisch geprägte bürgerliche Ordnungsmuster. Vgl. u. a. Harm-Peer Zimmermann: *Ästhetik der Aufklärung: Zur Revision der Romantik in volkskundlicher Absicht,* Würzburg 2001; Manfred Grätz: Art. *Kunstmärchen,* in: *Enzyklopädie des Märchen,* 1996, Sp. 612–622; Paul-Wolfgang Wührl: *Das deutsche Kunstmärchen. Geschichte, Botschaft und Erzählstrukturen.* 3. Aufl., Hohengehren 2012; Helge Gerndt: *Sagen – Fakt, Fiktion oder Fake? Eine kurze Reise durch zweifelhafte Geschichten vom Mittelalter bis heute,* Münster u. a. 2020.

12 Vgl. Hansjörg Küster: *Geschichte des Waldes. Von der Urzeit bis zur Gegenwart,* München 1998.

13 Wührl: Das deutsche *Kunstmärchen,* 2012, S. 196.

14 Wilhelm Hauff: *Das kalte Herz,* in: *Zwerg Nase. Die schönsten Märchen von Wilhelm Hauff,* Stuttgart/Hamburg 1970, S. 167–224, hier S. 223.

15 „Die Verzeitlichung des Denkens und die Beschleunigung der Zeit sind dagegen ein durchgehendes Phänomen moderner Zeiten." Christof Dipper: *Moderne,* in: *Docupedia-Zeitgeschichte,* 17.01.2018, http://docupedia.de/zg/Dipper_moderne_v2_de_2018 (besucht 27.05.2021). Zeit und Raum als zentrale Kategorien kultureller Ordnung werden in der Moderne neu wahrgenommen, bewertet und ausgehandelt. Technische Entwicklungen ermöglichen die beschleunigte Überwindung von Raum mit modernen Verkehrsmitteln, beim Reisen und in der Wirtschaft. Vgl. auch Hartmut Rosa: *Beschleunigung. Die Veränderung der Zeitstruktur in der Moderne,* Frankfurt a. M. 2005.

16 Sebastian Dümling: *Changing Societies, Changing Narratives. Wie man über gesellschaftlichen Wandel spricht und verstanden wird,* in: *Zeitschrift für Volkskunde. Beiträge zur Kulturforschung,* 1, Münster 2020, S. 46–66, hier S. 57.

17 Vgl. dazu Penelope Harvey: *Roads. An anthropology of infrastructure and expertise,* Ithaka 2015.

18 Zur Filmgeschichte vgl. Lena Christolova: *Zwischen den Chiffren von Regnault und der Taxidermie von Flaherty. Wissenschaftsanspruch und Massenkulturphänomene im ethnographischen Film zwischen 1895 und 1931*, in: Irene Ziehe/Ulrich Hägele (Hg.): *Visuelle Medien und Forschung. Über den wissenschaftlich-methodischen Umgang mit Fotografie und Film*, Münster u. a. 2011, S. 49–68.

19 Vgl. Georg Seeßlen: *Western. Geschichte und Mythologie des Westernfilms*, überarb. u. aktual. Neuaufl., Marburg 1995.

20 Norbert Elias: *Über den Prozess der Zivilisation. Soziogenetische und psychogenetische Untersuchungen*, Band 2: *Wandlungen der Gesellschaft. Entwurf zu einer Theorie der Zivilisation*, Amsterdam 1997.

21 Vgl. Richard Slotkin: *Gunfighter Nation. The Myth of the Frontier in Twentieth-Century America*, Norman/OK 1998 und Martin Weidinger: *Nationale Mythen – männliche Helden. Politik und Geschlecht im amerikanischen Western*, Frankfurt a. M. u. a. 2006.

22 Thomas Klein: *Outlaws, Sozialbanditen und der Western: Zur Interkulturalität eines generischen Figurenstereotyps am Beispiel ausgesuchter filmischer Repräsentationen des mexikanischen Charros*, in: *MEDIENwissenschaft*, 3, 2012, S. 274–286, hier S. 279.

23 Vgl. Wolfgang Luley: *Es war einmal im Westen: Religiöse Motive im Post-Western*, in: Thomas Bohrmann/Werner Veith/Stephan Zöller (Hg.): *Handbuch Theologie und Populärer Film*, Band 2, Paderborn u. a. 2009, S. 15–29.

24 Ganz ähnliche Wirkung hat das Motiv der Eisenbahn beispielsweise im spätviktorianischen Roman *Dracula*: Die Helden der Gruselgeschichte besiegen das Monster aus der Vergangenheit mit den Mitteln der Moderne, die Eisenbahn überholt die Pferdekutsche, Telegramme sorgen für Informationsvorsprung. Vgl. dazu Dagmar Hänel: *Vom Nutzen des Aberglaubens und der Lust am Horror. Anmerkungen zur Entwicklung des Vampirmotivs*, in: *KulTour. Mitteilungsblatt des Volkskundlichen Seminars der Universität Bonn*, 14, 2003, S. 36–63.

25 Die genretypischen Rollen verweisen auf die grundlegende Bedeutung des Westerns als ein Medium, in dem kulturelle Ordnungsmuster wie Recht und Ethik ausgehandelt werden.

26 „Das Erdölzeitalter beginnt in Titusville, in dem amerikanischen Bundesstaat Pennsylvania." Joachim Varchim/Joachim Radkau: *Kraft, Energie und Arbeit. Energie und Gesellschaft*, Reinbek b. Hamburg 1984, S. 139.

27 Gesungen wurde nach der Melodie des „Carlotta-Walzers" *Heiraten, heiraten, das ist schön* aus Carl Millöckers Operette *Gasparone* (1884). Vgl. Lukas Richter: *Der Berliner Gassenhauer. Darstellung, Dokumente, Sammlung*, Leipzig 1969, Neuausgabe Münster u. a. 2004.

28 Clemens Wischermann: *Wohnen in Hamburg vor dem Ersten Weltkrieg*, Münster 1983, S. 191.

29 Bedal zeigt, wie die zentralen Funktionen des Wohnens, Zubereitung der Mahlzeiten und Wärme die Raumstrukturen historischer Häuser prägten und welche Rolle die Feuerstellen (Herd, Ofen) spielten: Konrad Bedal: *Historische Hausforschung. Eine Einführung in Arbeitsweise, Begriffe und Literatur*, Münster 1978, S. 95 ff.

30 Koks entsteht durch das pyrolytische Erhitzen von Steinkohle, dabei werden Verunreinigungen aus der Kohle abgeschieden. Übrig bleibt das poröse, etwas leichtere Koks, das einen hohen Heizwert hat und beim Verbrennen weniger Rauch, Ruß und Schwefel freisetzt.

31 Richter: *Der Berliner Gassenhauer*, 2004, S. 390 f.

32 Vgl. Art. *Kohle*, in: Lutz Röhrich: *Das große Lexikon der sprichwörtlichen Redensarten*. Bd. 2. Freiburg i. Br. 1992, S. 864–865.

33 Vgl. Helmut Fischer: Art. *Kohle*, in: *Enzyklopädie des Märchens*, Bd. 8, Berlin/New York 1996, Sp. 41–46.

34 Ebda.

35 Vgl. hierzu Gesellschaftsdiagnosen wie Gerhard Schulze: *Die Erlebnisgesellschaft. Kultursoziologie der Gegenwart*, 2. aktual. Aufl., Frankfurt a. M. 2005; Neil Postman: *Wir amüsieren uns zu Tode. Urteilsbildung im Zeitalter der Unterhaltungsindustrie*, Frankfurt a. M. 1985.

36 Zu den Wirkungen von Kokainkonsum gehört eine übersteigerte Selbstwahrnehmung, herabgesetzte Selbstkritik, Überschätzung der eigenen Fähigkeiten und Sorglosigkeit. Siehe https://www.onmeda.de/drogen/kokain-rauschzustand-1858-5.html (besucht 02.05.2021).

37 Günter Amendt: *Kokain ist überall, wo in Hochgeschwindigkeit gearbeitet wird*, in: *Berliner Zeitung*, 24.10.2000.

38 Zur Sedimentierung als Konzept der Symboltheorie vgl. Gottfried Korff: *Vorwort*, in: Ders. (Hg.): *KriegsVolksKunde. Zur Erfahrungsbindung durch Symbolbildung*, Tübingen 2005, S. 9–28 und Aleida Assmann: *Externalisierung, Internalisierung und kulturelles Gedächtnis*, in: Walter M. Sprondel (Hg.): *Die Objektivität der Ordnungen und ihre kommunikativen Konstruktionen*. Frankfurt a. M. 1994, S. 422–435.

Perspektiven

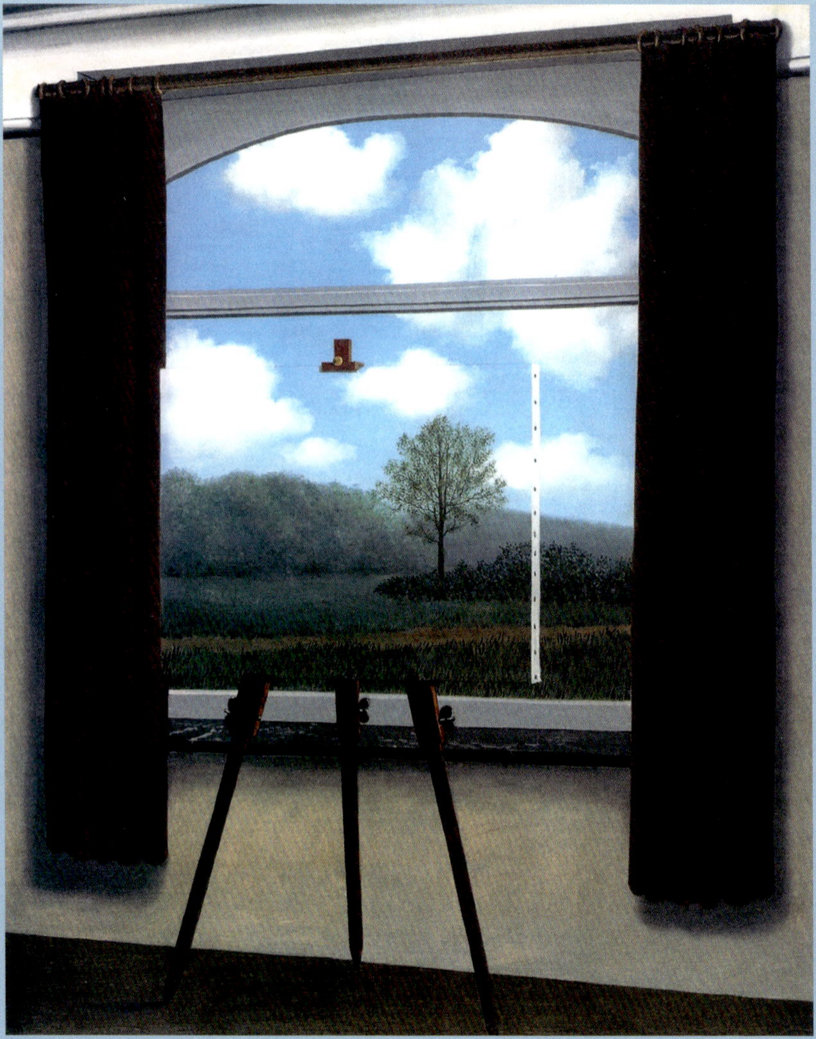

Landschaft will gesehen werden:
René Magritte, *La condition humaine*, Öl auf Leinwand, 100 × 81 cm, 1933, National Gallery of Art, Washington, D. C.

Klaus-Dieter Kleefeld

Kultur der Landschaft – Erfassen und Vermitteln

> „Und so sehen wir die Welt: Wir sehen sie als etwas außerhalb von uns Befindliches, obwohl sie nur eine geistige Darstellung dessen ist, was wir in uns erleben."
> René Magritte

Das Zitat beleuchtet die Frage nach der Betrachtung von Landschaft. In dem Gemälde von René Magritte verschmelzen Abbildung und vermeintliche Realität. Liegt hinter dem Bild tatsächlich eins zu eins das, was abgebildet ist, oder wird es erst von uns konstruiert? Maßgeblich sind der Blick, die Betrachtung und das Erlebnis. Im ersten Teil dieses Beitrages wird Landschaft als Konstrukt dargestellt und im zweiten der landeskundliche Forschungsansatz vermittelt. Die Zusammenführung der Betrachtungsansätze in Verbindung mit der digitalen Entwicklung zeigt den Weg der Erfassung und Vermittlung von ‚Kultur'-Landschaft.

1. Landschaftsbegriff

Die literatur- und kulturwissenschaftliche Forschungsliteratur kennt mehrere Landschaftsbegriffe, die zudem von weiteren naturwissenschaftlichen Definitionen aus der Geografie sowie den *landscape theories* flankiert werden.[1]

Die kulturwissenschaftliche Bezeichnung ‚Landschaft' in ihrer Begriffsgeschichte wurde zunächst gewählt, um die seit Beginn des Spätmittelalters auftauchenden Naturdarstellungen in Gemälden zu beschreiben. Folglich liegt der sprachhistorische Ursprung des Konzepts ‚Landschaft' nicht in der unmittelbaren Benennung der Natur als solcher, sondern vielmehr in der Beschreibung des ästhetisch-künstlerisch umgesetzten Abbildes. Von hier aus übertrug sich die Bezeichnung jedoch auch auf den mittelbar abgebildeten Gegenstand der Natur, das heißt nicht nur die Naturdarstellung, sondern auch die draußen real vorgefundene Natur wurden als ‚Landschaft' bezeichnet.

Landschaft wird sowohl alltagsweltlich als auch wissenschaftlich-normativ aufgeladen stabil gedacht – als vorhanden. Landschaft ist aber stets im Wandel begriffen, häufig in einem Sonderfall des Wandels, dem Prozess. Im Vergleich zum ungerichteten, zufälligen und passiven Wandel sind Landschaftsprozesse stärker anthropogen beziehungsweise natürlich gesteuert. Prozesse verlaufen insbesondere zwischen den unterschiedlichen Ebenen von Landschaft: der materiellen, der individuellen und der gesellschaftlichen. Besondere Aktualität erhalten Landschaftsprozesse durch sich im physischen Raum manifestierende gesellschaftliche Prozesse, etwa im Kontext von Energiewende, Agrarpolitik, Verkehrserschließung und anderer Flächennutzungen.

2. Landschaft als Prozess

Auf der Ebene der Gesellschaft finden sich sozial geteilte Deutungsmuster von Landschaft. Auf der Ebene des Individuums sind individuelle Vorstellungen zu Landschaft, Präferenzen, ästhetische und emotionale Zugänge angelegt. Auf der Ebene des physischen Raumes finden sich materielle Objekte und Objektkonstellationen, die zu Landschaft synthetisiert werden: durch das Individuum auf Grundlage gesellschaftlicher Konstruktions-, Deutungs- und Bewertungsmuster. Alle diese Ebenen unterliegen Umbrüchen. Gesellschaftliche Vorstellungen von Landschaft verändern sich stetig.

Das Verhältnis von Individuum und Gesellschaft im Kontext von Landschaft ist ebenfalls prozessorientiert: Die Sozialisation von landschaftlichen Vorstellungen erfolgt in großen Teilen, um das Individuum in der Gesellschaft handlungsfähig zu machen.[2] Das Individuum äußert seine Vorstellungen von Landschaft, um Deutungen und Bewertungen zu formulieren oder auch seine Konformität mit gesellschaftlichen Vorstellungen zum Ausdruck zu bringen. Eine besondere Aktualität erhalten diese zwischen den landschaftlichen Ebenen ablaufenden Prozesse durch sich rasch vollziehende gesellschaftliche Veränderungen, die sich – vermittelt durch einzelne Menschen und zumeist unter Nutzung technischer Artefakte – im physischen Raum niederschlagen. Eine kulturhistorische Rekonstruktion der Genese des europäischen Landschaftsbegriffes unterscheidet drei Hauptbedeutungen von ‚Landschaft': erstens einen ursprünglich rechtlich-territorialpolitischen (regio), zweitens einen späteren ästhetisch-emotionalen (Bild und Seelensymbol) und drittens einen etablierten physischen (Raum) Landschaftsbegriff.

Diese Dreiteilung korrespondiert mit Grundfragen nach der ‚Wirklichkeit': Der rechtlich-territorialpolitische Landschaftsbegriff hat einen Sozialbezug mit Blick auf moralische, rechtliche und sittlich-politische Aspekte menschlichen Miteinanders, der ästhetisch-emotionale Landschaftsbegriff hat einen Selbstbezug verbunden mit der Frage nach ästhetischen Vorstellungen, und der physische Landschaftsbegriff hat einen Sachbezug nach der Beschaffenheit des physischen Raumes.

3. Das landschaftliche Auge

Im englischen Sprachraum wurde in der zweiten Hälfte des 20. Jahrhunderts in Anlehnung an die Formulierung des ‚landschaftlichen Auges' von Denis E. Cosgrove die inzwischen etablierte und eingängige Formel der ‚Landschaft' als „a way of seeing"[3] in die Diskussion eingeführt. Dieser Grundgedanke wurde wissenschaftstheoretisch aufgegriffen und eine konstruktivistische Perspektive vorgeschlagen: ‚Landschaft' ist nicht länger über ein objektives ‚Wesen' oder objektiv quantifizierbare Eigenschaften beobachterunabhängig als ‚reales Objekt' zu definieren, sondern in einer konstruktivistischen Perspektive als beobachterabhängiges ‚soziales Konstrukt' aufzufassen.

Im deutschen Sprachraum wurde diese Perspektive in sozialkonstruktivistischen Ansätzen adaptiert und insbesondere von Olaf Kühne in zahlreichen theoretischen Arbeiten entfaltet und in empirischen Studien erprobt.[4] Grundgedanke sozialkonstruktivistischer

Landschaftstheorie ist die Annahme, Landschaften seien weder als materielle Gegenstände zu verstehen, wie etwa in der positivistischen Forschung, noch hätten sie ein eigenes ‚Wesen' wie in der essenzialistischen Landschaftsforschung. Das soziale Konstrukt ‚Landschaft' ist das Ergebnis gesellschaftlich gebildeter Deutungsmuster.[5]

4. Physiognomischer Ansatz der Landschaftsbetrachtung

Kulturlandschaft ist ein sehr weit gefasster Begriff. Jede Fachdisziplin hat deshalb ihren eigenen Blick auf die Kulturlandschaft[6] – bei der einen steht die Nutzung im Vordergrund des Interesses, bei anderen der Erhalt des kulturellen Erbes, bei wieder anderen die Planung. Bei einigen stehen die Siedlungen im Mittelpunkt, bei anderen die Wiesen und Wälder. Die unterschiedlichen Ausprägungen von Kultur und Natur in einzelnen Regionen und die verschiedenen Sichtweisen der Betrachtenden zeigen, dass Kulturlandschaft sehr vielfältig ist.

Die Europäische Landschaftskonvention des Europarates[7] hat eine kurze pragmatische Definition gefunden. Hier heißt es: „Landschaft ist ein Gebiet, wie es vom Menschen wahrgenommen wird, dessen Charakter das Ergebnis der Wirkung und Wechselwirkung von natürlichen und/oder menschlichen Faktoren ist." Hierbei steht der Mensch im Mittelpunkt – und damit in der Verantwortung für das heutige und zukünftige Landschaftsbild.

Oft werden Naturlandschaft und Kulturlandschaft als Gegensatzpaar beschrieben. Dabei wird als Kulturlandschaft die vom Menschen geprägte Landschaft und als Naturlandschaft die vom Menschen unbeeinflusste Natur bezeichnet. In Deutschland ist letztere jedoch kaum noch anzutreffen. So sind selbst einsame Hochgebirgsbereiche von der Zivilisation beeinflusst. Eine Abgrenzung zwischen beiden Begriffen kann also nur relativ sein. Da unsere Landschaften in aller Regel Kulturlandschaften darstellen, können die Begriffe Landschaft und Kulturlandschaft im gleichen Sinne verwendet werden.[8]

Eine wichtige Eigenschaft ist der Wandel von Kulturlandschaft. Sie ist nie statisch, sondern ändert sich durch Einflüsse von Natur und Mensch. Wenn wir Kulturlandschaft erhalten möchten, heißt das auch, mit ihrem Wandel umzugehen.

Ein erster Schritt bei der Beschäftigung mit der Kulturlandschaft ist es, die Landschaft erst einmal bewusst wahrzunehmen: Es gilt, die Elemente zu erfassen, das Gesamtbild zu beschreiben, die Identität einer Landschaft herauszuarbeiten.[9] Wenn wir die heutige Landschaft verstehen wollen, kommen wir nicht umhin, darüber nachzudenken, wie sie entstanden ist. Jede Kulturlandschaft trägt die Spuren ihrer Geschichte. Landschaft ist somit ein Archiv mit gegenständlichen Archivalien, und die Landschafts-Inventare sind deren Urkundenwerke. Letztlich geht es dabei um die Wurzeln der eigenen Herkunft und das Nutzen des Wissens aus der Landschaftsgeschichte für unsere Zukunft. Ein Beispiel hierfür ist die aktuelle Klimaforschung. Auch Flora und Fauna haben ein ‚Arten-Gedächtnis', das heißt sie haben unter vergangenen Bedingungen Lebensräume erschlossen, und wenn sich diese plötzlich ändern, agieren diese Arten weiterhin wie unter den vergangenen Bedingungen oder sie verschwinden.

Zuweilen ist Kulturlandschaft auch gar nicht mehr sichtbar, sondern die Spuren sind nur noch im menschlichen Bewusstsein vorhanden, als Erinnerungslandschaften. Hierzu zählen beispielsweise Siedlungen, die durch den Tagebau verloren gegangen sind. Der Blick in die Geschichte einer Landschaft zeigt, dass nicht alles, was nach Natur aussieht, auch eine Naturlandschaft ist. Ein bekanntes Beispiel sind Heidegebiete wie beispielsweise die Lüneburger Heide. Sie werden oft mit Natur gleichgesetzt. Entstanden sind sie jedoch durch einen historischen gravierenden Nutzungsdruck auf Wälder. Wälder wurden gerodet, durch Waldweide zu Offenlandschaften verändert, und zuletzt wurde sogar die Humusschicht zur Düngung der Felder abgetragen. Dies alles erfolgte in harter Arbeit der Heidebauern und unter äußerst ärmlichen Lebensbedingungen. Auf den so entstandenen verarmten Böden konnte sich das Heidekraut prächtig behaupten.

Die blühende Heide wurde erst später ein Motiv in der romantischen Dichtung und Kunst, entdeckt zum Ende der Heidenutzung durch das Bürgertum, das sich an dieser Landschaft erfreute und sie als naturschutzwürdig ansah. Sie ist bis heute ein attraktiver Erholungsort für Menschen. Nicht zuletzt ist in diesen Gebieten eine stattliche Anzahl von seltenen Tier- und Pflanzenarten anzutreffen.

Eine durch den Menschen geschaffene Vielfalt – Gründe genug, um Heiden zu erhalten. Dies funktioniert aber nur mit fortgesetzter Beweidung oder aber Entbuschung. Landwirtschaftlich lukrativ ist die Nutzung heutzutage nicht mehr – im Gegenteil, die in Anlehnung an Techniken des vergangenen Heidebauerntums ausgerichtete Pflege kostet. Wie viel ist uns dabei das heutige Kulturgut Heide beziehungsweise das anderer Landschaften wert?

5. Erinnerungslandschaft Hürtgenwald als Beispiel

Unter dem Begriff ‚Hürtgenwald' hat sich in der Nordeifel eine Erinnerungslandschaft manifestiert. Der Hürtgenwald war im Spätherbst 1944 Schauplatz schwerer Kämpfe zwischen deutschen und amerikanischen Soldaten. In den Kämpfen wurden Tausende verwundet oder getötet. Dörfer wie Hürtgen, Kesternich, Kommerscheidt, Schmidt oder Vossenack wurden zerstört.

Für die daraus erwachsene Erinnerungskultur in der Nordeifel führte die regionale Zuspitzung auf die ‚Schlacht im Hürtgenwald' als retrospektive Konstruktion zu Verzerrungen in Darstellungen des Geschehens. Zum einen erweckt sie den Eindruck, als hätte es sich bei den Kämpfen um Waldkämpfe gehandelt. Ein nicht unerheblicher Teil des Kampfgebietes bestand aber aus auf Hochplateaus gelegenen freien Flächen. Außerdem führte die Zuspitzung auf das Kampfgeschehen ‚im Hürtgenwald' zu einer Vernachlässigung des ebenfalls noch diesem Gebiet zuzurechnenden, außerhalb der heutigen Gemeinde Hürtgenwald liegenden Bereichs um die Dörfer Schmidt und Kommerscheidt, der zwischen Oktober 1944 und Februar 1945 mehrfach Austragungsort heftiger Kämpfe war. Gebiete, die weiter weg lagen, gerieten aus dem Blick. Das gilt beispielsweise für die Linie Mechernich – Schleiden – Losheim. Und nicht zuletzt wird vernachlässigt, dass die Strategie der Amerikaner nicht darin bestand, allein durch den Hürtgenwald vorzustoßen, sondern auf breiter Front von Westen nach Deutschland einzumarschieren, beginnend mit der britisch-amerikanischen Operation ‚Market Garden', die ihren Schwerpunkt in den Niederlanden hatte, etwa bei der ‚Schlacht um Aachen' im Oktober 1944, und bis hinunter ins Elsass reichte mit den dort zwischen November 1944 und Februar 1945 ausgetragenen Kämpfen.

1953 erschien als erste deutschsprachige Abhandlung über die Kämpfe in der Nordeifel Baptist Palms Buch *Hürtgenwald. Das Verdun des Zweiten Weltkrieges.*[10] Das Buch erzeugt bewusst den Leseeindruck einer Doku-Fiktion. Erzählt wird das Kriegsgeschehen aus der Sicht eines Hauptmanns der Reserve sowie einer Bauernfamilie, die einen Waldhof nahe Vossenack bewirtschaftet. Damit verknüpft werden Erlebnisse beim Bau des ‚Westwalls', bei Zwangsevakuierungen vor dem Einmarsch der Amerikaner und der Zerstörung der Dörfer im Zuge des weiteren Kriegsgeschehens. Der zweite Teil ist ein persönlicher Erlebnisbericht Palms, in dessen Zentrum seine Beteiligung an der Erstürmung Vossenacks durch die Wehrmacht im November 1944 steht; außerdem wird die Bombardierung der Stadt Düren geschildert.

Diese Publikation hat zusammen mit anderen dieser Art unabhängig von Fakten ein landschaftsbezogenes Narrativ aufgebaut. Der subjektive, isolierte Blickwinkel dramatisiert das Geschehen unter Nennung unbelegter Opferzahlen und ohne Kontext, sowohl räumlich als auch chronologisch. Damit wird eine Landschaft aufgeladen und konstruiert. Selbstverständlich gibt es Überreste und Spuren dieser schweren Kriegshandlungen, aber auch eine Vorgeschichte. Dieser ungeachtet hat sich ein ‚wildes Gedenken' entwickelt, in dem sich ein Kampfverband besonders inszenierte und den Blick auf Fakten verstellt hat, bis hin zur Bildung von Ereignislegenden, für die historische Belege fehlen. In einer Erinnerungslandschaft verdichten sich Fiktion und Wirklichkeit, und Besuchende in dieser Landschaft sehen inszenierte Orte und Objekte, die ihre mitgebrachte Vorstellung bestätigen. Eigene politische Einstellungen, Vorkenntnisse und Übernahmen vermittelter Sichtweisen laden eine Erinnerungslandschaft auf und emotionalisieren. Deshalb wird die Diskussion sehr heftig geführt, wenn es heute um Väter und Großväter geht, die in der Wehrmacht gekämpft haben, verbunden mit der Frage, wofür sie das eigentlich taten. Ende 1944 war absehbar gewesen, dass NS-Deutschland den Krieg verlieren würde. Die amerikanischen und deutschen Soldaten haben in der Eifel somit nicht gegeneinander für den späteren Frieden gekämpft, wie es unzutreffend vor Ort betont wird, sondern eine Seite kämpfte für Freiheit und gegen die NS-Diktatur, die andere Seite für das Bestehen des Systems. Die Wahrnehmung des Leids speist sich aus den starken Zerstörungen durch Bombardierungen und Kampfhandlungen, ohne jedoch das Leid im Nachbarland Belgien zu sehen, welches Jahre zuvor die deutsche Besetzung verursacht hatte. Eine Erinnerungslandschaft zum Krieg zu konstruieren, die ausschließlich Opfer kennt und keine Täter*innen benennt, versteckt die Ursachen und verstellt den Blick. Deshalb bedarf der Hürtgenwald dringend neuer quellenbasierter Forschungen und einer kritischen Reflexion zur bestehenden Erinnerungskultur.[11]

6. Fazit

Landschaft ist komplex, prozesshaft und unterliegt gesellschaftlichen Kodierungen und Deutungen. Im Anthropozän hat der menschliche Einfluss auf die Veränderung der Biosphäre stark zugenommen, sodass es kaum noch unberührte Landschaften gibt. Weiterhin stellt sich die Frage: Wenn der Mensch steuernd eingreifen will – was ist das Ziel? Die romantische Idee des 19. Jahrhunderts mit Bildern von Ideallandschaften und Idyllen?[12] Was ist Abbild und was Wirklichkeit jenseits der anthropogenen Wahrnehmung?

Die landeskulturellen Einfügungen in die Landschaft werden erst nach langer Zeit zum kulturellen Erbe, und dieses ist fließend. So wurde die Industrialisierung erst nach dem teilweisen Rückbau in ihrer kulturellen Bedeutung erkennbar.

Für die kulturlandschaftliche Erfassung und Vermittlung ergeben sich konzeptionelle Aufgaben mit einem im Fluss befindlichen Kulturverständnis. Aktuell beobachten wir in Europa einen starken Landschaftswandel. In der Regel werden die Kulturlandschaften gleichförmiger, das kulturelle Erbe geht Stück für Stück verloren, und die regionalen unverwechselbaren Eigenarten weichen einer zunehmenden Gleichförmigkeit.

Kulturlandschaften sind Identifikationsräume für Menschen. Für den Erhalt der charakteristischen Eigenart von Regionen ist es daher wesentlich, dass sich Bürger*innen gemeinsam mit Entscheidungsträger*innen Gedanken machen, was ihnen wichtig ist. Die gesamtgesellschaftliche Diskussion über Werte stützt sich zunächst auf die Inventarisation der einzelnen Objekte, die Hervorhebung des landschaftstypischen Bildes und schließt nicht zuletzt das emotionale subjektive Empfinden, also die Wahrnehmung, mit ein.

Hierbei stellt sich automatisch die Frage, was wir erhalten möchten: Nur die schönen Landschaften? Wer entscheidet, was schön ist? Ist eine unattraktive Landschaft erhaltenswert, wenn sie einen kulturgeschichtlichen Wert hat? Hierzu zählen Bergbaufolgelandschaften oder auch die heutige sogenannte ‚Zwischenstadt', der suburbane Raum, in dem viele Menschen leben und arbeiten. Auch Erinnerungslandschaften des Zweiten Weltkriegs mit dem Denkmalwert des Unerfreulichen sind zu erhalten, damit ein demokratisches Gemeinwesen sich an den von NS-Deutschland begonnenen Zweiten Weltkrieg und seine Opfer erinnern kann.

Kulturlandschaften spiegeln die Kultur und Geschichte der jeweiligen Regionen wider. Die Geschichten, welche die Landschaften erzählen, eignen sich hervorragend, um darüber mit anderen Menschen ins Gespräch zu kommen. Entsprechend sind auch Angebote für die Vermittlung auszubauen. Der Vermittlung von Wissen über Kulturlandschaft kommt heute eine zentrale Rolle zu. Das kulturelle Erbe und die Schätze der Natur können nur erhalten werden, wenn sie bekannt sind. Jede Kulturlandschaft ist einzigartig. Die Besonderheiten von Landschaften werden vielen Menschen erst beim Reisen bewusst.

> „Die besten Entdeckungsreisen macht man nicht
> in fremden Ländern, sondern indem man die Welt mit
> neuen Augen betrachtet."
> Marcel Proust

Anmerkungen

1 Olaf Kühne: *Die Sozialisation von Landschaft*, in: Ders. u. a. (Hg.): *Handbuch Landschaft*, Wiesbaden 2019, S. 301–312; Karsten Berr: *Vom Wahren, Schönen und Guten. Philosophische Zugänge zu Landschaftsprozessen*, in: Rainer Duttmann/Olaf Kühne/Florian Weber (Hg.): *Landschaft als Prozess*, Wiesbaden 2020, S. 83–117; Dominik Brückner: *Bemerkungen zum semantischen Wandel von ‚Landschaft' seit dem 18. Jahrhundert*, in: Thomas Kirchhoff/Ludwig Trepl (Hg.): *Vieldeutige Natur. Landschaft, Wildnis und Ökosystem als kulturgeschichtliche Phänomene*, Bielefeld 2009, S. 69–86.

2 Winfried Schenk: *Landschaft als zweifache sekundäre Bildung – historische Aspekte im aktuellen Gebrauch von Landschaft im deutschsprachigen Raum, namentlich in der Geographie*, in: Bruns, Dietrich/Kühne, Olaf (Hg.): *Landschaften: Theorie, Praxis und internationale Bezüge. Impulse zum Landschaftsbegriff mit seinen ästhetischen, ökonomischen, sozialen und philosophischen Bezügen mit dem Ziel, die Verbindung von Theorie und Planungspraxis zu stärken*, Schwerin 2013, S. 23–36.

3 Denis E. Cosgrove: *Social Formation and Symbolic Landscape*, London 1984, S. 13.

4 Olaf Kühne: *Landschaftstheorie und Landschaftspraxis: Eine Einführung aus sozialkonstruktivistischer Perspektive*, Wiesbaden 2018.

5 Winfried Schenk: *Landschaft*, in: Ludger Kuhnhardt/Tilman Mayer (Hg.): *Bonner Enzyklopädie der Globalität*, Wiesbaden 2017, S. 671–684.

6 Winfried Schenk: *Historische Geographie*, Darmstadt 2011.

7 Die Europäische Landschaftskonvention (ELC, siehe https://www.coe.int/en/web/landscape, besucht 14.7.2021) zentriert den Menschen in seiner ihn umgebenden Biosphäre und räumlichen Voraussetzungen. Eine europäische Landschaftspolitik muss verschiedene Aspekte miteinander vernetzen. Dieses Dokument ist wiederum von zentraler inhaltlicher Bedeutung für die Erfassung der Kulturlandschaft im LVR-Portal www.lvr.KuLaDig.de und die Vermittlung im neuen zukünftigen Portal ClickRhein. Die kartierten Kulturlandschaftselemente sind die physische Manifestation der kulturellen Prägung von Landschaft in Vergangenheit und Gegenwart.

8 Hansjörg Küster: *Die Entdeckung der Landschaft*, München 2012.

9 Peter Burggraaff/Klaus-Dieter Kleefeld: *Historische Kulturlandschaft und Kulturlandschaftselemente, Teil I: Bundesübersicht, Teil II: Leitfaden. Ergebnisse aus dem F+E-Vorhaben 808 09 075 des Bundesamtes für Naturschutz* (Angewandte Landschaftsökologie 20), Bonn 1998.

10 Baptist Palm: *Hürtgenwald. Das Verdun des Zweiten Weltkrieges*, Oldenburg 1953.

11 Dieser Weg wird seitens des LVR zusammen mit der Universität Osnabrück in einem Forschungsprojekt beschritten, dessen Ergebnisse Ende 2022 vorliegen werden. Erste Ergebnisse fließen im Portal www.kuladig.lvr.de unter dem Begriff „Erinnerungslandschaft Hürtgenwald" ein.

12 Bernhard Buderath/Henry Makowski: *Die Natur dem Menschen untertan. Ökologie im Spiegel der Landschaftsmalerei*, München 1986.

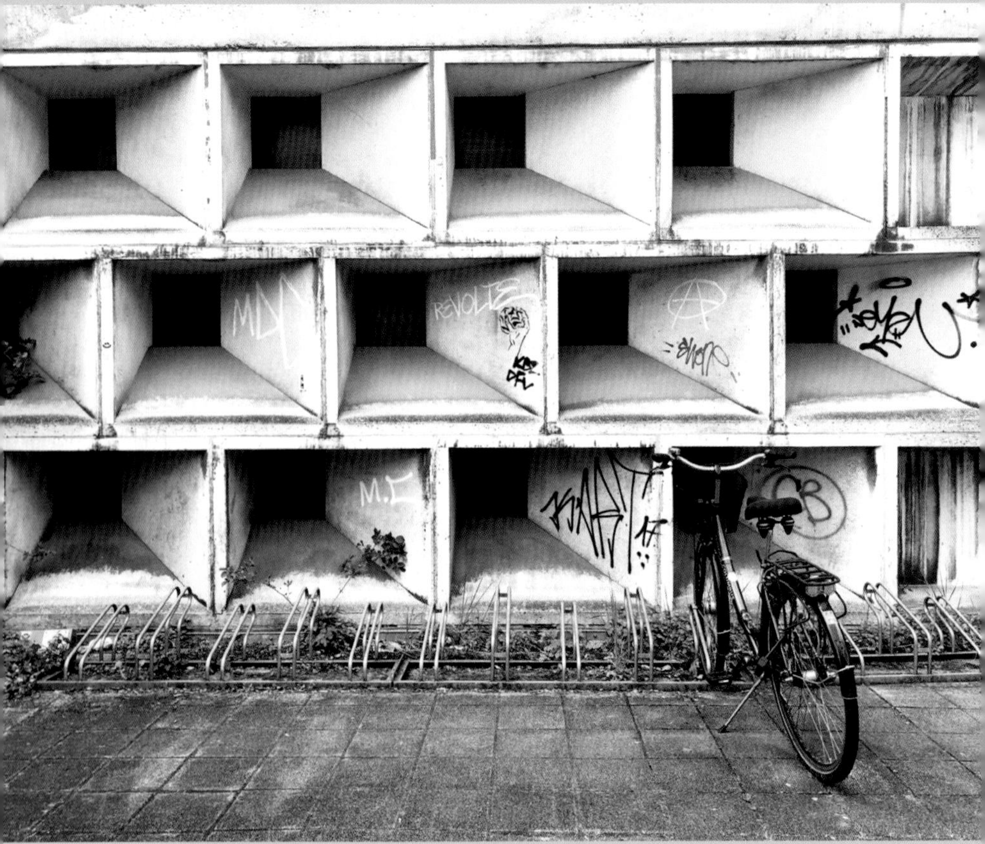

Ein Denkmal ruft um Hilfe:
die Universitäts- und Stadtbibliothek Köln, geprägt von einer skulpturalen Fassade aus Betonwaben, Fertigstellung 1968. Architekt: Rolf Gutbrod

Martin Bredenbeck

Denkmalpflege als Beitrag zur Krisenbewältigung
Zu Geschichte und Perspektiven des Fachs (nicht nur) in Nordrhein-Westfalen

1. Denkmalpflege – verzichtbar in Krisenzeiten?

Denkmalpflegerisches Handeln scheint für viele Menschen als Halt gebender Faktor in einer Krisenzeit oder als Teil einer Strategie zur Krisenbekämpfung nicht die erste denkbare Option zu sein. Gehört die Denkmalpflege nicht vielmehr zu denjenigen Dingen, von denen sich eine Gesellschaft in einer Krisenzeit, wenn sie ihre Kräfte konzentrieren muss, trennen kann, da sie genauso wie Schauspielhäuser, Konzertsäle und Kunstmuseen nicht zum (Über-)Leben beiträgt?

Kann die Denkmalpflege unter den Umständen der krisenhaften Verknappung und Fokussierung ernsthaft eine Systemrelevanz begründen, kann sie ihre Budgetierung verteidigen, wenn harte Verteilungskämpfe insbesondere um finanzielle Ressourcen ausgetragen werden?

Zugegeben, das alles ist zu- und überspitzt gefragt. Eine Argumentation, es gehe vorrangig um das menschliche Leben, um Gesundheitsvorsorge und Kindererziehung, dann um die Wirtschaft als Grundpfeiler unserer Gesellschaft, am Ende, wenn noch Spielraum bleibt, um die Kultur – man kann sie einen kurzen Moment lang fast nachvollziehen, in gut rationalistisch erzogener Weise. Und man ruft sich doch selbst rasch zur Ordnung, um nicht einem Trugschluss, einem biologistischen Menschenbild und einer technokratischen Gesellschaftsvorstellung zu verfallen und überdies den Fehler zu machen, das gegenwärtige politische Handeln zur Krisenbewältigung in dieser Hinsicht misszuverstehen.

Kultur gleich welchen Genres und Popularitätsgrades ist ausnahmslos kein *surplus*, sondern eine anthropologische Grundlage[1] und grundlegend für eine Gesellschaftsform, wie wir sie in Europa mühsam erreicht haben: freiheitlich, partizipativ und inklusiv. Solche politisch-gesellschaftlichen Attribute verbinden sich mit unserer hohen Sensibilisierung für den Wert von Geschichte, die durch Aufklärung und Säkularisierung zu einem Wert an sich geworden ist, ohne beispielsweise im Sinne einer religiösen Anciennität hinterlegt sein zu müssen. Nicht zuletzt wegen dieser Emanzipierung historischer Werte zu Werten an sich spielen auch Schutz und Pflege überkommener Materialität durch den Denkmalschutz und die Denkmalpflege eine wichtige Rolle. Beide (Teil-)Disziplinen lassen Potenziale zur Bewältigung von Krisen erkennen. Im Grunde ist diese Fähigkeit in der DNA dieser Fächer seit ihren Anfängen verankert.

2. Eine Erfolgsgeschichte seit über 125 Jahren

Die Anfänge von Denkmalschutz und Denkmalpflege – im Folgenden als ‚Denkmalpflege' zusammengefasst – als methodisch ausgebildete Disziplinen und Institutionen haben viel mit Krisen und Verlusterfahrungen zu tun. Die Denkmalpflege hat zudem selbst schon mehrfach bei der Bewältigung von Krisen geholfen, auch wenn die Krisen natürlich jeweils sehr unterschiedlich waren.

Eine Quelle der Denkmalpflege liegt in der Heimatschutzbewegung, die sich in Deutschland insbesondere im letzten Viertel des 19. Jahrhunderts entwickelte.[2] Die nach dem Deutsch-Französischen Krieg und der Gründung des Deutschen Reichs 1871 einsetzende sogenannte Gründerzeit, begünstigt durch den Kapitalstrom der Reparationszahlungen, und überhaupt die damals Schlag auf Schlag um sich greifende Industrialisierung und Technisierung, legten das Fundament für ein wirtschaftliches Prosperieren, das in den folgenden Jahren grundsätzlich das Leben im Deutschen Reich und in seinen Staaten prägte.[3] Der Modernisierungsschub, dessen Dynamik immer rasanter wurde, betraf im letzten Viertel des

19. Jahrhunderts beispielsweise auch die Elektrifizierung und den Ausbau der Verkehrsinfrastruktur. Diese Entwicklung war wesentlich für die Modernisierung der Gesellschaft. Ins Jahr 1900 zurückversetzt, würde heutigen Zeitgenossen zweifellos vieles fremdartig vorkommen, aber eben doch weit weniger fremd als es noch um die Mitte des 19. Jahrhunderts gewesen wäre oder um 1875, bevor diese umfassende Technisierung der Welt einsetzte.

Die Kehrseite der Medaille ‚Modernisierung' waren Ausbeutung von Natur, Verbrauch von Ressourcen und Landschaft, von der Ausbeutung der Menschen ganz zu schweigen. Der an vielen Stellen Deutschlands Ende des 19. Jahrhunderts als Reaktion darauf entstehende ehrenamtliche Heimatschutz hat den gefräßigen Landschaftsverbrauch zu korrigieren versucht.[4] Nicht immer war dieses Engagement erfolgreich, doch es trug zur Bewusstseinsbildung und zur institutionellen Verfestigung dieser Werte bei, beispielsweise im Staat Preußen, wo 1902 das erste Landschaftsschutzgesetz in Kraft trat und 1906 die Staatliche Stelle für Naturdenkmalpflege begründet wurde.[5] Schon 1893 war mit Paul Clemen der erste Provinzialkonservator der Preußischen Rheinprovinz berufen worden, sodass die rheinische Denkmalpflege 2018 ihr 125. Jubiläum feiern konnte.

Zeugnisse der Heimatschutzbewegung sind beispielsweise die regional baukulturell unterschiedlichen Trafohäuschen, die damals als neue Funktionsbauten der um sich greifenden Elektrifizierung in der Landschaft und in den Ortsbildern auftauchten und deren zunächst betont technisches Erscheinungsbild der Umgebung fremd blieb. Die Denkmalpflege sah diese Objekte in der Umgebung historischer Bausubstanz kritisch. Dass sie heute als bereichernde Kulturlandschaftselemente wahrgenommen werden, auch wenn sie ihre ursprüngliche Funktion längst verloren haben, aus Sicht ihrer ursprünglichen Funktion also überholt und entbehrlich geworden sind,[6] verdankt sich auch dem Einfluss des bürgerschaftlich organisierten Heimatschutzes, der sich beispielsweise für Gestaltungsvorschriften einsetzte, die wir heute modern ‚regionale Baukultur' nennen würden. Die Trafohäuschen wurden von technisch erscheinenden Metallgehäusen zu veritablen Kleinarchitekturen, die oft Dachformen und Materialien ihrer jeweiligen Umgebung aufweisen. Diese

Darstellung ist stark verkürzt, doch in der Essenz lässt sich festhalten, dass aus dem Bewusstsein um die Wertigkeit von Geschichte und Schönheit der Landschaft, verbunden mit einem zunehmenden Bewusstsein für die Würde aller Lebewesen[7] und einen nicht unangefochtenen Primat des Menschen am Ende die Disziplinen Landschaftsschutz, Naturschutz und Denkmalschutz hervorgingen, die dann alle im Verlaufe des 20. Jahrhunderts eine bedeutende Karriere machen sollten, beispielsweise mit einer enormen theoretisch-methodischen Entfaltung der Denkmalpflege an den Hochschulen. Dass zu den Geburtsumständen dieser Disziplinen ein ausgeprägter Antimodernismus gehörte, der im 20. Jahrhundert dann aber stückweise und über die Generationen hinweg verschwunden ist, gehört zu den Pointen der Geschichte.[8]

Die Denkmalpflege lief bundesweit besonders seit den 1970er Jahren zur Hochform auf. Ein Stück weit war ihre von Amt und Ehrenamt getragene Kraft die Antwort auf die Baueuphorie der 1960er und 1970er Jahre. Viele großdimensionierte Projekte, die geschichtsvergessen auf Kosten historischer Stadtbilder gegangen wären, wurden dank denkmalschützerischer Interventionen am Ende gestoppt und die eben noch zum Abriss vorgesehenen Altbauten als Potenziale erkannt – sei es in Hamburg-Altona, in der Bonner Südstadt, im Frankfurter Westend oder im Münchener Lehel. Als dann in den 1980er Jahren die Epoche von Bergbau und Montanindustrie zu Ende ging, war die Denkmalpflege nicht nachtragend, erkannte auch Zechen und industrielle Großanlagen als Kulturgut, dessen flächendeckenden Abriss es nun zu verhindern galt. Der Erfolg der Facette Industriekultur für die Identität des Landes NRW, nicht nur in touristischer Sicht, gibt ihr Recht.[9]

Zu den Erfolgen des Fachs gehört auch der seit den 1980er Jahren zunehmende, sicher stark unter dem Einfluss der ökologischen Bewegungen stehende Einsatz für Ideale wie Nachhaltigkeit und Ressourcenschonung. Da die Denkmalpflege grundsätzlich Prinzipien wie Wiederverwendung und Weiternutzung favorisiert, historische Baumaterialien weiterverwenden und nicht der Mülldeponie anheimfallen lassen will, ist sie sozusagen ein klassischer Ausdruck jener Haltung, die sich seit der Mitte der 1970er Jahre unter dem Eindruck der *Grenzen des Wachstums* (1972)[10] und des ersten Ölpreisschocks (1973) herausbildete und deren mittlerweile wirksam gewordene Implementierung in breiten Bevölkerungsschichten wir derzeit erleben. Man muss sich klarmachen, dass die Protagonist*innen dieser Haltung eine Zeitlang schlicht als ‚Spinner' abgetan worden waren![11]

3. Was darf man erwarten?

Die Bekämpfung einer Virus-Pandemie kann natürlich auch die beste Denkmalpflege nicht leisten. Aber Krise ist nicht gleich Krise. Es gilt also, die Erwartungen zu klären, die man an das Fach stellen darf. Ich mache eine dreifache Relevanz des Faches aus: als Korrektiv des Denkens, als Leitplanke für das Handeln und als Ursache von Wohlgefallen, so wie das die Heimatpflege um 1900 ja letztlich in der Schönheit der Landschaftsbilder suchte. Es ist eine klassische Konstellation des *prodesse et delectare.*[12]

Als Korrektiv des Denkens hält Denkmalpflege beispielsweise die Erinnerung wach an geschichtliche Ereignisse, deren Vergessen oder gar Verdrängung nur allzu menschlich erscheinen mag. Das können die Orte sein, an denen zivilisatorische Katastrophen des 20. Jahrhunderts sich materialisieren, wie die Arbeits- und Konzentrationslager der NS-Zeit. Wo es nicht um unbequeme Erinnerungen geht, geht es doch oft um Erinnerungen an Überholtes, das im rasanten Lauf technisch-gedanklicher Erneuerung andernfalls dem Vergessen anheimfallen würde, wobei Vergessen ganz praktisch den Verlust von Wissen und Kenntnis bedeutet. Es ist eben nicht egal, wie sich Mühlen entwickelt haben, und es mag im Notfall sogar hilfreich sein, die Funktionsweise einer Mühle zu kennen, um sie wieder in Gang setzen zu können. Man muss sich verdeutlichen, dass in den Zeiten vor der Herausbildung der Methodik der Denkmalpflege deutlich geringere Chancen dafür bestanden, dass solche Objekte und Orte erhalten blieben.

Als Leitplanke für das Handeln will die Denkmalpflege diese Objekte nicht um ihrer selbst und um der in ihnen gespeicherten Erinnerungs- und Ermahnungswerte willen erhalten, sie will nicht nur gelehrt sein, sondern ihre Objekte in (Neu-)Nutzung führen und halten. „Das beste Denkmal ist das genutzte Denkmal“[13] ist eine klassische denkmalpflegerische Maxime, die sich auch in den Denkmalschutzgesetzen der Bundesländer wiederfindet.[14] Dabei ist die Denkmalpflege zumeist undogmatisch, was die Nutzungen angeht, ermöglicht grundsätzlich jede Form von Umnutzung, die den historischen Anschauungswert und die Substanz des Objektes nicht verbiegt. Wohnanlagen in Klöstern, Büronutzung in Industriehallen, Werkstätten in alten Bauernhöfen: Das alles und noch viel mehr ist längst selbstverständlich.[15] Am Ende erweisen sich solche Mehrfachcodierungen der Objekte oft als große Bereicherung. Die Denkmalpflege hat schon oft dabei mitgewirkt, in Krisenzeiten neue Nutzungsoptionen für scheinbar unrettbar Überholtes zu finden. Seit rund 20 Jahren sind beispielsweise die sogenannten ‚nicht mehr benötigten‘ Kirchen ein Fokus denkmalpflegerischer Umnutzungsdiskussion, und das bundesweite Spektrum erfolgreicher Neu- und Wiederbelebungen solcher Räume ist eindrucksvoll.[16]

Als Ursache von Wohlgefallen schließlich trägt Denkmalpflege zum Erfreulichen bei, denn sie gestaltet eine Umwelt mit, die wir als ‚Heimat‘ empfinden können. Von dem etwas diffusen, gedanklich unausgegorenen Heimatschutz um 1900 und seinem Schönheitsbegriff hat sie sich methodisch emanzipiert und ermöglicht Heimat im modernen Sinne: als sozial-konnektive, partizipative Erlebnis-, Aktions- und Interaktionsräume im Nahbereich unserer Sinne.[17] Die Bedeutung solcher Räume lässt sich vielleicht mit dem Erlebnis- und Reiseverhalten während der Corona-Krise illustrieren, da diese uns eine Zeit lang auf uns selbst zurückgeworfen und den längst antrainierten jederzeitigen Zugang zur ganzen Welt mit erheblichen Einschränkungen verbunden hat. Die neue Entdeckung des eigenen Umfeldes, von Stadt, Stadtteil, Dorf, Siedlung, oder auch derjenigen Reiseziele, die wie Mosel, Sauerland oder Niederrhein vielleicht eher für den als spießig erachteten Urlaub früherer Generationen standen, erwies sich als wichtige Strategie, um in der Krisenzeit geistigen ‚Input‘ zu bekommen. Im Vergleich zum Schönheitsideal der Heimatschutzzeit liegt ein wichtiges Proprium der Denkmalpflege darin, mit diesen Räumen und ihren denkmalgeschützten Objekten

Bildungsangebote zu machen. Keinesfalls soll allerdings der Eindruck entstehen, es gebe eine Kluft zwischen denkmalgepflegten Erlebnisregionen und einem ‚normalen' Rest des Landes.

Man kann also *in summa* von der Denkmalpflege lernen, dass aus dem Erinnerungsvorrat nichts zu schnell ausgeschlossen werden sollte, weil auch bittere Erfahrungen wichtig sind und weil jede Gegenwart naturgemäß durch ihren fehlenden Abstand nicht imstande ist zu beurteilen, ob manche Erfahrungen zukünftig nicht einmal als bedeutend betrachtet werden. Sodann dass eingesetzte Ressourcen bei richtiger Weiter- oder Umnutzung eine erheblich längere Lebensdauer haben, und dass sich diese nützlichen Erwägungen oft auch noch zwanglos mit dem Lustempfinden angesichts baukultureller und landschaftlicher Schönheiten verbinden, da diese Erlebnisangebote machen und Geschichtenvorräte enthalten.

Durch die ihr eigenen kritischen Mechanismen läuft die Denkmalpflege dabei weitaus weniger Gefahr, exklusiv zu werden, als beispielsweise die mit der Denkmalpflege in enger Verbindung stehende Architektur. Im Gegenteil kann man denkmalpflegerisches Handeln als geradezu inklusiven Beitrag zum Thema Heimat beschreiben. Denkmalpflege ist anstrengend, denn sie ringt um das kulturelle Erbe, sie fordert uns methodisch-fachlich heraus, erfordert die Arbeit des Forschens, Vermittelns, immer wieder Anpassens. Die harte Arbeit der Denkmalpflege, wie sie von den Unteren Denkmalbehörden betrieben wird, von den Denkmalfachämtern der beiden Landschaftsverbände, von zahlreichen Ehrenamtlichen und vielen Freiberuflichen, trägt dazu bei, den Begriff der Heimat immer wieder neu zu hinterlegen, ihn offenzuhalten für Neues und Anderes.

Die schillernde Kategorie der ‚Schönheit', mit der man sich leicht auf argumentatives Glatteis begibt, klammert die Denkmalpflege aus, anders beispielsweise als es Teile der zeitgenössischen Architektur tun, die von interessierten Kreisen als ‚schön', gelegentlich auch als ‚endlich wieder schön' propagiert werden. Die Denkmalpflege kann diesen Tendenzen mühelos entgegenhalten, steht für eine Fülle von Bauten, die nicht nur alte, althergebrachte, historische Bauformen als vermeintlich ‚schön' wiederholen, sondern den Mehrwert echter Zeitspeicherung in sich tragen, den berühmten Alterswert.[18] Sie schützt nicht, was schön ist oder was jemandem gerade zufällig gefällt – wer wollte das auch definieren oder vorschreiben; bislang gingen solche Ambitionen immer schief –, sondern was Bedeutung hat und damit ein öffentliches Interesse begründen kann. Als zweifellos wichtigste Bedeutung steht im Hintergrund ein Beitrag zu unserer Freiheit: Gemeint ist die Freiheit, nicht auf eine Lesart festgelegt zu sein oder gedanklich-analytisch stehenzubleiben, sondern Freiheit zum Erkenntnisfortschritt zu haben. Darin sehe ich eine wichtige gesellschaftliche Relevanz der Denkmalpflege.

4. Wie kann die Denkmalpflege das alles leisten?

Sei es kritisch-fragend, sei es handlungsleitend, sei es unterhaltend: Für diese Aufgaben und für die Beibehaltung ihrer gesellschaftlichen Relevanz muss die Denkmalpflege stark sein, und zwar jenseits der Stärke ihrer Protagonist*innen stark organisiert und systemisch stark implementiert. Ihre methodische Stärke zieht sie aus der Option der obligatorischen Kontroverse und des implementierten Diskurses. Damit ist ein Themenfeld angeschnitten, das in Zeiten sich verändernder Gesetzgebung brandaktuell ist. Wohin ist die Institution Denkmalpflege unterwegs?

Die Lehre von der Wandelbarkeit des Denkmalbegriffs – oder besser: von der Nichtabgeschlossenheit seiner inhaltlichen Bestimmung – ist in die Denkmalgesetze der 1970er Jahre eingeflossen, deren Reihe mit dem Gesetz für Nordrhein-Westfalen 1980 ihren Abschluss fand. Weil es an entscheidenden Stellen das angedeutete Potenzial zur Selbstverjüngung in sich trägt und damit NRW nicht auf eine bestimmte Identität einseitig festgelegt hat, ist es stets modern geblieben. So sind für Denkmäler keine Zeitgrenzen vorgeschrieben, keine Gattungen ausgeschlossen, keine Formen gefordert und keine Ästhetik festgelegt. Das öffentliche Interesse an der Erhaltung eines zeithistorischen Aussagewertes leitet die Unterschutzstellung und liefert ihre Begründung: „Denkmäler sind Sachen, Mehrheiten von Sachen oder Teile von Sachen, an deren Erhaltung und Nutzung ein öffentliches Interesse besteht.“[19] Damit wird für Denkmäler das gleiche öffentliche Interesse als möglich dargestellt, das wir beispielsweise einem gesunden Wald oder intakten

Straßen beimessen. Das öffentliche Interesse wird aus Bedeutungen abgeleitet, die im Denkmalschutzgesetz NRW knapp genannt – unter anderem „für die Geschichte des Menschen“, „für Städte und Siedlungen“[20] – und in den Kommentaren ausführlich entfaltet werden.[21] Aus diesen Begründungen ergeben sich Gutachten, die sich durch eine gewisse Emotionslosigkeit auszeichnen, da sie im Härtefall vor Gericht Bestand haben müssen. Denkmalwertbegründungen entspringen nicht dem Gutdünken empathischer Wissenschaftler*innen, sondern deren analytischer Urteilskraft.

Damit dieses System funktioniert, muss die Denkmalpflege fachlich weisungsungebunden sein, sie muss allein dem fachlichen Ethos verpflichtet handeln können. Das System der Zweistufigkeit, also ein Denkmal erst erkennen, dann auf seine Verwertbarkeit prüfen, ist ein hohes Gut in NRW. Es würde aber letztlich implizit unterlaufen werden, wenn in einem geplanten neuen Denkmalschutzgesetz Belange wie Barrierefreiheit oder energetische Ertüchtigung *expressis verbis* genannt sind und der Druck auf das Objekt, sich als nutzbar beziehungsweise verwertbar zu erweisen, damit steigt. Mit dem Nutzungs-‚Druck‘ sinkt freilich das Widerstandspotenzial! Zum Erfolg des Wirkens als Korrektiv gehört auch, dass um die Denkmäler im behördlichen Austausch erst gerungen werden muss. Die Interessen einer Kommune, einer unteren Denkmalbehörde, eines Eigentümers und des LVR-Denkmalfachamts können auseinanderlaufen, und die Zusammenführung ist durch das Instrument der Benehmensherstellung gesichert. Außerdem erhält im derzeit gültigen Gesetz kein Bautyp eine Sonderrolle, das heißt Kirche und Trafohäuschen sind am Ende als Denkmäler gleichwertig. Frei nach Gertrude Stein: Ein Denkmal ist ein Denkmal ist ein Denkmal.

5. Schluss

Die Weiterentwicklung der Disziplin Denkmalpflege aus heimatschützerischen Anfängen zu einem Garantiefaktor für die materielle Archivierung von Erinnerungen und Bedeutungen und zu einem Beitrag für Inklusion und Diversität wird um 1900 niemand im Blick gehabt haben. Krisenzeiten als Zeiten der Besinnung helfen dabei, uns diese

Bedeutung bewusst zu machen. Die kraftvolle Pointe der Entwicklung liegt darin, dass durch Denkmalschutz und Denkmalpflege heute auch diejenigen Objekte in den Blick genommen werden, die früher als zu bekämpfende Störenfriede gebrandmarkt waren: Eisenbahn- und Stromtrassen beispielsweise, Talsperren und Trafohäuschen, Kohlegruben und Werkshallen, Hochhäuser und Großwohnsiedlungen. Das ganze Repertoire der Industriekultur mithin, das die Kulturlandschaft beispielsweise in NRW entscheidend geprägt hat und für das Land heute eine wichtige Quelle von Identifikationspotenzial darstellt. An Bedeutung und Erhaltungswürdigkeit von Industrieanlagen besteht längst kein Zweifel mehr – die industriellen Kulturdenkmäler wie die Zeche Zollverein, der Landschaftspark Duisburg-Nord oder die Industriemuseen mit ihren stattlichen Besucherzahlen legen beredtes Zeugnis davon ab, ebenso das ungebrochene Interesse der Menschen an dieser Thematik. Und die großen Wohnbauprojekte der 1960er und 1970er Jahre sowie die Hochhäuser jener Jahre als neue Dominanten in den Stadtbildern sind längst in den Inventaren und Denkmallisten angekommen.[22]

Als jüngere Generation der Industriekultur und Technikgeschichte müssen als nächstes beispielsweise Windkraftanlagen und eines Tages die gewaltigen Logistikzentren der Online-Versandhändler in Betracht gezogen werden. Zu deren Narrativ und Bedeutungsumfang wird dann gehören, dass sie in der von Corona verstärkten Krise des Einzelhandels profitiert haben; wahrscheinlich wird man auch den Einfamilienhausgebieten der 2000er Jahre die Denkmalfähigkeit nicht absprechen können. Und wie die Überreste nie fertig gebauter Autobahnen oder die Kühltürme längst vom Netz genommener Atomkraftwerke sind auch Corona-Impfzentren oder Schnelltest-Stationen potenzielle Denkmäler – die uns Erinnerung ermöglichen an zum Glück überholte Formen von Mobilität und Energiegewinnung oder an zum Glück überstandene Krisen.

Anmerkungen

1 Vgl. zum Beispiel Eckart Liebau: *Anthropologische Grundlagen*, 2013/2004, in: *Kulturelle Bildung online*, https://www.kubi-online.de/artikel/anthropologische-grundlagen (besucht 28.05.2021), https://doi.org/10.25529/92552.360 (besucht 01.07.2021); ders.: *Die Kultivierung des Alltags. Das pädagogische Interesse an Bildung, Kunst und Kultur*, Weinheim/München 1992; Max Fuchs: *Mensch und Kultur. Zu den anthropologischen Grundlagen von Kulturarbeit und Kulturpolitik*, Opladen/Wiesbaden 1999.

2 Vgl. dazu zum Beispiel Ingrid Scheurmann: *Konturen und Konjunkturen der Denkmalpflege. Zum Umgang mit baulichen Relikten der Vergangenheit*, Köln/Weimar/Wien 2018; Bund Heimat und Umwelt in Deutschland (Hg.): *Denkmalschutz und Naturschutz. Zwei getrennte Wege?*, Bonn 2005; Andreas Knaut: *Zurück zur Natur! Die Wurzeln der Ökologiebewegung* (Supplement 1/1993 zum Jahrbuch für Naturschutz und Landschaftspflege).

3 Vgl. unter anderem Wolfgang Zorn (Hg.): *Handbuch der Deutschen Wirtschafts- und Sozialgeschichte, Bd. 2: Das 19. und 20. Jahrhundert*, Stuttgart 1976, hier besonders die Beiträge von Knut Borchardt: *Wirtschaftliches Wachstum und Wechsellagen*, S. 198–275, und Richard Tilly: *Verkehrs- und Nachrichtenwege, Handel, Geld-, Kredit- und Versicherungswesen 1850–1914*, S. 563–596; Hans-Werner Hahn: *Die industrielle Revolution in Deutschland*, München 2005; Dieter Ziegler: *Die Industrielle Revolution*, Darmstadt 2005.

4 Eine prägende Figur war der Komponist, Musikpädagoge und Naturschützer Ernst Rudorff (1840–1916), der 1904 den Bund Heimatschutz begründete, ein Beispiel für die damals zahlreichen Neugründungen ähnlicher Vereinigungen.

5 Zum Natur- und Landschaftsschutz in Preußen vgl. zum Beispiel Andreas Knaut: *Die Anfänge des staatlichen Naturschutzes: die frühe regierungsamtliche Organisation des Natur- und Landschaftsschutzes in Preußen, Bayern und Württemberg*, in: *Geschichte und Gesellschaft*, Sonderheft 15 (Umweltgeschichte. Umweltverträgliches Wirtschaften in historischer Perspektive), 1994, S. 143–162; Michael Wettengel: *Staat und Naturschutz 1906–1945. Zur Geschichte der Staatlichen Stelle für Naturdenkmalpflege in Preußen und der Reichsstelle für Naturschutz*, in: *Historische Zeitschrift*, 257, 1993, S. 355–399.

6 Zu den Trafohäusern vgl. Illo-Frank Primus: *Geschichte und Gesichter der Trafostationen – 125 Jahre Trafostationen in Deutschland*, Berlin 2013. Die Popularität dieser Kulturlandschaftselemente zeigt sich zum Beispiel in einem Titel wie: Sebastian Ackermann/Maria Dehling (Hg.): *Von Turm zu Turm. Tipps und Touren rund um ein Stück Stromgeschichte*, Essen 2011.

7 Schutz der Tiere, ganz besonders der Vogelschutz, war ebenfalls eine wichtige Quelle der Heimatschutzbewegung.

8 Vgl. dazu: Edeltraud Klueting (Hg.): *Antimodernismus und Reform. Zur Geschichte der deutschen Heimatbewegung*, Darmstadt 1991.

9 Zur touristischen Nutzung vgl. zum Beispiel: Delia Bösch: *Ruhrgebiet – Entdeckungsreise Industriekultur*, Essen 2011. Zur Geschichte vgl. zum Beispiel Ilse Brusis: *Industriedenkmale – Landmarken auf dem Weg in die Zukunft*, in: *Industriedenkmale und Geschichtskultur*, 1, 2000, S. 22–24; Vereinigung der Landesdenkmalpfleger in der Bundesrepublik Deutschland (Hg.): *Schall und Rauch. Industriedenkmäler bewahren* (Dokumentation der Jahrestagung 2016 in Oberhausen), Petersberg 2017; aktueller Bildband: Walter Buschmann/Achim Bednorz: *Der Pott – Industriekultur im Ruhrgebiet*, Köln 2020. Der für das Ruhrrevier angestrebte Titel als UNESCO-Welterbe gehört ebenfalls in diesen Zusammenhang.

10 Im englischen Original 1972: *The Limits to Growth. A Report for the Club of Rome's Project on the Predicament of Mankind*; deutsche Ausgaben 1972 und 1973, 2011 als Nr. 100 in die *ZEIT*-Bibliothek der 100 Sachbücher aufgenommen.

11 Vgl. Udo Simonis (Hg.): *Vordenker und Vorreiter der Ökobewegung. 40 ausgewählte Porträts*, Stuttgart 2014.

12 Eine seit dem 18. Jahrhundert sehr populäre Formel, die auf die *Ars poetica* des Horaz (V. 333–334) zurückgeht.

13 Ich verdanke den ersten Kontakt mit diesem Ausspruch Frau Prof. Dr. Hiltrud Kier, der früheren Kölner Stadtkonservatorin.

14 Im Denkmalschutzgesetz Nordrhein-Westfalen (DSchG NRW) vom 11.03.1980 heißt es gleich eingangs, § 1 (1), Satz 1: „Denkmäler sind zu schützen, zu pflegen, sinnvoll zu nutzen und wissenschaftlich zu erforschen." Man beachte die Reihenfolge! Ansonsten vgl. Deutsches Nationalkomitee für Denkmalschutz (Hg.): *Deutsche Denkmalschutzgesetze* (Schriftenreihe des DNK, 18), Bonn 1982, sehr ausführlich zum Beispiel im Bayerischen Denkmalschutzgesetz, Teil 2, Art. 5, im Niedersächsischen Denkmalschutzgesetz, § 9; in anderen Gesetzen, wie in Baden-Württemberg, fehlt die Formulierung.

15 Vgl. Europäisches Haus der Stadtkultur e. V./LVR-Amt für Denkmalpflege im Rheinland/LWL-Amt für Denkmalpflege in Westfalen (Hg.): *Vom Nutzen des Umnutzens: Umnutzung von denkmalgeschützten Gebäuden*, Neuss 2009; Vereinigung der Landesdenkmalpfleger in der Bundesrepublik Deutschland (Hg.): *Konversionen. Denkmal-Werte-Wandel* (Dokumentation der Jahrestagung 2012 in Hamburg), Hamburg 2014, mit zahlreichen Einzelbeispielen.

16 Vgl. Landesinitiative StadtBauKultur NRW/LVR-Amt für Denkmalpflege im Rheinland/LWL-Amt für Denkmalpflege in Westfalen (Hg.): *Kirchen im Wandel. Veränderte Nutzung von denkmalgeschützten Kirchen*, Düsseldorf 2010; Martin Bredenbeck: *Die Zukunft von Sakralbauten im Rheinland* (Bild-Raum-Feier. Studien zu Kirche und Kunst 10), Regensburg 2015 (zugleich Diss. Universität Bonn 2011); Rainer Fisch: *Umnutzung von Kirchengebäuden in Deutschland. Eine kritische Bestandsaufnahme*, Bonn 2008. Auch sei auf das großangelegte Erfassungsprojekt von LVR und LWL zur Erfassung sämtlicher Nachkriegskirchen in NRW und die Prüfung ihrer Denkmaleigenschaft hingewiesen, dessen Ergebnisse nun in die Umsetzung einfließen.

17 Vgl. dazu das Papier *Heimat – eine Positionsbestimmung* des Bund Heimat und Umwelt in Deutschland (BHU) und seiner Landesverbände, 2014 herausgegeben, online abrufbar: https://bhu.de/position/heimat-eine-positionsbestimmung/ (besucht 28.05.2021).

18 Zu dem von Alois Riegl in seinem Werk *Der moderne Denkmalkultus – sein Wesen und seine Entstehung* 1903 geprägten Begriff vgl. Ernst Bacher: *Alois Riegl und die Denkmalpflege*, in: Ders. (Hg.): *Kunstwerk oder Denkmal? Alois Riegls Schriften zur Denkmalpflege*, Wien/Köln/Weimar 1995, S. 13–48.

19 DSchG NRW (wie Anm. 14), § 2 (1), Satz 1.

20 DSchG NRW (wie Anm. 14), § 2 (1), Satz 2.

21 Vgl. zum Beispiel Dimitrij Davydov u. a. (Hg.): *Denkmalschutzgesetz Nordrhein-Westfalen. Kommentar*, Wiesbaden 6. Aufl. 2018; Ausführungen des Verwaltungsgerichts Köln vom 25.05.2016 (Az.: 4 K 6251/15).

22 Eindrucksvolle Ergebnisse sind zum Beispiel das Siedlungsinventar Rheinland: Andrea Pufke (Hg.): *Siedlungen in Nordrhein-Westfalen – Rheinschiene*, 2 Bde., Petersberg 2020, die Schriftenreihe *Siedlung und Landschaft in Westfalen* des LWL, Geographische Kommission für Westfalen des LWL und das Projekt *Erfassung von städtischen Siedlungen 1945–1990* des LWL; bekannte denkmalgeschützte Hochhäuser, die starke Zeichen in den Stadtsilhouetten gesetzt haben, sind zum Beispiel das Colonia-Haus in Köln (Fertigstellung 1973), das ehemalige Mannesmann-Hochhaus (Fertigstellung 1958) und das Dreischeibenhaus (Fertigstellung 1960) in Düsseldorf sowie das Postbank-Hochhaus in Essen (Fertigstellung 1967).

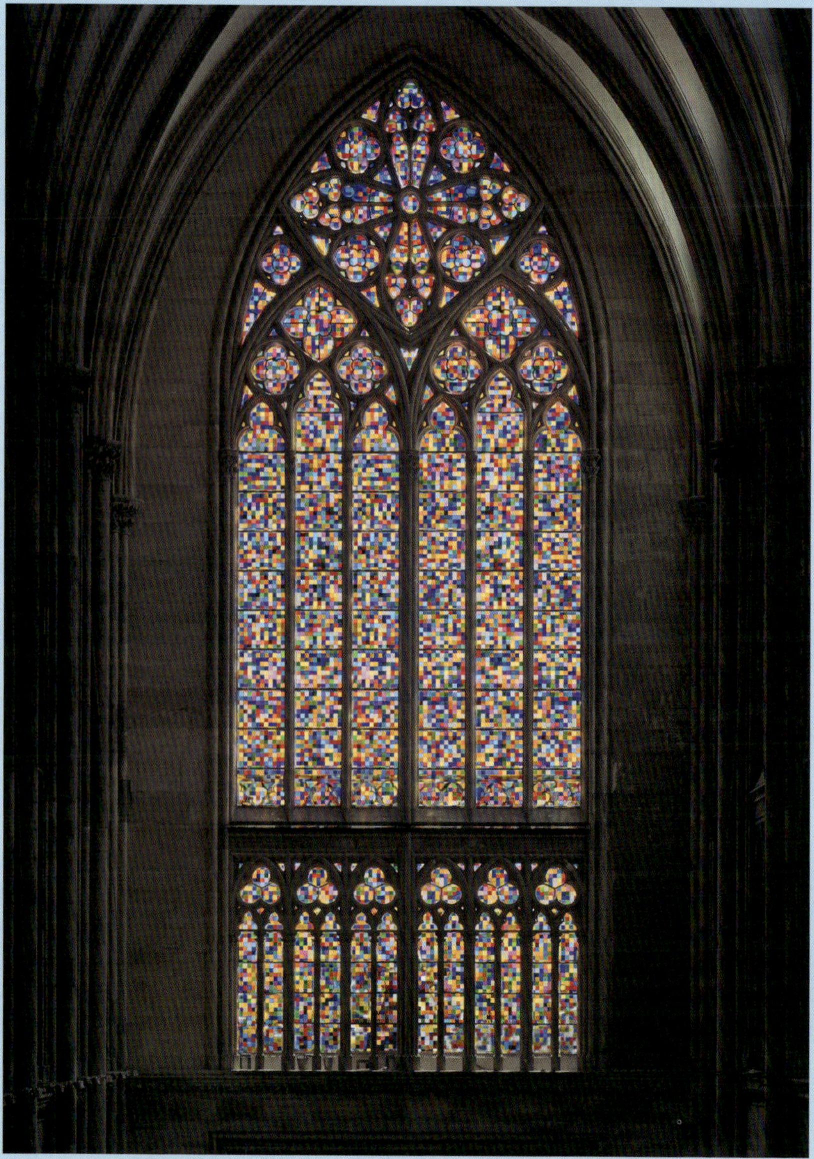

Kunst geht in die Kirche:
Kirchenfenster im Südquerhaus des Kölner Doms nach einem Entwurf von Gerhard Richter, Enthüllung 2007

Thomas Schleper

Vorsicht, Kunst! Anmerkungen zu einem Premiumprädikat

Schon lange wird die Kunst als Zentralgestirn aller Kulturarbeit gehandelt. Wenn etwa von Museen die Rede ist, dann meint man in erster Linie Kunstmuseen, obwohl letztere weder die Masse der Museen darstellen noch die größte Zahl an Publikum anlocken.[1] Schon wegen der Versicherungsgebühren dürften die Zuwendungen, die für Kunst-Ausstellungen getätigt werden, die der Veranstaltungen anderer Museumssparten deutlich übertreffen. Das Extraordinäre, die Suprematie, die Kunst bis in die Digitalmoderne hinein beansprucht beziehungsweise die ihr zugestanden wird,[2] zehrt nicht zuletzt von metaphysischen Auszeichnungen und hochgestimmten Prädikatierungen, die sie durch die Jahrhunderte auf Händen getragen haben. Die Frage ist, ob das auch heute noch gilt beziehungsweise gelten sollte. Dazu die folgende Skizze, die nicht zuletzt die säkulare Frage nach der ‚Systemrelevanz' von Kunst und Kultur, von Schönheit und Geschmack aufgreift.[3]

1. Tradierte Zuschreibungen

Beginnen wir mit dem altgriechischen, insbesondere der Kunst zugeeigneten Konzept der *kalos kagathos*, das sich auf eine Zeitläufe überstehende Einheit des Wahren, Schönen und Guten zugespitzt hat.[4] Noch im Zeitalter sich entfesselnder Industriedynamik fand dieser erst im frühen 18. Jahrhundert ausformulierte Dreiklang in Giebelinschriften historistischer Kulturbauten Widerhall. Die klassi(zisti)sche Trias galt „als ubiquitäre Formel für das ‚Höhere', die bürgerliche Bildungs- und Kunstreligion",[5] als ginge es um einen (auch ideologisch wirksamen) Schutzwall gegen alle „schöpferische Zerstörung" (Schumpeter) der Moderne.[6]

Mit der Wiederentdeckung klassisch-antiker Kunstwerke hatte ebenso bereits die Renaissance die Vorstellung einer durch Maß und Anmut gegebene und materiell wirkende Schutzfunktion von Kunst herausgestellt. Ein schönes Bauwerk war für den großen Baumeister Leon Battista Alberti zugleich eine Art Versicherung gegen seine Beschädigung.[7] Unter dem Gesichtspunkt der Nachhaltigkeit wird auch heute noch im Rahmen von Städtebau und Denkmalpflege Albertis Argument in Anschlag gebracht, „lebenswerte und schöne urbane Quartiere, die geliebt werden", würden „auch gepflegt und erhalten".[8] Ebenso hofft unserer Tage die Stiftung Weimarer Klassik in Hinblick auf ihr bedrohtes Gartenparadies darauf, dass es mit der Anpreisung ihrer bildhaften und prächtige Ensembles bildenden Schönheit gelingen möge, Einsicht in die Notwendigkeit zu wecken, dass bald etwas Dramatisches gegen das per Klimawandel verursachte und – dem Wortsinn nach – Verwelken derselben geschehen möge.[9] Und wir selbst folgen schon bei der morgendlichen Toilette mit Dressing und Styling dem Versprechen, aufgeblüht mittels künstlich-künstlerischer Techniken des Embellishments, den Tag möglichst unbeschadet zu überstehen. Eine noch weitergehende *Soziologie der Selbstoptimierung* führt darüber Buch.[10]

Einen Schutz – *more aesthetico* – bieten Werke der Kunst bekanntlich auch als Trostspender, wie Ludwig Marcuse diese ‚Samariter-Funktion' in Wechsel- und Verzweiflungsfällen des Lebens beschreibt.[11] Die Kunst greift rettend und heilsam auch in pädagogische Belange mit zuweilen politischem Anspruch ein, wenn sie gerühmt wird als „eine Tochter der Freiheit".[12] Von Friedrich Schillers humanistischem Ideal einer ästhetischen Erziehung im Sinne des Spiels, einer „mittlere[n] Stimmung"[13] zwischen kaltem Verstand und heißer Passion, bis zu Aby Warburgs ‚Ausgleichspsychologie' werden der Kunst pädagogisch und seelisch wirksame Balanceakte und ‚Aufklärungsenergien' zugesprochen. Die soziale Erinnerungsleistung, wie sie die mit Kunst befassten Wissenschaften hervorheben, „vermag vielleicht, den Leidschatz der Menschheit in humanen Besitz zu verwandeln". Sie öffne, so Warburg weiter, „Denkräume der Besonnenheit".[14]

Von schützendem Distanzgewinn spricht soeben der chinesische Maler Liu Xiaodong: „Wenn ich die Welt mit dem Pinsel berühre, habe ich das Gefühl, dass sie, so hart, fremd und unsicher sie mir auch erscheint, dadurch gefügiger, sanft und viel kleiner wird."[15] Der soeben zu seinem Hundertsten gefeierte Medienstar Joseph Beuys hat seine Kunst mit weniger Distanz zu Mythen und im Umgang mit Materialien wie Fett, Filz und Honig ausdrücklich unter das Motto des Heilens gestellt.[16] Als ‚geschützte Orte', als ‚Rettungsinseln' werden in Corona-Zeiten just die Kunstmuseen angepriesen.[17] Was die Zukunft betrifft, so schreibt Hanno Rauterberg den kreativen Maschinen nicht nur die „Zukunft der Kunst" zu: „Je weiter sich der Mensch maschinisiert, desto tröstlicher wird der Gedanke, Maschinen könnten etwas von Kunst verstehen."[18]

Man hat, und auch Beuys würde dem folgen, der Kunst zugleich das Talent zur kritisch eingreifenden Außenwendung nicht absprechen können. So sehr etwa die Kunst bei Hofe zur Prachtentfaltung und -erhaltung von Herrschaft in den Dienst genommen wurde, so sehr sei sie den Herrschaften gegenüber auch der verschärften Illoyalität schuldig geworden.[19] Zum Lob der Mächtigen beauftragt und verpflichtet, habe sie gleichwohl in der Darstellung derselben allgemeingültige Prinzipien zu formulieren verstanden, die die bildlich Geschmückten und Gepriesenen auch als ‚Adressat*innen' erscheinen ließen, „die sich diesen Prinzipien als angemessen erweisen mussten".[20] Ein weit mehr als majestätsbeleidigendes Potenzial in Diensten revolutionären Veränderungswillens hatte der Sozialist Friedrich Engels Kunstwerken zugetraut, wenn er, selbst als gelegentlicher Zeichner und Stückeschreiber dilettierend, befand, dass Carl Hübners realistisches Gemälde *Die schlesischen Weber* von 1844 „wirksamer für den Sozialismus agitiert hat als hundert Flugschriften".[21]

Sein kongenialer Freund Karl Marx und Mitbegründer des historischen Materialismus war freilich über den zeitenthobenen Wert der (klassischen) Kunst ins Grübeln geraten, dass diese nämlich „für uns noch Kunstgenuss gewähren und in gewisser Beziehung als Norm und unerreichbare Muster gelten".[22] Selbst der sich aus der politischen Welt zunehmend zurückziehende Gelehrte und Zeitgenosse Jacob Burckhardt konnte hier zustimmen und fand die „durchgängige

Aufgabe der Kunst“ darin bestätigt, „den Dingen und Menschen diejenige Harmonie des Daseins anzufühlen, welche in ihnen nach Anlage ihres Wesens sein sollte oder noch ungetrübt und unkenntlich in ihnen lebt“.[23] An positive Treiberqualitäten knüpft schließlich noch der Neomarxist Ernst Bloch der 1940er Jahre an, wenn er über den „künstlerischen Schein als sichtbaren Vor-Schein“ nachdenkt: „Wie könnte“, so eine Formulierung, die auf seine Arbeiten aus den 1920er Jahren zurückweist, „die Welt vollendet werden, ohne daß diese Welt, wie im christlich-religiösen Vor-Schein, gesprengt wird und apokalyptisch verschwindet?“[24]

Wenn schließlich die Medienentwicklung seit der Jahrhundertwende die Kunstwerke in Zustände großer Reichweiten für ortsunabhängige Aufmerksamkeit katapultierte und für die auch beiläufige Wahrnehmung ‚zerstreute‘, wurde Kunst einerseits entauratisiert.[25] Andererseits sollte dies mit Walter Benjamin aber gerade die emanzipatorische „Politisierung von Kunst“ statt die faschistische „Ästhetisierung der Politik“ befördern“.[26]

Von so viel Welt(zu)gewandtheit heben sich heutzutage auch nicht-religiös Musikalische deutlich ab, als erinnerten sie sich altbackener Talente von Kunst, nämlich solcher von metaphysischer Transzendenz, die einstmals die gesamtkünstlerischen, dabei himmelstürmenden gotischen Kathedralen illuminierte. Bekennende Agnostiker und Nichtgetaufte bedienen sich der Lichtmetaphysik monumentaler Glasmalerei: Gerhard Richter hat das Kölner Domfenster im Südquerhaus entworfen. Die Arbeit aus 11.500 Glasquadraten in 72 Farben wurde 2007 enthüllt. Für die saarländische Abtei Tholey, ältestes Kloster Deutschlands, ersann er 13 Jahre später ein kosmisches Glasfarbenspiel, in dem man Engel und Teufel entdecken kann, sodass man sich einer „Renaissance der Gotik“ nahe wähnt.[27] Der Beuys-Schüler Imi Knoebel hatte 2015 mit abstrakt-bunten Glasfenstern den Chor der französischen Königskathedrale von Reims prägen dürfen. Drei blutrote Fenster steuerte wiederum 2007 der Leipziger Maler Neo Rauch für die Elisabeth-Kapelle des Doms zu Naumburg bei. Noch Ende 2020 wird über Markus Lüpertz’ Glasfenstermalerei für die Hannoversche Marktkirche gestritten,[28] während er, durchaus mit dem Katholizismus verbunden, für St. Andreas in Köln bereits von 2005 bis 2010 zwölf Fenster in der Basilika entworfen hat. Weitere Projekte stehen uns wohl noch bevor.[29]

Eine Erklärung für diese kunstkatholische Liga in säkularen Zeiten: Wie das Erbe des Religiösen aus der überwiegend laizistischen Moderne nicht gänzlich verbannt scheint, weil nicht ausgemacht ist, ob die rationalen Transformationen religiöser Gehalte angesichts des auch durch säkulare Progressionen gefährdeten Menschseins vollständig gelingen können, so lässt sich offenbar auch Kunst weiterhin von metaphysischen Potenzialen anregen, polemisiert gegen eine „säkularistisch verhärtete Mentalität".[30] Sie reagiert, so eine Besprechung der Ausstellung *Berlin, Gott und die Welt* in der Guardini Galerie im April 2021, noch immer auf „das Verlangen nach Transzendenz. Wer ist Gott für uns? Wer sind wir für Gott? Die Bilder liefern keine Antworten. Sie stellen Fragen."[31]

Hat die atheistisch-religiöse Inbrunst mancher Großkünstler, die auf ihre Art noch einmal die grandiose Exzeptionalität von Kunst demonstriert, vielleicht noch andere Gründe als Moderneskepsis? Wenn nicht in wechselnden Ausstellungen und agilen Konzepten der Museen, so lassen sich Ewigkeitswerte womöglich nur noch in geweihten Gotteshäusern ansteuern. Als wären Kirchen Meta-Museen, die ein Übersteigen von Welt und Zeit visionieren. So scheint es, als würden die sich bereits vieler Orten leerenden Tempel in Zeiten wiedererwachender Religiosität angerufen, schützende Hände über die Kunst selbst und ihre Urheber*innen zu halten. Was aber hat die Kunst in Bedrängnis gebracht, dass sie derart nach Aura sichernden Strategien Ausschau hält, eine Art Re-Glorifizierung sucht? Vielleicht handelt es sich um eine selbstbezügliche (Über-)Reaktion angesichts einer fundamentalen Infragestellung durch jüngste Entwicklungen. Ich möchte im Folgenden entsprechend auf drei womöglich kunstgefährdende Megatrends eingehen. Sie lassen sich semantisch, technologisch und sozioökonomisch sortieren.

2. Kanonverlust, kultureller Kapitalismus und künstliche Kreativität

Halten wir, zum ersten, noch einmal fest, was auch die zum Teil widersprüchlichen Zuschreibungen belegen: Es gibt in der Tat keine befriedigende Bestimmung dessen, was Kunst – zumal in Zeiten der „Kanon-Dämmerung“[32] – eigentlich sei und wie der richtige Umgang mit ihr zu erfolgen habe. Essenzialistische Festlegungen wurden und werden stets kakophonisch widerlegt. „Ist das Kunst oder kann das weg?“ Ein solches Postermotto bringt augenzwinkernd die Verlegenheit über die Verlegenheit einer einstmals stolzen Begrifflichkeit auf den Punkt.

Zwar hebt in fast trotziger Distinktion von besagtem Poster ein nicht nur akademisch gepflegtes Versprechen auf eine Art ausgezeichnete Begegnung ab, auf eine „besondere, an sinnlich-materiale Gegenstände und Geschehnisse gebundene Form der Selbstverständigung“.[33] Doch dies inkludiert Irritationen und wenn Versöhnung, dann nach Theodor W. Adorno als unbegriffene, unwirkliche. Unerwartetes geschieht, so Hans Ulrich Gumbrecht, gar in „epistemologischer Verschiebung“: als „nicht-hermeneutische“, das heißt eine, die, statt auf einen Sinn, auf sinnliche Präsenzerfahrung abzielt, auf „Momente der Intensität“.[34]

Dabei hatte bereits Gottfried Wilhelm Hegel, der naturvergessen nur noch von der Schönheit der Kunst sprach und deren höchste Vollendung in der vergangenen Klassik sah, ein vieldiskutiertes Urteil gesprochen: Kunst sei ein „nach der Seite ihrer höchsten Bestimmung [...] Vergangenes“.[35] Damit hat er jedoch keineswegs gemeint, es gebe keine Kunstwerke mehr. Man mag vor Kunstwerken nur nicht mehr niederknien, wenn sie „zur denkenden Betrachtung“ einladen, sich einer „Heimatlichkeit des Gewöhnlichen“ öffneten.[36] Das inspirierte letztlich Benjamin vermutlich zu der spät-linkshegelianischen Vorstellung, dass ein nicht mehr kniefälliges Publikums ein „Examinator, doch ein zerstreuter“, sei.[37] Statt des demokratisierenden Examinierens, Prestigeverlust ihrer Objekte inklusive, nun also mit der Kirchenkunst von Richter, Rauch und Lüpertz zurück zum Kniefall, zumindest zum geweihten Beistand für gesammelte Andacht, wenn auch mit einer Einstrahlung von Gnaden modernster Technik und rationalstem Kalkül?

Zum Zweiten muss man schon fragen: Handelte es sich um eine Erweiterung des kreativen Künstlertums oder um seine endgültige Abschaffung, wenn uns sozioökonomisch längst ein sich auf alle Lebensbereiche erstreckendes Kreativitätspostulat begegnet, das die keinesfalls widerspruchsfreie Demokratisierung des Schöpferischen betreibt. Die anthropo-ästhetische Expansion, wonach, verkündet von Joseph Beuys bis Gernot Böhme, ein jeder ‚Künstler', zumindest ein ‚ästhetischer Arbeiter', sein könne,[38] trifft sich im spätmodernen „kognitiv-kulturellen Kapitalismus"[39] mit der marktgängigen Ökonomisierung alles Kreativen. Diese verstanden als produktive, auch spielerisch mögliche Effizienz- und Marktwertsteigerung. Andererseits ist Kunst krisenfeste Anlageform in Zeiten niedriger, gar negativer Zinsen,[40] die sich noch gegen die Authentizität der Kunstschaffenden durchzusetzen vermag[41] und Aura in glänzenden Goldstandard oder magischen Bitcoin rückübersetzt. So übererfüllt sich der Anspruch der Avantgarde, Kunst ins wirkliche Leben zu überführen. Möchten gegenüber dieser Ausnüchterung die neuen Kirchenbilder „jene Aura wiederbekommen, die ihnen mit der Moderne verlorengegangen ist".[42]

Drittens: Dass Richter die Farbanordnung seines Glasfensterleuchtens per Zufallsgenerator bewerkstelligte, antwortet auf eine weitere von Hegel beschriebene Abdankung des romantischen Genies, das sich in der sozialen Breitenanwendung bereits in Auflösung befindet. Diese wird begleitet, wenn nicht sogar getoppt, von der Aussicht auf eine angestrengt dehumanisierte Kreativität, wenn nämlich demnächst der Computer die Potenz und Exzellenz gewinnt, Kunst hervorzubringen. Für den Kunstkritiker Hanno Rauterberg ist nicht auszuschließen, dass die digitalen Maschinen in der Unbestimmtheit ihrer komplexen algorithmischen Operationen, ihrer entmaterialisierenden Herstellung von Präsenzen, ihrer rätselhaften Intelligenz uns Irritierendes und Unerwartetes bescheren, Überraschungen samt Abstandsgewinn – seien sie doch zum Analogon der Kunst begabt.[43]

Wir bekommen es vielleicht bald mit kreativen Operateuren einer zauberhaften beziehungsweise wiederverzaubernden Technologie zu tun – samt Apostolat eines Gefolges von Jurist*innen. Doch arbeitet sie dann auch zum Schutz, zum Trost, zur rettenden Balance, zur Distanz aufnehmenden Kritik, zur ideellen Transzendenz des Gegebenen wie zur realen Vollendung der Welt? Jedenfalls gibt es noch in digitalmodernen Zeiten ein Verlangen nach Transzendenz, diesmal genährt vom Traum der kreativen Maschine, die im Meer der Kontingenz das noch mögliche Absolute, den posthumanen Superlativ vertritt.[44] Diese Verbindung von Kunst und Technik braucht keinen Menschen mehr, wie wir ihn zu kennen meinen. Aber genügen diesem Gott der Unverfügbarkeit und unerreichbaren Freiheit die Weihwasser katholischer Kirchen?

Alles zusammen genommen, begriffliche Verunsicherung, wirtschaftsfunktionale Kulturexpansion und künstliche Kreativität, provoziert nur wieder die terminologischen Irritationen, um nicht semantische Verwahrlosung zu sagen. Wenn Technologie, Kunst und Wirtschaft miteinander verschmelzen, gilt erst recht: „Zur Selbstverständlichkeit wurde, dass nichts, was die Kunst betrifft, mehr selbstverständlich ist."[45] Dazu passt, dass ästhetische Diskurse, wie die ökologische Ästhetik vorführt, keineswegs mehr allein auf Kunst abonniert sind [46] und dass die epochal moderne Trennung des ästhetischen Feldes von Gebieten der Ethik und Wissenschaft seitens der postautonomen, ihre Entstehungs- und Betriebsbedingungen reflektierenden Kunst selbst unterlaufen wird.[47]

3. Relevanz der Bildung

Nun kann man mit verlorenen Selbstverständlichkeiten durchaus wertvolle Erfahrungen sammeln. An diesem Punkt der Überlegung treten unter anderem Institutionen der öffentlichen Hand und der Bildungsarbeit auf den Plan. Es bedürfte nämlich Instanzen und Relevanzen, die gerade jenseits semantischer Vorgaben, ohne Einschüchterung durch digitale Agenden, vielmehr in deren progressiver Anwendung und Ausnutzung, entgegen einer Durchökonomisierung noch vorhandene Potenziale von Kultur bewahren und (re)aktivieren. Im Sinne einer partizipativen Demokratisierung der Kunstwelt melden sich Künstler mit der entsprechenden Forderung nach einem grundsätzlichen Neuanfang bereits vehement zu Wort.[48]

Nun scheinen im Kuratorischen augenblicklich das Künstlerische und das Kulturelle semantisch zu amalgamieren,[49] was auch längst in der in kulturpolitischen Verlautbarungen verbreiteten Formel von ‚Kunst und Kultur' eher dunkel angelegt scheint. Das Kuratorische gewährt, die Versäulung der Institutionen überwölbend, den historisch heimatlos gewordenen Philosophemen und Auszeichnungen von ‚Kunst' als einem unaufgeräumten Garagen-Wort, einem sperrig übernommenen Container-Terminus,[50] Asyl, um in Ausfransungen, Überschneidungen, Interferenzen und Widersprüchen ein frei verfügbares Erinnerungs-Reservoir und Stichwort-Repositorium unsortiert für geeignete Aktualisierungen zu nutzen: Die „Heimatlichkeit des Gewöhnlichen", also die Vielfalt und Diversität des „Humanus", wie Hegel weiter schreibt,[51] bedarf dann freilich kuratorischer Institutionen einer „Zivilität des Alltags"[52], weniger die hochamtliche Gastlichkeit sonntäglicher Gottesdienste.

Die Entwicklung der letzten 30 Jahre hat in der Folge Hegels doch erfolgreich „verschiedene Weisen, die Welt zu sehen"[53] erprobt, die unter anderem der aus der Autonomisierung der Kunst gewonnenen „Idee der Humanität"[54] entstammen: im Abbau von Schwellenängsten, Exklusionen und mit Themen wie „Alltags-" oder „Soziokultur", die schon eine „andere Schönheit" bebildert,[55] und nicht zuletzt mit der Ankündigung einer aufgabenselbstkritischen „Neuen Charta Industriekultur": im engen Arrangement mit den (digitalen) Künsten.[56] Dies alles in epistemologisch grenzüberscheitenden Operationen. Daraus kann ein Selbstverständnis von Kunst und Kultur just als Politikum erwachsen, mit Konfliktbereitschaft und Mut zur echten Provokation, zu riskantem Widerspruch: ein Plädoyer für die Souveränität einer Administration, die der gesetzlich verankerten Rechenschaftspflicht gegenüber der Gesellschaft nachkommt und gleichwohl im Blick auf die Kulturschaffenden Spielräume kurzer Leitung bei langer Leine gewähren möge.

Der dabei erforderliche Widerstand gegen die Ökonomisierung ist einer gegen den Mainstream vermeintlich risikomindernder Quantifizierung, der scheinbar objektiven Besuchs- oder Belegquoten- und

Einschaltpolitik, wie sie soeben im Streit um das Kulturradio zu besichtigen ist.[57] Erfahrung und Bildung sind wesentlich subjektiv erworbene Qualitäten von Bürger*innen, weniger von Kundinnen und Kunden, die sich zwar messen, auch statistisch auswerten, aber nicht allein nach Verkaufsumsätzen und Klickzahlen bewerten lassen. Zumal die Häuser der Bildung, der Kunst und Kultur auf eine Ressource angewiesen sind, zu der sie selbst nicht allein beitragen können.

Bildung, verstanden nicht als „feine Unterschiede" ausformulierendes „kulturelles Kapital"[58], sondern mit der Zielsetzung besagter „Zivilität im Alltag" (Tenorth), muss früher beginnen und ausgeformt werden als mit der in der Regel nachträglichen, bestenfalls begleitenden Pädagogik und Öffentlichkeitsarbeit von Archiven, Bibliotheken, Museen und Konzerthäusern. Es gibt durchaus schlechte Performances, exkludierende Barrieren, unzureichende Vermittlungsarbeit und Ansprache, mangelnde Öffentlichkeitsarbeit. Hier bleibt noch viel zu tun und einzufordern.[59] Doch leicht bleiben bei hochkarätigen, dennoch wenig besuchten Veranstaltungen Versäumnisse ausgeblendet, die in der Verantwortung auch anderer Ressorts, nämlich der schulischen und vorschulischen Bildungsarbeit liegen, was auf ein fundamentales gesellschaftspolitisches Versagen hinausläuft. Natürlich engagieren sich Institutionen wie Bibliotheken und Museen längst in diesen Bereichen. Wird doch Bildungsarbeit immer wichtiger in Migrationsgesellschaften, die viel stärker als bislang im Sinne eines Ausgleichs von Bildungsnachteilen mit Mut, aber auch hohen Investitionen für größere Unabhängigkeit von Elternhaus und sozialer Herkunft agieren müsste.[60]

Für früh ansetzende Bildung plädiert jüngst die französische Philosophin Corine Pelluchon in ihrer *Ethik der Wertschätzung*.[61] Ihr phänomenologischer Ansatz baut auf Erlebnisse und Erfahrungen mit Kunstwerken (wie auf Begegnungen mit der Schönheit der Natur).[62] Es geht ihr im Gegensatz zur aufsteigenden Transzendenz religiöser Zufluchten oder auch nur zu neuapostolischen Glorifizierungspraktiken eher um ‚Transdeszendenz', das heißt die Anerkennung menschlicher Verletzlichkeit und irdischer Vergänglichkeit.[63] In dieser gedanklichen ‚Vertiefung' nehme das menschliche Subjekt seine

Verbindung zu den anderen Lebewesen wahr, auf dass sich ein nur theoretisches Wissen um die Zugehörigkeit zu einer gemeinsamen Welt in ein gelebtes Wissen verwandle. Die Phänomenologin, die radikal auf die Körperlichkeit des Menschen rekurriert,[64] aktualisiert dazu Immanuel Kants Ästhetik, seinen Begriff der „reflektierenden", also in Übungen des Vorstellens und Probierens aktiven „Urtheilskraft", die „subjektive Privatbedingungen" überwindet[65] und so ein höchst relevantes Fundament für Praktiken deliberativer Demokratie bilden kann.[66]

Um die Kompetenz geduldigen Aushandelns zwecks Überschreitens bloßer Meinungen zu befördern, empfiehlt Pelluchon insbesondere die rechtzeitige Ausbildung des reflektierenden „Geschmacks": „Das Geschmacksurteil zeugt von einer Humanisierung der Sensibilität, weil es den Gemeinsinn voraussetzt und uns erlaubt, die Welt oder die Dinge unabhängig von unseren eigenen Interessen zu bewerten."[67] Pelluchon folgt Kants „Maxime des ästhetischen Urtheils" im Geschmack, dem „sensus communis aestheticus", wenn in der Begegnung mit dem Schönen, statt allein auf Reiz und Neigung zu setzen, ermöglicht werde, „an der Stelle jedes anderen [zu] denken",[68] mit nicht schon fertigen, sondern noch spielerisch suchenden beziehungsweise abwägenden Bestimmungen. Es handelt sich im reflektierenden Geschmacksurteil demnach um ein Abstandnehmen von sich selbst, ein retardierendes Vergleichen mit dem Urteil anderer: in abwartender Neugier ein Werben um deren wertgeschätzte und wertschätzende Zustimmung.[69]

In der annoncierten Geschmacksbildung geht es gegen die Versuchungen des Absolutismus (Modediktat) wie gegen die Resignation des Relativismus (‚Geschmäcker sind verschieden') um eine „erweiterte Denkungsart" (Kant),[70] um eine zu gewinnende „Zivilität des Alltags" (Tenorth), zwecks „Vorscheins" (Bloch) auf das, was die beste „Anlage" (Burckhardt) des „Humanus" (Hegel) „kommunikativ, gemeinschaftsstiftend, solidarisierend" (Habermas) zu bewirken vermag. Wenn „Bildung [...] nichts andres als Kultur nach der Seite ihrer subjektiven Zueignung"[71] ist, hilft der früh geübte Umgang mit Kunst und Kultur, Leitsterne mit „Ausgleichsenergien" (Warburg), die, bei aller Gefahr der Instrumentalisierung, womöglich einen „Kompass zur Ethik“ (Pelluchon) bereithalten, „Momente der Intensität“ (Gumbrecht) inklusive.

4. Schlussbetrachtung

Die jüngste Initiative *New European Bauhaus* knüpft an die Vision des Weimarer und Dessauer Bauhauses an, mit Schönheit Funktionalität und Teilhabe zu verbinden, ergänzt um Nachhaltigkeit: Mit der befreundenden wie visionären Kraft von Kunst und Kultur mögen die Profis aller Fakultäten, aber auch die Bevölkerung auf den Geschmack für einen ‚New Green Deal‘ kommen. Der Bund Deutscher Architekten (BDA) will dem folgen.[72] Hier wird Alberti übersetzt in die aktuelle Debatte um die Klimakatastrophe, weil eine nach vorne weisende Schutzfunktion von bislang klimaschädlicher, jetzt aber guter Baukunst für den Erhalt des ganzen Planeten angerufen wird. Während einer Auftaktkonferenz *Conversations on the New European Bauhaus* am 22. April 2021[73] warb unter anderem der Präsident des Europäischen Parlaments, David Sassoli, unter dem Tagungsmotto „beautiful, sustainable, together“ eindringlich darum, bei den fälligen Anstrengungen zu diesem ehrgeizigen Projekt die Bildungsarbeit nicht zu vernachlässigen. „Umgib die Kinder mit schönen Dingen“, hätte er mit John Dewey, einem Pionier der ästhetischen Erziehung, sagen können, „und sie wachsen heran zu Menschen mit gutem Geschmack“.[74] Statt von ‚Kunst‘ sprechen wir jetzt von Geschmackserziehung und curricular zu verankernder ‚Schönheit‘: „Beauty is about education“.[75]

Wenn derart die Spannung zwischen autonomer Ästhetik und politischer Ethik aufbricht, die die Auseinandersetzung um Kunst und Kultur beziehungsweise im „Kuratorischen“ in der Tat immer stärker prägt,[76] darf das als durchaus belebendes Element verstanden werden. „Die Museen sind ein politischer Ort, und sie sind ein Ort der [Vorsicht!] Kunst. Es reißt sie hin und her. Viel besser könnte es nicht sein.“[77] Zwischen dem Gewinn an Distanz zwecks Befreiung von Besessenheit à la Warburg und der Kritik an der längst Grenznutzen zeitigenden Position des allzu coolen Gegenübers, des Subjekts zum Objekt, die auch in Museen mit ihren in Abstand zu betrachtenden Bildern als epistemisches wie ontologisches Weltverhältnis eingeübt wird,[78] lädt sich die ästhetisch-ethische Spannung auf. Erst recht, wenn sich ausgerechnet im Beuys-Jahr der „Traum von der kreativen Maschine“ festsetzen sollte.[79]

Und ja: Die inkriminierten Kirchenfenster sind schon schön, so wie die einst auf Tempelbezirke angewandte *kalos kagathos*'sche Trias aktuell bleibt.[80] Aber nein: Eigentlich haben wir fünf nach zwölf und es ist keine Zeit mehr, um mit ‚Kunst' zu spielen! „We must reinvent beauty“ (Gina Gylver): Zuständig ist hier jedenfalls keine, so Heinrich Heine, „liebe Frau von Milo“, die, bekanntlich armlos, nicht helfen kann.“[81]

Anmerkungen

1 Lena Graefe: *Entwicklung der Anzahl von Museen in Deutschland bis 2018*, veröffentlicht am 02.03.2021: „Bei den mit Abstand meisten Museen in Deutschland handelt es sich mit knapp 3.000 um Volkskunde- und Heimatkundemuseen, gefolgt von kulturgeschichtlichen Spezialmuseen. Die beliebtesten Museumsarten nach Anzahl der Besucher bilden jedoch historische und archäologische Museen und Kunstmuseen“; https://de.statista.com/statistik/daten/studie/2821/umfrage/entwicklung-der-anzahl-von-museen-in-deutschland/ (besucht 20.03.2021).

2 Jacob Burckhardt: *Weltgeschichtliche Betrachtungen* [aus dem Nachlass], Köln 1954, S. 48: „Das Außerordentlichste sind jedenfalls die Künste, rätselhafter als die Wissenschaften“. Zur kunstbegeisterten Digitalmoderne vgl. Hanno Rauterberg: *Die Kunst der Zukunft. Über den Traum von der kreativen Maschine*, Berlin 2021, S. 95 ff., 159 ff.

3 Karlheinz Lüdeking: *Ornament und Versprechen. Wer den Baumeister und Architekturtheoretiker Adolf Loos liest, versteht die angebliche Systemrelevanz von Kunst besser*, in: *Frankfurter Allgemeine Zeitung (FAZ)*, 12.01.2021, S. 9; Mark Siemons: *Die Rolle der Kultur im Freizeit-Lockdown*, in: *FAZ*, 08.11.2020, S. 42.

4 Rebekka Reinhard: *Was ist schön?*, in: *Hohe Luft – Magazin, Der Wert der Kunst*, Sonderheft 1, 2019, S. 20–25, hier S. 23.

5 Gerhard Kurz: *Das Wahre, Schöne, Gute*, Paderborn 2015, Umschlagtext.

6 „Die Schönheit der Kunst ist – anders als die Wahrheit der Theorie – verträglich mit der schlechten Gegenwart“, schreibt Herbert Marcuse: *Über den affirmativen Charakter der Kultur* [1937], in: Ders.: *Kultur und Gesellschaft 1*, Frankfurt a. M. 1973, S. 56–101, hier S. 86.

7 Vgl. Martin Warnke: *Über die Macht der Schönheit*, in: *Städte bauen*, Kursbuch 112, 1993, S. 123–127, hier S. 123.

8 Falk Jaeger: *Prediger der schönen Stadt. Sein Ideal ist die Rematerialisierung der Moderne: Zum siebzigsten Geburtstag des Architekten Christoph Mäckler*, in: *FAZ*, 17.04.2021, S. 9.

9 Karl Grünberg: *Trügerische Idylle*, in: *Neue Natur. Klassisch Modern. Das Magazin der Klassik Stiftung Weimar*, Ausgabe 2021, S. 14–21.

10 Anja Röcke: *Soziologie der Selbstoptimierung*, Berlin 2021.

11 Ludwig Marcuse: *Kultur-Pessimismus und Kultur-Masse*, in: Ders.: *Meine Geschichte der Philosophie. Aus den Papieren eines bejahrten Philosophiestudenten*, Zürich 1981, S. 294–320, hier S. 311.

12 Friedrich Schiller: *Über die ästhetische Erziehung des Menschen* [1795], Stuttgart 1975, S. 6.

13 Jürgen Habermas: *Exkurs zu Schillers Briefen über die ästhetische Erziehung des Menschen*, in: Ders.: *Der philosophische Diskurs der Moderne. Zwölf Vorlesungen*, Frankfurt a. M. 1983, S. 59–64, hier S. 59 f.: „Schiller setzt […] auf die kommunikative, gemeinschaftsstiftende, solidarisierende, auf den öffentlichen Charakter der Kunst".

14 Zitiert nach Martin Warnke: *„Der Leitschatz der Menschheit". Erinnerung an Aby Warburg* [1980], in: Ders.: *Warburgs Schnecke. Kulturwissenschaftliche Skizzen. Mit einem Essay von Horst Bredekamp*, hg. von Matthias Bormuth, Göttingen 2020, S. 170–190, hier S. 182, 190.

15 Heinz-Norbert Jocks: *Stille Tage in New York. Ein Gespräch mit dem chinesischen Maler Liu Xiaodong über seine Bilder, die in Amerika während der Pandemie entstanden*, in: *FAZ*, 18.04.2021, S. 36. Man könnte auch die „zufällige Begegnung eines Regenschirms und einer Nähmaschine auf dem Seziertisch" (Comte de Lautréamont, vormals Isidore Lucien Ducasse, 1874), das Motto für den Surrealismus, einordnen als schützenden, ins Werk gesetzten Einspruch gegen überbordenden Rationalismus wie Abstand erzeugenden Bann traumatischer Fantasien.

16 Stefan Trinks: *Aurastifter und Fabelschnitzer. Beuys' Auferstehungskunst: Wo sich alte und neue Schlagbilder überlappen, leben sie weiter*, in: *Sonderbeilage der FAZ*, Feuilleton live, zum 100. Geburtstag des Künstlers, 12.05.2021, S. B 1.

17 Catrin Lorch: *„Wir können Rettungsinseln sein". Sammlerin Julia Stoschek und Museumsdirektorin Susanne Gaensheimer fordern: Öffnet die Museen!*, in: *Süddeutsche Zeitung*, 18.01.2021.

18 Hanno Rauterberg: *Die Kunst der Zukunft*, Berlin 2021, S. 195.

19 Vgl. Martin Warnke: *Der Hofkünstler. Zur Vorgeschichte des modernen Künstlers*, Köln 1985.

20 Horst Bredekamp: *„Wie es sein sollte". Kunst als Vorbild*, in: Warnke: *Warburgs Schnecke*, 2020, S. 23–31, hier S. 28.

21 Friedrich Engels: *Rascher Fortschritt des Kommunismus in Deutschland* [1844], in: Marx-Engels-Werke, Band 2, Berlin 1985, S. 509–512, hier S. 510. Wahren sozialen Fortschritt erwartete Engels allerdings nicht von der Kunst.

22 Zit. nach Martin Warnke: *Jacob Burckhardt und Karl Marx*, in: Ders.: *Warburgs Schnecke*, 2020, S. 66–95, hier S. 93.

23 Jacob Burckhardt: *Der Cicerone*, Leipzig 1925, S. 914. Vgl. auch Warnke [1970], in: Ders.: *Warburgs Schnecke*, 2020, S. 95.

24 Ernst Bloch: *Das Prinzip Hoffnung* [1947]. Band 1, Frankfurt a. M. 1974, S. 242–250, hier S. 248; vgl. Doris Zeilinger: *Wechselseitiges Ergreifen. Ästhetische und ethische Aspekte der Naturphilosophie Ernst Blochs*, Würzburg 2006, S. 214 ff.

25 John Berger: *Sehen. Das Bild der Welt in der Bilderwelt* [engl. 1972], Reinbek b. Hamburg 1994, S. 32 ff.

26 Walter Benjamin: *Das Kunstwerk im Zeitalter seiner technischen Reproduzierbarkeit* [1936], Frankfurt a. M. 1976, S. 48, 51.

27 Thomas Assheuer: *Ornamente der Ewigkeit. Der bekennende Agnostiker Gerhard Richter hat für das älteste Kloster Deutschlands großartige Glasfenster entworfen. Darin kann man Engel erkennen – oder auch Teufel*, in: *Die Zeit*, 17.09.2020, S. 61; Stefan Trinks: *Doch alles Licht will*

Ewigkeit. Eine Renaissance der Gotik. Zum anhaltenden Siegeszug monumentaler Glasmalerei, in: *FAZ*, 20.08.2020, S. 9.

28 https://www.domradio.de/themen/kultur/2020-12-13/urteil-am-montag-erwartet-streit-um-luepertz-fenster-fuer-hannovers-marktkirche (besucht 20.04.2021).

29 https://www.fr.de/panorama/glasmalerei-markus-luepertz-koelner-kirche-11664682.html (besucht 10.04.2021).

30 Jürgen Habermas: *Auch eine Geschichte der Philosophie*. Band 1, Berlin 2019, S. 14 f., insbesondere Anm. 7.

31 Hannah Bethke: *Auf der Suche nach Gott*, in: *FAZ*, 17.04.2021, S. 11.

32 Christiane Wiesenfeldt: *Ist klassische Musik kolonialistisch?*, in: *FAZ*, 28.04.2021, S. 9.

33 Georg W. Bertram: *Kunst. Eine philosophische Einführung*, Stuttgart 2005, S. 295.

34 Hans Ulrich Gumbrecht: *Diesseits der Hermeneutik. Die Produktion von Präsenz*, Frankfurt a. M. 2004, S. 17 ff., 120.

35 Georg Wilhelm Friedrich Hegel: *Vorlesungen über die Ästhetik. Erster und zweiter Teil* [ediert aus dem Nachlass 1835], Stuttgart 1971, S. 50.

36 Georg Wilhelm Hegel: *Vorlesungen über Ästhetik*, 1971, S. 583.

37 Benjamin: *Das Kunstwerk*, 1976, S. 48.

38 Gernot Böhme: *Atmosphäre*, Frankfurt a. M. 1995, S. 62 ff.; Rebekka Reinhard: *Genies ohne Grenzen*, in: *Hohe Luft – Magazin*, 2019, S. 10–13. Dass jeder ein Künstler sei, Künstler seines Lebens, Lebenskünstler in unausrechenbarer Eigenverantwortung, war schon eine Konsequenz des Lebensphilosophen Henri Bergson. Vgl. Thomas Schleper: *Aggression und Avantgarde. Skizze zum gespaltenen Elan der Moderne*, in: Ders. (Hg.): *Aggression und Avantgarde. Zum Vorabend des Ersten Weltkrieges*, Essen 2014, S. 460–468, hier S. 463.

39 Andreas Reckwitz: *Das Ende der Illusionen. Politik, Ökonomie und Kultur in der Spätmoderne*, Frankfurt a. M. 2019, S. 135 ff. Zum stabilen Kunstmarkt Kevin Hanschke: *Hat der Ausbruch der Pandemie alles verändert?*, in: *FAZ*, 17.04.2021, S. 13.

40 Tobias Timm: *„Die Kunst dient oft der Geldwäsche“*, in: *Die Zeit*, 21.11.2019, S. 65.

41 Bettina Wohlfarth: *Gewiss „Salvator Mundi“, aber kaum der letzte Leonardo*, in: *FAZ*, 12.04.2021, S. 11.

42 Gernot Böhme: *Anmutungen. Über das Atmosphärische*, Ostfildern 1998, S. 104.

43 Rauterberg: *Die Kunst der Zukunft*, 2021; vgl. ders.: *Der Traum von der kreativen Maschine*, in: *Die Zeit*, 15.04.2021, S. 50.

44 Vgl. Rauterberg: *Die Kunst der Zukunft*, 2021, S. 184 ff..

45 Theodor W. Adorno: *Ästhetische Theorie* [ediert aus dem Nachlass 1971], Frankfurt a. M. 1971, S. 10.

46 Vgl. Gernot Böhme: *Für eine ökologische Naturästhetik*, Frankfurt a. M. 1989.

47 Vgl. Hanno Rauterberg: *Die Kunst und das gute Leben. Über die Ethik der Ästhetik*, Berlin 2016 und Lucia Seiß: *Nachhaltig ausstellen – Die Ausstellung „Down to Earth“ im Berliner Gropius Bau*, in: *rheinform. Informationen für die rheinischen Museen*, 01/2021, S. 24–27.

48 Stefan Heidenreich, Magnus Resch: *Schluss mit dem Kult der Exklusivität! Die Kunstwelt muss endlich demokratischer werden. Ein Aufruf zum Neuanfang – für Künstler und Betrachter*, in: *Die Zeit*, 30.10.2019, S. 61.

49 Beatrice von Bismarck: *Das Kuratorische*, Leipzig 2021.

50 Garage und Container: verstanden nicht als bloße Abstellkammern, eher als Material- und Bausatzlager, Unterstellort für fällige Einsätze andernorts.

51 Hegel: *Vorlesungen über Ästhetik*, 1971, S. 677.

52 Thomas Kerstan, Martin Spiewak: *„Lasst die Schulen in Ruhe!" Heinz-Elmar Tenorth hat die deutsche Bildungsgeschichte begleitet wie kaum ein Zweiter*, in: *Die Zeit*, 18.03.2021, S. 32 f.

53 Karlheinz Lüdeking: *Nach dem Ende der Kunst*, in: *FAZ*, 27.08.2020, S. 9.

54 Adorno: *Ästhetische Theorie,* 1973, S. 9.

55 Eckhard Bolenz, Markus Krause, Florian Monheim (Fotos): *Die andere Schönheit. Industriekultur in Nordrhein-Westfalen*, Köln 2010.

56 Vgl. http://futur21.nrw/ (besucht 20.04.2021).

57 Gerhard Baum: *Demokratie braucht Kunst*, in: *FAZ*, 16.04.2021, S. 15; Ronald Düker: *Klassik zum Abholen*, in: *Die Zeit*, 22.04.2021, S. 53.

58 Pierre Bourdieu: *Die feinen Unterschiede. Kritik der gesellschaftlichen Urteilskraft* [1979], Frankfurt a. M. 1982.

59 Alexander von Nell: *Dystopie oder Utopie? Ohne diverse Kulturvermittlung wird es still*, in: *Kulturpolitische Mitteilungen*, I/2021, Jg. 172, S. 88 f.

60 Daniel Wendt: *Weiße Reformer erwünscht*, in: *FAZ*, 12.04.2021, S. 13.

61 Corine Pelluchon: *Ethik der Wertschätzung. Tugenden für eine ungewisse Welt* [Éthique de la considération, Paris 2018], Wiesbaden 2019, S. 250 f.

62 Ihr Rekurs auf Kant hebt auch die mit Hegel beginnende Reservierung der Ästhetik auf das Kunstschöne wieder auf.

63 Pelluchon: *Ethik der Wertschätzung,* 2019, S. 106–148: Transdeszendenz, Verwundbarkeit und gemeinsame Welt.

64 Corine Pelluchon: *Les nourritures. Philosophie du corps politique*, Paris 2015, S. 25.

65 Immanuel Kant: *Kritik der Urtheilskraft* [1790], in: Ders.: *Kritik der praktischen Vernunft. Kritik der Urtheilskraft*, Berlin 1968, S. 165–485, § 48 f., S. 294.

66 Zu deren postdemokratischen Gefahren vgl. Felix Stalder: *Kultur der Digitalität* [2016], Berlin 2019, S. 206–244.

67 Pelluchon: *Ethik der Wertschätzung,* 2019, S. 250 f.

68 Kant: *Kritik der Urtheilskraft*, 1968, S. 295 f.

69 Pelluchon: *Ethik der Wertschätzung,* 2019, S. 252.

70 Die im Folgenden nicht eigens nachgewiesenen Zitate sind an den zuletzt zitierten Stellen der Autor*innen zu finden.

71 Theodor W. Adorno: *Theorie der Halbbildung*, in: Ders.: *Gesellschaftstheorie und Kulturkritik*, Frankfurt a. M. 1975, S. 66–94, hier S. 67.

72 Hans Joachim Schellnhuber: *Bauhaus für die Erde*, in: *FAZ*, 22.04.2021, S. 9.

73 https://webcast.ec.europa.eu/Conversations on the New European Bauhaus – Streaming Service of the European Commission (europa.eu); https://europa.eu/new-european-bauhaus/events/conference-conversations-new-european-bauhaus_en (besucht 25.04.2021).

74 Meike Aissen-Crewett: *John Deweys Aesthetik und die aesthetische Erziehung* [1988], https://www.fachportal-paedagogik.de/literatur/vollanzeige.html?FId=5990 (besucht 21.04.2021).

75 Gina Gylver, NGO-Referentin der Konferenz *Conversations on the New European Bauhaus*, 22.04.2021.

76 Vgl. auch Rauterberg: *Die Kunst und das gute Leben,* 2015.

77 Hanno Rauterberg: *Der Teufelskreis demokratischer Kunst*, in: *Die Zeit*, 14.11.2019, S. 54.

78 So die Kritik des Künstlers und Kurators Tino Sehgal, der im Deutschlandfunk für eine immersiv alle Sinne ansprechende Kunst plädierte, https://www.ardaudiothek.de/essay-und-diskurs/klima-und-kunst-kuenstler-tino-sehgal-museen-haben-eine-vorbildfunktion/89264852 (besucht 31.05.2021). Vgl. dagegen die Position, die der Beitrag von Thorsten Valk, Alexandra Käss und Jan-David Mentzel in diesem Band vertritt: Ein weitertreibender Rekurs auf das „epistemische Ding", aufbereitet für den „langen Blick" (Aleida Assmann), mit dem Gottfried Korff für die Präsentation eines verkörperten Wissens plädiert. Dazu Gottfried Korff: *Betörung durch Reflexion. Sechs um Exkurse ergänzte Bemerkungen zur epistemischen Anordnung der Dinge*, in: Anke te Heesen, Petra Lutz: *Dingwelten. Das Museum als Erkenntnisort*, Köln, Weimar, Wien 2005, S. 89–107.

79 Rauterberg: *Die Kunst der Zukunft*, 2021.

80 Kurz: *Das Wahre*, 2015, S. 105 f.

81 Heinrich Heine: *Nachwort zu Romanzero* (1848); https://www.textlog.de/heine-gedichte-nachwort-2.html, S. 2 (besucht 01.05.2021).

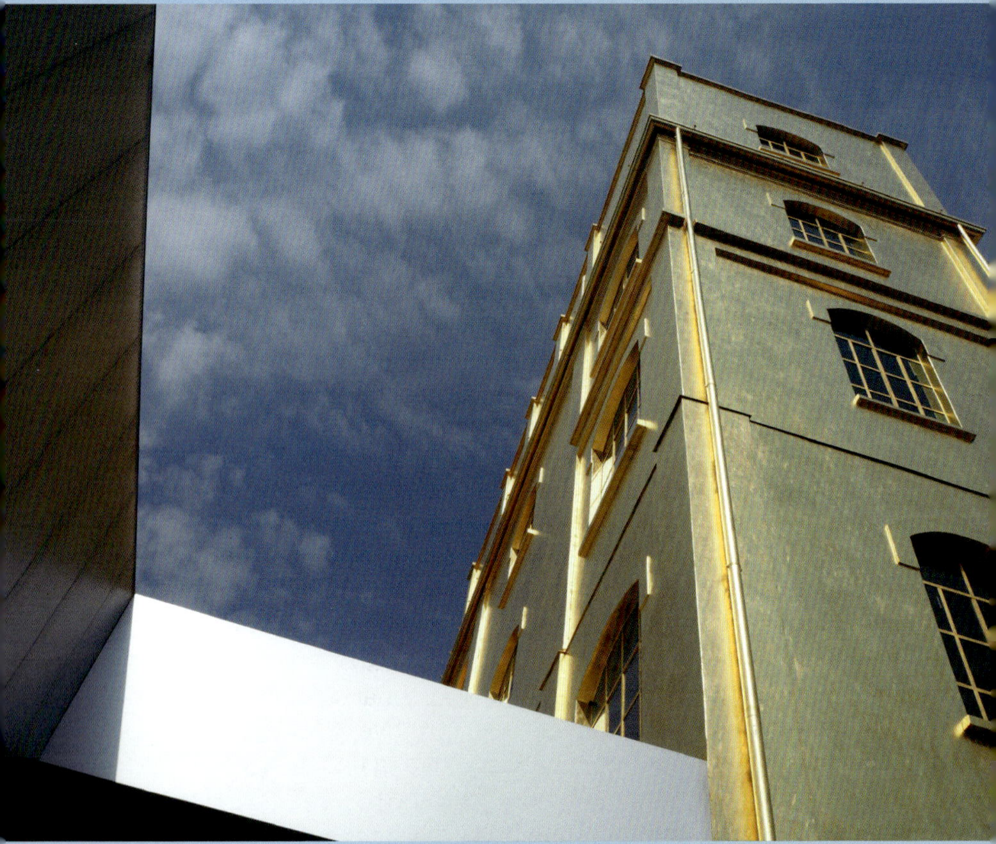

Gold vor Blau, Industriekultur läuft auf zur Höchstform:
Sitz und Ausstellungsort der Fondazione Prada, Mailand, in ehemaliger Destillerie,
Eröffnung 2015, Architekt: Rem Kohlhaas

Milena Karabaic

„Zu schön, um Ware zu sein"*
Grenzen der Aufklärung oder doch nur Mittel zum Zweck: Digitalisierung, virtuelle Wissenskultur und das Museum als Ort kultureller Vermögensbildung

Daten sind das neue, schwarz glänzende Rohöl des 21. Jahrhunderts, so lautet die Botschaft einschlägiger Protagonist*innen des 4.0-Zeitabschnitts. Das Produktionsmittel, um aus diesen stetig sprudelnden Quellen in Form von Information, Kommunikation oder blockchainbasierter Transaktionen zu schöpfen, hat ein jeder und eine jede weltweit in der Hand: das Smartphone. Die zentrale, längst eingeübte Kulturtechnik, das intuitive Navigieren, Googeln, Chatten, Twittern, erlaubt schnellen Zugang und Kontakt zu einem nahezu unbegrenzten Datenuniversum. Manchmal, die technische Ausstattung vorausgesetzt, genügt sogar ein knapper Zuruf, und prompt antwortet Alexa, algorithmengestützt. Geübter Umgang mit dem medialen Instrumentarium ist die eine, die längst überfällige Debatte um das Denken über Wissen die andere Seite derselben Medaille. Wissensgesellschaft und Wissensmaschine prägen die Seiten einer weiteren baren Münze.

Kultur als anerkannter, wiederverwertbarer und somit nachhaltiger Wertstoff einer neuen, digitalen Wissensökonomie kann mittlerweile einen gewissen Stellenwert im weltumspannenden Kosmos der „Gesellschaft der Singularitäten"[1] für sich in Anspruch nehmen. Dabei kann unterstellt werden, dass die bislang gültige Auffassung, Kultur wirke sich grundsätzlich positiv auf die

Gesellschaft aus, auch für die digitalisierte(n) Welt(en) konsensfähig ist.[2] Allerdings unterliegt Kultur in diesen ökonomisch ausgerichteten Zusammenhängen häufig einer dezidierten Verwertungsstrategie, die dem erklärten Bildungs- und Vermittlungsauftrag der konkreten Orte des Wissens wie Museen, Bibliotheken und Archiven nicht unbedingt entsprechen muss, ja widersprechen kann. Zudem stellt sich die Frage, ob bereits der Einsatz neuer Technologien und das Nutzen spezifischer Informationskanäle des Geschäftsmodells ‚soziale Medien', zum Beispiel bei der Vermittlung von Bildungsinhalten, einen Mehrwert, eine spezifische Wertschöpfung darstellt. Oder entsteht dieser erst durch die bewusste Ablösung der ‚guten, alten', unter Umständen schon antiquierten Zielgruppenansprache zugunsten eines wirkungsmächtigeren Einsatzes von Mode-, Kultur- und Geschmacksdarstellern, also von ausgewählten Influencer*innen, Follower*innen inklusive?

Als Beispiel hierfür: Ein Musikvideo der US-amerikanischen Superstars Beyoncé und Jay-Z vom Sommer 2018 nutzt den weltberühmten Louvre als menschen- beziehungsweise besucherentleerte Kulisse, um nicht zu sagen als kunst-, bilder- und bildungsreichen Resonanzraum. Für den bedeutungsvollen Songtitel *Apeshit* bilden die musealen Leitfossilien, allen voran die nach wie vor ungebrochen unergründlich lächelnde *Mona Lisa*, die geflügelte Skulptur der *Nike von Samothrake* und nicht zuletzt das drastische, politikkritische *Floß der Medusa*, reichlich szenisches Abarbeitungspotenzial und den Hintergrund für performative und tänzerische Showeffekte. Über 245 Millionen Klicks im Netz können berechtigten Anlass zur Hoffnung auf Steigerung des mit über acht Millionen Besucher*innen ohnehin respektablen Jahresergebnisses des Louvre geben, zumal das Haus mit einem konkret auf dieses Video bezogenen museumspädagogischen Führungsangebot geworben hat.

Doch die Frage sei erlaubt, in welche Richtung sich damit der Bildungsanspruch bewegt, worauf er abzielt: Kopf oder Zahl, um wieder das naheliegende Bild der Münze zu bemühen? Auch im ersten Fall ließe sich zweifelsfrei ‚Gewinn' erzielen, indem, gespeist aus dem immateriellen Rohstoff des Geistes, den Dingen wie den Menschen und ihren Erzählungen, den Narrativen, wie auch den Orten selbst

‚Wert' verliehen würde, ganz im Sinne eines globalen, geistigen Kapitals beziehungsweise Bildungsvermögens.

1. Wissensort Museum: das Vermögen digitaler Strategien

Die bislang unwidersprochenen Königsdisziplinen des Wissensortes ‚Museum', Sammeln, Bewahren, Erschließen, Präsentieren und Vermitteln, sind mittlerweile ohne einschlägige digitale Systeme kaum mehr denkbar. Die Anwendungen greifen für interne und externe Kommunikation, vor allem für Inventarisation und Bearbeitung ihrer Sammlungen und damit häufig zugleich auch für die Präsentation des jeweiligen kulturellen Erbes im Netz. An der größtmöglichen Verbreitung dieser wissensbasierten Inhalte wird bereits intensiv gearbeitet, und zahlreiche Datenbanken stehen zur Verfügung.[3] Somit steigert sich in gleicher Weise das dezidierte Ziel von größtmöglicher Partizipation an nicht nur digitaler Museumspraxis.

Dass sich die digitalen Strategien der einzelnen Häuser dabei durchaus unterscheiden, liegt auf der Hand: Zu unterschiedlich sind bekanntermaßen Angebote, seien es die Onlinestellung von Sammlungen im Sinne von Schaudepots, Apps, Podcasts, Web-Journale oder Onlinekataloge, nicht zu vergessen AR-/VR-Technologien, die nicht nur die Wahrnehmung erweitern, sondern auch individuelle, außergewöhnliche und kreative Anreize eröffnen.[4] An dieser Vielfalt der Angebote ist zu erkennen, dass eben nicht mehr eine Zielgruppe, sondern die personalisierte Ansprache (der schon genannten Singularitäten) durch Einsatz von Medien, via Facebook, Twitter et cetera, in den Blick genommen werden kann und muss.

Dazu gehört konsequenterweise die Kenntnis der Profile der jeweiligen anzusprechenden mobilen Nutzer*innen, im Sinne neuer ‚Sozialfiguren'. Wo liegt dabei die Grenze zur Verwertung von Daten beziehungsweise Userprofilen durch Bildungseinrichtungen im Vergleich zu den Usancen einschlägiger Unternehmen? Am Inhalt, also dem damit verknüpften Bildungsziel? Der hehren, musealen Absicht, über den digitalen Weg dann doch die „Sehnsucht nach dem Original"[5] nicht nur werbend zu wecken, sondern auch erfolgreich zu bedienen? Oder scheitern diese Versuche ohnehin an den dazu erforderlichen, geradezu blitzartigen Reaktionszeiten, die Museen (derzeit) zu leisten gar nicht im Stande sind, es sei denn mit speziell generierten Museums-Bots, das heißt textbasierten Dialogsystemen, analog zu den in der Industrie längst gezielt im Einsatz befindlichen digitalen Kommunikationssystemen.[6]

Traditionelle wie moderne Werbestrategien zielen bislang nebeneinander auf die Aufmerksamkeitsökonomie beziehungsweise Gunst potenzieller ‚Kund*innen'. Wann und ob eine kritische Masse zugunsten der neueren Verfahren erreicht sein wird, lässt sich nicht vorhersagen. Auf jeden Fall befinden wir uns in einem Umbruchsprozess. Noch scheint die Gültigkeit der alten, analogzeitlichen Marketingformel AIDA – Attraction, Interest, Desire, Action – ungebrochen, nur dass die Aktion sehr unterschiedlich ausfallen kann: als konkreter Museumsbesuch, als lapidarer Like oder unter Umständen als ausgewachsener Shitstorm.

2. Erlebniswelt Ausstellung: *digital allround* – Simulation statt Vermittlung?

Das als notwendig erachtete Credo der kulturellen Vermittlung, die urteilende, ästhetische beziehungsweise reflexive Distanz zwischen Museumsobjekt und Besuchenden, hat zudem seine Gültigkeit verloren, ist gerade in Auflösung begriffen. Den Abstand zwischen Betrachtenden und einem wie immer gearteten (Museums-) Exponat aufrecht zu erhalten und dafür zu nutzen, dem Gegenstand Kontext oder Deutungsangebote zu geben, um damit eine eigene Position überhaupt erst einnehmen, ein Urteil fällen zu können, kennzeichnet diese Vermittlungsmethode. Konsequente Weiterentwicklungen, zum Beispiel der Einsatz museumspädagogischer *hands on*-Elemente oder zusätzlicher, spielerisch-interaktiver Formate, profilieren und qualifizieren das mittlerweile gängige und eben nicht mehr berührungsfreie Vermittlungsportfolio in der Praxis. Aber mit dem in jüngster Zeit massiven Einsatz immer zahlreicher werdender Immersionsprojekte gerade im Sonderausstellungsbereich erfährt ‚die Welt ohne Außen' ungeahnte Konjunktur, erschließt neue Erfahrungs- und Erlebnishorizonte.[7] Dass dabei schlicht die sich ständig weiterentwickelnden technischen Möglichkeiten die wesentliche Rolle spielen, liegt auf der Hand; erst diese schaffen viele synchrone Welten ohne Außen(grenzen), geben jedem Individuum direktes, unmittelbares Erleben im Rahmen eines Museumsparcours, reizen alle Sinne durch raffinierte Surround-Systeme.

Dass hierfür vorhandene und konkurrierende Welten aus der einschlägigen Unterhaltungsindustrie offensichtlich nicht nur im technischen Sinne Pate gestanden haben dürften, liegt ebenfalls nahe. Animationen, *gamification* oder *experience* zeichnen den Trend zur Immersion in den musealen Disziplinen von Präsentation und Vermittlung vor. Performativität und Erleben entfalten dabei durchaus bemerkenswerte Wirkung. Als ein Beispiel sei hier eine Sonderausstellung des Museo delle Culture in Mailand über den Künstler Amedeo Modigliani im Sommer 2018 genannt. Ein Intro zur Biografie des Künstlers als animierter, dreidimensionaler Erfahrungsraum verschafft den Besuchenden einen ersten, medialen Gaumenkitzel. Ein spektakulärer, Raumdimensionen auflösender Spiegelraum, in den Bildausschnitte von Modiglianis Werken überdimensional hineinprojiziert werden, lässt die Betrachtenden mit der erzeugten bild- und stimmungsstarken Unendlichkeit verschmelzen. Die (wenigen) Originale in benachbarten Räumen halten mit auratischer Authentizität (noch erfolgreich?) dagegen.

Steht tatsächlich zu befürchten, dass mit dieser kuratorischen Tendenz die Grenzen der Aufklärung und des Bildungsauftrages zugunsten einer – in gewisser Weise nahezu totalitären – Vereinnahmung durch intensiv erlebbare Raumkonstruktionen erreicht beziehungsweise bereits überschritten werden? Der Mailänder Sommer bot ein weiteres Beispiel, das diese Frage provoziert: Mit dem Mittel der Rekonstruktion, auch einer Form von Immersion, wurde in der Fondazione Prada mit einer umfänglichen Sonderausstellung die Kunst des italienischen Faschismus präsentiert.[8] Auf Immersion zielten dabei zunächst einmal die Methoden und Mechanismen der räumlichen Inszenierungen unter Einbeziehung der damaligen architektonischen Gegebenheiten, das heißt so, wie das Regime die Kunst seiner Zeit inszenierte, abgeleitet von historischen, fotografischen Dokumentationen. Zudem ergänzten biografisch hinterlegte künstlerisch-ästhetische, aber auch zum Ausdruck gebrachte politische

Ambitionen der jeweiligen Kunstschaffenden die einzelnen, strukturbildenden Kabinette. „Showing the showing" heißt es deshalb folgerichtig im einführenden Teil des Katalogs.[9] Freilich handelt es sich hier um vergleichsweise altbackene Formen immersiver Konstellationen.

3. Entgrenzung programmiert

Schon auf dem Weltwirtschaftsgipfel in Davos im Jahr 2015 wurde „das Aus des Internets" verkündet, allerdings mit der Referenz auf die visionäre Vorhersage vom Ende der 1980er Jahre, zukünftige Technologien würden Computer in den Alltag der Menschen nahezu unbemerkt verweben. Die Menschen bräuchten nicht mehr qua förmlicher Anmeldung in die virtuelle Welt einzutreten, vielmehr sei diese schon permanent vorhanden und mittels Sensoren, spezieller Geräte oder Apparate in ständiger Interaktion, das heißt völlig entkoppelt von den bisher üblichen Produktionsmitteln Smartphone oder PC. „Stellen Sie sich vor, Sie treten in einen Raum und der Raum ist dynamisch."[10] Für die digitale Kunst ist das schon Realität. Seit der Eröffnung des Mori Building Digital Art Museum in Tokyo im Frühjahr 2018 betreten und erleben Besucher*innen genau dieses digitale Wunderland *Borderless*. Die Umgebung, die Räume reagieren direkt auf die Menschen. Ihre Präsenz, ihre Blicke, ihre Berührungen verändern Farbe, Licht, Oberflächen. Über 500 Computer lassen quasi ‚bio-basiert' beziehungsweise -initiiert auf 10.000 Quadratmetern unfassbare, surreale Fantasie- und Traumwelten ungeahnte Realität werden.[11] Die Kommentare im Netz sprechen von überwältigenden Erlebnisqualitäten.

Allerdings hatten gerade die Kunstschaffenden der Moderne in den 1920er Jahren mit unterschiedlichsten künstlerischen Ansätzen, die Konstruktivisten, Futuristen, aber auch die Surrealisten, schon Räume geschaffen, die Entgrenzung nicht nur propagiert, sondern auch mit den zur Verfügung stehenden Mitteln bereits realisiert: so der *Merzbau* von Kurt Schwitters in Hannover und *Proun Space* von El Lissitzky, um nur zwei Beispiele zu nennen. In dem Typoskript *Demonstrationsräume* aus dem Jahr 1926 beschreibt El Lissitzky verblüffend visionär die heutigen Erlebniswelten: „Mit jeder

Bewegung des Zuschauers im Raum verändert sich der Eindruck der Wände – was weiß war, wird schwarz und umgekehrt. Und so, als Ergebnis einer Bewegung des menschlichen Körpers, wird eine wahrnehmende Dynamik erreicht."[12] War hier bereits die Steigerung von Immersion durch Partizipation beziehungsweise Selbstauslösung vorprogrammiert?

Ein ultimativer Kick also, der durch neuartige, komplex gesteuerte Zugänge gesteigerte sinnliche Erfahrungshorizonte und Gestaltungsdimensionen ausgelöst wird. Natürlich kann es auch gemäßigter zugehen, wenn es um digitale Entdeckungsreisen geht, zum Beispiel einen *time ride* durch das Köln der Kaiserzeit, in eine ägyptische Grabkammer oder per Touchscreen und Zoomfunktion direkt hinein in die Details der Werke der italienischen Meister aus den Florentiner Uffizien. Denn diese Formate gründen immer noch auf (fach-)wissenschaftlich geprägter Quellenorientierung beziehungsweise liegen ihnen zugrunde. In diesen Fällen werden nicht räumlich-physische Grenzen, sondern konkrete Objekte in x-facher Gigapixelqualität höchstaufgelöst, ein klarer durchschaubarer Prozess, der als vermittlungsorientierter Anwendungsfall einer immer größer werdenden Undurchschaubarkeit der grenzenlosen Digitalität entgegensteht. Mit diesem Fall von technischem Vermögen steht Immersion eindeutig im Dienst der Aufklärung.

4. Vermittlung programmatisch

Wie bereits angedeutet: Immersive Strategien kommen nicht erst mit der Digitalisierung auf. Schon mit Blick auf die vor Jahrhunderten entstehende Gutenberg-Galaxie fürchtete beziehungsweise beförderte man ein Sich-Versenken in andere Welten. Jedenfalls gab es wohl schon immer „ein verbreitetes Bedürfnis nach Eskapismus", das bedient werden will.[13] Die Spielarten der in den 1980er Jahren im Ausstellungwesen auftauchenden Konzepte der Szenografie zeigten ebenfalls die durchaus auch produktiven Ambivalenzen von Bildungsarbeit und Unterhaltungsprogramm. Doch führt die Tatsache, dass virtuelle Welten längst schon neu gedacht sind, nicht auch zwangsläufig zum Überdenken des Wissensortes Museum, *nota bene* nicht seines Bildungsauftrages, sondern seiner Kommunikationskanäle beziehungsweise -methoden im Sinne eines zielgenauen, datenbasierten *Targetings*? Gilt nicht auch für Wissensvermittlung im Sinne von Bildungsarbeit der Nachweis eines „Return on Marketing Investment", schon um den optimalen Einsatz von entsprechenden Budgets zu kalibrieren und zu legitimieren? Käme nicht gerade hier die bekannte, umfassend gemeinte und immer noch gültige Aufforderung der Bauhaus-Moderne von vor 100 Jahren ‚Die Welt neu denken' recht?

Die unabweisbaren Tendenzen beziehungsweise Absichten von (nahezu unbemerkter) Beobachtung durch vernetzte Systeme zum Zweck kalkulierbaren Konsumverhaltens bilden die eine, das durchaus faszinierende technologische Instrumentarium, größtmögliche, fantasiebeflügelnde Entgrenzungsoptionen zu eröffnen, die andere Seite einer gerade mit Hilfe von Künstlicher Intelligenz in Umlauf gesetzten neuartigen Währung. Damit hätte man einen demonstrativen Beleg der Schlüsselrolle und des disruptiven Potenzials der aktuellen digitalen Technologien und ihrer *trending topics*.

Können und müssen die Einrichtungen des Wissens, von Bildung und Aufklärung als spezielle, gesellschaftlich relevante Content-Produzenten im unendlichen Wettbewerb der neuen Narrationen und Weltenräume nicht allein schon deshalb einen eigenen Bildungskapital bildenden, globalen Vermögenswert ebenso demonstrativ für sich beanspruchen und damit ihren festen, erkennbaren Platz als verlässliches Angebot gegenüber allen erfolgreichen Markenprodukten im nicht nur virtuellen Warenkorb behaupten? Die instrumentelle Reichweite jedenfalls wäre grundsätzlich gegeben, der nachhaltige ‚Gewinn' unvergleichbar.

Man verliert nicht zwangsläufig den Anschluss an das digitale Zeitalter, wenn Aufklärungsarbeit daran festhält, dass Wahrheit keine Ware, Bildung keine Marke und Besucher*innen von Bildungseinrichtungen nicht bloß Kund*innen sind. Gerade im Zeichen eines abermaligen, nicht zuletzt durch die Spielarten der Immersion begleiteten Strukturwandels der Öffentlichkeit gilt es, der „argumentierenden Deliberation"[14] als ‚vermögensbildender' Kulturtechnik umso reichlicher ‚Kredit' zu gewähren – gegen einen um sich greifenden populistischen Politikstil, der neuerdings ‚Heimat' als gewissermaßen raumimmersive Kategorie propagiert, die zumindest in Gefahr steht, das Außen und das Andere zu exkludieren. Gegen eine sich analog oder digital abschließende Kommunikationsgemeinschaft konnte man früher und sollte man auch heute alle technischen Register für inklusive Konzepte ziehen. Michael Sandel unterstrich kürzlich das Potenzial und die Haltung von Bildungseinrichtungen als Vermögensverwalterinnen demokratischer Praktiken: „Die größte Aufgabe, vor der die Demokratien stehen, ist es, Arenen, Gelegenheiten, Formen für den Streit und wechselnde Aufmerksamkeit zu schaffen, die Menschen aus ihren Blasen herausholen und einander begegnen zu lassen."[15]

Anmerkungen

* Der gewählte Titel entspricht dem Aufdruck eines Klebebandes zum Verpacken von Paketen und Päckchen. Der Aufsatz wurde erstmals veröffentlicht in: LVR-Dezernat Kultur und Landschaftliche Kulturpflege (Hg.): *Positionen und Informationen PI*, 01/2019 (März 2019).

1 Andreas Reckwitz: *Die Gesellschaft der Singularitäten*, Berlin 2017. Im Kapitel IV, S. 225–271, beschreibt Reckwitz die digitale Technologie mit ihren Komponenten beziehungsweise Verfahren von Computing, Digitalisierung (medialer Formate) und das Herstellen eines globalen kommunikativen Netzes als „Kulturmaschine" in der Spätmoderne, die einen strukturellen Bruch mit den alten industriellen Techniken darstellt. Das digitale Computernetz ermöglicht die Verfertigung, Zirkulation und Rezeption von Kulturformaten und sorgt damit für bislang nicht erreichte Ubiquität der Kultur. Zugleich, so die Schlussfolgerung, ist das Internet eine ‚Affektmaschine', deren Inhalte emotionalisieren und deren Objekte, wie zum Beispiel Bilder, Filme, Texte, Klänge oder Töne, neben kognitiven Bestandteilen vor allem narrative, spielerische, ästhetische oder gestalterische Qualitäten entfalten. Dabei spielt Visualität in Form von Fotografien und Videos eine primäre Rolle. Nicht nur an diesem Punkt erwächst Relevanz für einschlägige Institutionen des Wissens wie dem Museum, welche jedoch selbstredend Deutungshoheit für eben diese Formate für sich in Anspruch nehmen – deren Erfahrungen mit durchaus gängigen Formen von Immersion in Gestalt von Computerspielen unterschiedlichster Genres jedoch bislang in der Regel eher bescheiden ausfallen dürften.

2 Bestätigung zum Beispiel in der sogenannten *Berliner Erklärung*, die aus Anlass des Europäischen Kulturerbejahres 2018 die Bedeutung und Wirkungsmächtigkeit von Kultur in klaren Worten formuliert (https://www.berlinererklaerung.de).

3 Deutscher Museumsbund: *Bulletin 2/18*, S. 32 f., Bericht des Arbeitskreises Presse- und Öffentlichkeitsarbeit über die Herbsttagung 2017 zu Digitalen Strategien in der Museumskommunikation. Ein respektables Beispiel systematischen Vorgehens stellt die *Digitale Agenda des LVR-Dezernates für Kultur und Landschaftliche Kulturpflege*, Köln 2015, dar (2020/2021 aktualisiert).

4 Monika Hagedorn-Saupe: *Digitalisierung und Bewahrung von Kulturerbe und dessen Zugänglichkeit in Europa*, in: *Museumskunde*, 83, 1/2018, S. 27–30.

5 So äußert sich der Künstler Mischa Kuball im Beitrag von Joachim Görres: *Vom Depot in den Diskurs*, in: *taz. am Wochenende*, 25.08.2018, S. 31.

6 Ein textbasiertes Dialogsystem wurde im LVR-Industriemuseum als niederschwelliges Vermittlungsangebot für junge Museumsgäste, Schulen und Jugendgruppen für die St. Antony Hütte in Oberhausen entwickelt.

7 Peter Geimer: *Bildersturm*, in: *Frankfurter Allgemeine Zeitung FAZ*, 22.07.2018, S. 41, über die Ausstellung „Welt ohne Außen" im Gropiusbau, Berlin.

8 Kolja Reichert: *Die totale Zukunft*, in: *FAZ*, 08.04.2018, S. 41, über die Ausstellung *Post Zang Tumb Tuuum. Art Life Politics. Italia 1918–1943*, Mailand, Fondazione Prada.

9 Germano Celant: *Toward a Real and Contextual History*, in: Ausst.-Kat. *Post Zang Tumb Tuuum. Art Life Politics. Italia 1918–1943,* Mailand 2018, S. 30–45.

10 Shoshana Zuboff: Überwachen und Verkaufen, in: *FAZ*, 24.09.2018, S. 12. Darin zeigt die Autorin auf, dass die beschriebene Entwicklung im Interesse der einschlägigen Unternehmen allein darauf abzielt, einen rein ökonomisch orientierten Imperativ, einen ‚Vorhersageimperativ' zu entwickeln, um auf Grundlage möglichst vieler Daten das Verhalten der Menschen in Bezug auf ihren Konsum antizipieren zu können.

11 Informationen zu dem Zukunftsmuseum in Tokyo und weiteren Projekten in Japan und China unter: www.teamlab.art. Im August 2018 wurde zudem im Amos Rex Kunstmuseum in Helsinki eine weitere Raumbearbeitung des Künstlerkollektivs teamLab eröffnet.

12 Celant: *Toward a Real and Contextual History*, 2018, S. 38.

13 Peter Körte im Gespräch mit Thorsten Henning Thurau: *Die Suche nach der Formel. Der Ökonom Thurau will das Erfolgsrezept für Entertainmentprodukte wissenschaftlich erklären*, in: *FAZ*, 21.10.2018, S. 51.

14 Die neue Rektorin des Wissenschaftskollegs Barbara Stollberg-Rilinger im Gespräch mit Diba Shokri und Thomas Thiel: *„Die Gesellschaft profitiert von unserer Autonomie." Die Frühneuzeithistorikerin über Fluchtorte des Denkens und die Politisierung der Geschichtswissenschaft*, in: *FAZ*, 29.08.2018, S. 4.

15 *Die Menschen warten auf Antworten. Ein Gespräch zwischen Elisabeth von Thadden und Michael Sandel,* in: *Die Zeit*, 25.10.2018, S. 46 f., hier S. 47.

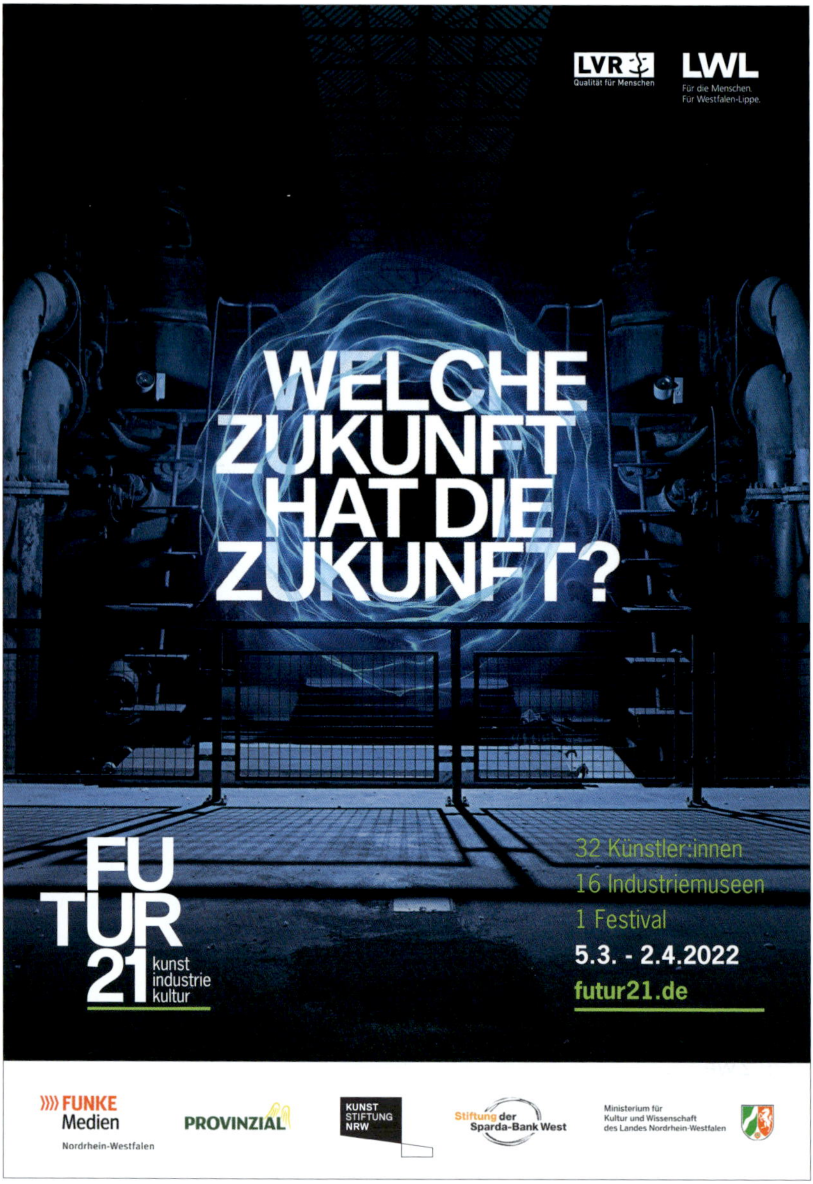

Blick in den Zeittunnel:
Plakat zum Festival „FUTUR 21 kunst industrie kultur“. Entwurf: Altobelli + C/O RED

Thomas Schleper

Ausblick
Politische Potenz. Weil es nicht bleiben kann, wie es ist

> „Wir brauchen einen neuen Gesellschaftsvertrag für die Kultur, der ihren gesamtgesellschaftlichen Wert festhält, der über das partikulare Interesse der Ausübenden hinausgeht."
> Monika Grütters

„FUTUR 21" ist das jüngste Projekt der Landschaftsverbände Rheinland und Westfalen-Lippe, das mit ihren 16 auf das Bundesland Nordrhein-Westfalen verteilten Industriemuseen 2019 zu dessen 75-jährigen Bestehen gestartet wurde und Kurs auf eine „Neue Charta Industriekultur" nimmt.[1] Sie zielt auf ein neues Selbstverständnis interdisziplinär operierender Kultur, die die Herausforderungen des industriell bewerkstelligten Erdzeitalters „menschlich gemachten Weltverbrauchs"[2] namens Anthropozän annimmt und dabei von den Künsten begleitet wird. Deren ethische und epistemische Orientierung trifft sich womöglich mit den kulturpolitischen Ansprüchen und der experimentellen Courage, die der etablierten Industriekultur in ihrer Pionierphase bescheinigt wurde, an der die Häuser der beiden Landschaftsverbände maßgeblich beteiligt waren.[3]

(Industrie-)Kultur ist als Folge der Strukturwandelprozesse seit dem Zweiten Weltkrieg und der global immer arbeitsteiligeren, aber keinesfalls gerecht verteilenden industriellen Produktion kapitalistischer Wirtschaftsordnung mit einer neuen Situation konfrontiert: Ökologisch, sozial und ökonomisch bahnt sich die Klimakatastrophe an, und Artenschwund findet längst in erschreckendem Ausmaße statt. Technologisch steht die Kultur in Sachen Themenfindung und Vermittlungsweise im Zuge der radikal strukturwandelnden Digitalisierung unter Druck: In Echtzeit stellt sich die Frage nach der Legitimation, nach dem gesellschaftlichen Bildungsauftrag und Selbstverständnis in verschärfter Form. Umso mehr, als zu befürchten steht, dass die Kosten des Managements von Pandemie sowie ökologisch-ökonomischer Reparatur, Resilienz und Vorsorge die Ausgaben für Kultur im Gegensatz zu den jüngsten Steigerungsraten und Finanzhilfen während der Pandemie auf Bundes- und Landesebene schmälern werden.[4]

In Zukunft dürfte eine Hinwendung zu den Sammlungsbeständen die Arbeit der Museen bestimmen und von daher deren zum Teil hektischen wie kostspieligen Ausstellungsbetrieb in Frage stellen. Die Aufgaben der Provenienzforschung, aber ebenso die wachsende Kritik am Ausstellungsreiseverkehr hochversicherter Kulturgüter wie globetrottender Besucher*innen sprechen dafür.

Es mag sich dann mancherorts als besonderer Trumpf herausstellen, dass die pandemisch beschleunigte Digitalisierung schließlich eine dialektische Reaktion auf Walter Benjamins These vom Verlust der Aura durch reproduzierende Vermittlungsverfahren bereithält: die Renaissance der Dingwelt als neue Relevanz des leibhaftig Echten. Die wiedergefundene Freude am bereisten Ort in der Nähe und an dem erfahr- und erlebbaren Konkreten, dem Handfesten im entschleunigten Hier und Jetzt antwortet der *reduced reality* einer Überfülle von *lifestream*-Übertragungen und Tele-Präsenzen größter Reichweiten und Geschwindigkeit. So gilt es, eine neue Balance zwischen Nähe und Ferne, Leibkontakten und ‚Vorsprung durch Technik' zu finden: für die „einmalige Erscheinung einer Ferne, so nah sie sein mag".[5] Als käme sie nach einer Reise um die Welt auf kürzestem Wege zurück zu sich selbst.

Doch schaffen Kultur und Bildungsarbeit den Spagat,[6] einerseits den Wünschen nach Stabilität und der Freude an wiedergewonnenen Routinen zu entsprechen und andererseits den notwendigen Veränderungs- wenn nicht Umbruchsbedarf aufgeweckt zu begründen, selbst zu vertreten und so gewinnend wie ernsthaft zu befeuern? Oder verharren sie im affirmativen Spiel spannender Ablenkung in

Form zeitfressend unterhaltender Aufmerksamkeitserregung und trostreicher Ausflüchte? Ihre einleitend beschriebene Gastlichkeit schließt gelegentliche Unbequemlichkeit nicht aus: nämlich womöglich mit unerfreulichen Nachrichten und lästigen Themen aufwarten zu müssen.

Eine kritische ‚Kultur unterwegs' hält dringende Fragen bereit, die nach Antworten suchen. In ihrer Handlungsentlastung in Bezug auf Systeme des Sozialen und Ökonomischen, in ihrer relativen Freiheit also, kann sie als deren öffentliche Treiberin fungieren, wächst ihr also große politische Potenz zu. Sie müsste dazu freilich ihre absolute Autonomie samt entsprechender Zurückhaltung, die sie sich im Namen der ausdifferenzierenden Moderne gerne zugesteht, aufheben und sich politisch verstehen, entsprechend lauter werden.

Wenn sich aber Kultur bisheriger Programmatik schon bei 100 Prozent Aufgabenerfüllung angekommen wähnt, ohne wünschenswerte Grade an nachhaltiger Relevanz und relevanter Nachhaltigkeit erreicht zu haben, stehen Aufgabenkritik und Schwerpunktverlagerung in erheblichem Maße bevor. Vieles Altbewährte und Vertraute muss eingestellt oder reduziert werden, damit Neues möglich wird und wachsen kann. So wird allmählich der Elefant im Diskursraum verschwinden, weil er endlich von allen benannt werden muss. Dieser Idee folgt zuletzt die „Neue Charta Industriekultur". Auch für sie muss die Rahmen setzende Politik gewonnen werden beziehungsweise sich gewinnen lassen. Kultur bestimmt diesen Rahmen mit.

In Tomasi Di Lampedusas 1958 postum in Mailand erschienenem Roman *Il Gattopardo,* der dem Untergang einer sizilianischen Adelsfamilie gewidmet ist, macht der alte Fürst seinem Neffen Tancredi Vorhaltungen, warum dieser sich für die neue Sache – das demokratische Italien – engagieren würde. Tancredi antwortet bekanntlich mit dem legendär gewordenen Satz: „Alles muss sich ändern, damit alles bleibt, wie es ist."

Und wenn es nicht einmal so bleiben kann, wie es ist?

Anmerkungen

1 Vgl. Einleitung in diesem Band, Anm. 25.

2 Andreas Weber: *6500 Fische wissen mehr als einer*, in: *Humboldt Forum Magazin*, Nr. 1, Juli 2021, S. 39.

3 Vgl. Thomas Schleper: *Altes „Bauhaus" und neue „Industriekultur" oder Courage zur Transformation,* in: Wolfgang Roters/Horst Gräf/Hellmut Wollmannm (Hg.): *Zukunft denken und verantworten. Herausforderungen für Politik, Wissenschaft und Gesellschaft im 21. Jahrhundert*, Wiesbaden 2020, S. 677–709.

4 Vgl. die Artikel der *Kulturpolitische Mitteilungen*, 173, II/2021 zum Thema „Kulturförderung".

5 Walter Benjamin: *Das Kunstwerk im Zeitalter seiner technischen Reproduzierbarkeit* [1936], Frankfurt a. M. 1976, S. 18.

6 Vgl. im Kontext einer nachlassenden Pandemie in Zeiten des Bundestagswahlkampfs Matthias Geis: *Alles neu! Alles bleibt!*, in: *Die Zeit*, 24.06.2021, S. 3.

Die Autor*innen

Dr. Martin Bredenbeck studierte in Bonn Philosophie, Mittelalterliche und Neuere Geschichte, Klass. Archäologie und Kunstgeschichte; 2011 Dissertation *Die Zukunft von Sakralbauten im Rheinland* bei Prof. Dr. Hiltrud Kier und Prof. Dr. Albert Gerhards. 2011–2016 wissenschaftlicher Referent für Baukultur und Denkmalpflege beim Bund Heimat und Umwelt in Deutschland, 2016–2020 Geschäftsführer des Rheinischen Vereins für Denkmalpflege und Landschaftsschutz, seit 2020 wissenschaftlicher Referent im LVR-Amt für Denkmalpflege im Rheinland.

Dr. Dagmar Hänel studierte Volkskunde/Europäische Ethnologie und wurde mit einer Studie zur Bestattungskultur promoviert. Nach Freiberuflichkeit war sie von 2002 bis 2008 wissenschaftliche Assistentin am Institut für Kulturanthropologie/Volkskunde der Universität Bonn. 2008 wurde sie Abteilungsleiterin im LVR-Institut für Landeskunde und Regionalgeschichte, 2018 übernahm sie die Institutsleitung. Ihre Arbeitsschwerpunkte sind immaterielles Kulturerbe, populare Religiosität und visuelle Anthropologie.

Dr. Walter Hauser studierte Physik und Mathematik in Tübingen und Paris und promovierte zur Wissenschaftsgeschichte der Frühen Neuzeit. Seit 1992 war er als Kurator tätig, unter anderem für das Deutsche Museum in München, das Heinz Nixdorf MuseumsForum und den Themenpark der Expo2000. Zur Industriekultur kam er als Projektleiter der IBA-Endpräsentation *Sonne, Mond und Sterne* auf der Kokerei Zollverein 1999. Er ist seit 2009 Direktor des LVR-Industriemuseums.

Dr. Alexandra Käss studierte Kunstgeschichte, Philosophie und Mathematik. Sie promovierte über ästhetische Konzeptionen von Zeit in der Kunst der 1920er Jahre. Nach Tätigkeiten für den Bonner Kunstverein, das Museum Schnütgen in Köln und als freiberufliche Kunsthistorikerin und Ausstellungsmacherin ist sie seit 2013 wissenschaftliche Referentin für die kunsthistorische Sammlung und Ausstellungskuratorin am LVR-LandesMuseum Bonn.

Milena Karabaic M. A. studierte Architektur in Hannover sowie Kunstgeschichte, Volkskunde und Städtebau an den Universitäten Würzburg und Bonn. Ab 1987 arbeitete sie im LVR-Industriemuseum, dessen Leitung sie 2001 übernahm. 2006 wurde sie als Wahlbeamtin auf acht Jahre zur LVR-Dezernentin Kultur und Landschaftliche Kulturpflege (vormals Kultur und Umwelt) gewählt und 2014 für weitere acht Jahre wiedergewählt.

Dr. Klaus-Dieter Kleefeld studierte Historische Geographie, Vor- und Frühgeschichte sowie Wirtschaftsgeographie an der Universität Bonn, promovierte über eine historisch-geographische Landesaufnahme des Braunkohlenreviers Garzweiler II. Freiberuflicher Gutachter und wissenschaftlicher Mitarbeiter am Geographischen Institut der Universität Bonn. Seit 2010 beschäftigt beim LVR als Redakteur für KuLaDig und Sonderaufgaben mit den Schwerpunkten: Kulturlandschaftliche Fachbeiträge, Kulturgüter, Landschaftswandel, Kulturlandschaftspflege, Projektbegleitung und Vermittlung.

Dr. Josef Mangold studierte Volkskunde, Rheinische Landesgeschichte und Historische Geographie. Er arbeitete unter anderem im Museum Burg Linn Krefeld und im Bergischen Freilichtmuseum Lindlar. Seit 2007 ist er Leiter des LVR-Freilichtmuseum und Rheinisches Landesmuseum für Volkskunde in Kommern. Aufbau *Marktplatz Rheinland* zur Urbanisierung des ländlichen Raums seit 1945. Er veröffentlichte zur Haus-, Wohn- und Kulturlandschaftsforschung und Bräuchen.

Dr. Jan-David Mentzel studierte Kunstgeschichte und Philosophie. Seine Promotion behandelt Badedarstellungen der frühen Neuzeit. Er bekleidete eine Projektstelle im Dresdener SFB 804 *Transzendenz und Gemeinsinn* und war als wissenschaftlicher Mitarbeiter am Institut für Kunst- und Musikwissenschaft der Technischen Universität Dresden tätig. Seit 2020 ist er als Forschungsvolontär im LVR-LandesMuseum Bonn angestellt.

Dr. Thomas Otten leitet seit 2016 das Projekt MiQua. LVR-Jüdisches Museum im Archäologischen Quartier Köln und ist seit 2008 Lehrbeauftragter am Archäologischen Institut der Universität zu Köln. Zuvor war er von 2006 bis 2016 Referatsleiter für Denkmalschutz und Denkmalpflege im Bauministerium des Landes NRW. Als Geschäftsführer des Rheinischen Vereins für Denkmalpflege und Landschaftsschutz war er von 2000 bis 2006 tätig. Von 1989 bis 1999 studierte er an den Universitäten Bonn und München Vor- und Frühgeschichte. Seine Forschungsschwerpunkte liegen im Bereich der Spätantike, des frühen Christentums und der byzantinischen Kirchen- und Gräberarchäologie sowie in der Denkmalpflege.

Prof. Dr. Thomas Schleper studierte Philosophie, Kunstgeschichte, Germanistik und Geschichte an den Universitäten Düsseldorf, Marburg und Osnabrück. Er war langjähriger Kurator und Museumsleiter beim LVR und lehrt an der Bergischen Universität Wuppertal, Fakultät Design und Kunst. Seit 2017 ist er Fachbereichsleiter für Zentrale Dienste/Strategische Steuerungsunterstützung im Kulturdezernat des LVR.

Dr. Mark Steinert studierte Rechtswissenschaften (1. und 2. jur. Staatsprüfung) und Geschichte in Bonn und Freiburg. Es folgten die Promotion über ein verfassungsgeschichtliches Thema und das Archivreferendariat, Tätigkeiten in staatlichen Archiven unter anderem in Marburg, Berlin, und Breslau sowie die Leitungen des Kreisarchivs Warendorf (ab 2006), des Fachbereichs Grundsätze des Landesarchivs NRW (ab 2014) und des LVR-Archivberatungs- und Fortbildungszentrums (seit 2018).

Prof. Dr. Thorsten Valk studierte Germanistik, Philosophie und Geschichte. Zu seinen wissenschaftlichen Schwerpunkten gehören die europäische Kulturgeschichte seit dem 18. Jahrhundert sowie das Wechselverhältnis der Künste (Literatur, Musik und Bildende Kunst). Nach Stationen an der Albert-Ludwigs-Universität Freiburg und bei der Klassik Stiftung Weimar leitet er seit 2020 das LVR-LandesMuseum Bonn.

Dr. Veit Veltzke studierte Geschichte und Germanistik an der Ruhr-Universität Bochum. Dort war er Wissenschaftlicher Mitarbeiter und promovierte bei Prof. Dr. Hans Mommsen, 1. und 2. Staatsexamen/Lehramt der Sek. II. Von 1991 bis 2015 leitete er das Preußen-Museum Nordrhein-Westfalen, danach das LVR-Niederrheinmuseum Wesel. Er forscht zur Geschichte Brandenburg-Preußens, dem Zeitalter Napoleons, dem Deutschen Kaiserreich und der Rhein-Maas-Region. Er ist Mitglied der Preußischen Historischen Kommission.

Abbildungsnachweis

Coverfoto: Milena Karabaic, CC BY 4.0
Abbildung Buchrückseite: Jürgen Vogel/LVR, CC BY 4.0
Seite 8: Johanna Reich © VG Bild-Kunst, Bonn 2021
Seite 22: Mark Steinert, CC BY 4.0
Seite 32: Milena Karabaic, CC BY 4.0
Seite 48: Ausschnitt des Fotos von Adam Kumiszcza, Wikimedia Commons, CC BY-SA 4.0
Seite 56: Hjart, Wikimedia Commons, CC BY-SA 4.0
Seite 70: Veit Veltzke/LVR, CC BY 4.0
Seite 82: Ausschnitt aus der Karte Via Culturalis, Stadt Köln, © urbanmediaproject.de
Seite 92: Jürgen Vogel/LVR, CC BY 4.0
Seite 108: Hans-Theo Gerhards/LVR, CC BY 4.0
Seite 120: Jürgen Hoffmann/LVR, CC BY 4.0
Seite 132: Stephan Eickschen, CC BY 4.0
Seite 152: René Magritte © VG Bild-Kunst, Bonn 2021. Aus: Siegfried Gohr: *Magritte: Poging tot het onbereikbare*, Antwerpen 2009, S. 170.
Seite 164: Uta Winterhager, CC BY 4.0
Seite 178: © Entwurf: Gerhard Richter, Köln/Foto: Hohe Domkirche Köln, Dombauhütte; Matz und Schenk
Seite 196: Milena Karabaic, CC BY 4.0
Seite 208: Entwurf: Altobelli + C/O RED

Personen-, Orts- und Sachregister

Personenregister

Ortsregister

Sachregister